삶을 바꾸는 힘
지혜와 몰입

| 임성룡 지음

KYOWOO

머리말

필자가 그동안 13권의 책을 저술했다는 것은 젊었을 때에는 상상도 하지 못했던 일이었다. 나는 중학교1학년 때까지 반에서 한 번도 1등을 해본 적이 없었던 그저 그런 학생이었다. 그런데 과묵하셨던 아버지의 몇 마디를 중1 때 들은 이후 나의 삶의 길이 변했다는 것을 지금 절실히 느낀다.

과묵하셨던 나의 아버지는 나에게 하셨던 몇 분 정도의 짧은 말씀이 나에게는 큰 영향을 주었고 내 인생은 다른 삶을 살게 되었다는 것이다. 요즘 나는 시스템학습법으로 매월 15권을 10회 학습하는 것은 기본으로 하고 아직도 일본어와 프랑스어, 영어 등 외국어도 끊임없이 학습하고 있으니 학습이 삶의 낙이다. 시스템학습법을 수십 년 지속하다보니 나는 숙달한 시스템학습자가 되어 있어 월15권 10회 학습으로 자제하면서 여러 분야의 많은 책들을 읽으면서 삶의 활력을 새삼 느낀다.

역사를 살펴보면 정치, 과학, 사회 등 여러 부면에서의 변화는 단순한 계기가 원동력이 되어 변화의 도화선이 된 경우가 많음을 알 수 있다. 그래서 어느 저자는 역사는 '우연적 요인'이 많이 작용한다고 강조하였다. 그러니 삶은 무덤으로 가기 전까지는 어떻게 될지 아무도 모른다는 말도 일리가 있다.

내가 은행 근무를 29년 만에 외환 위기의 여풍으로 명예퇴직을 할 때만 해도 나의 삶은 어떻게 될지 걱정이나 불안보다는 신기한 다른 세상에서 나의 저력을 보여줄 방법은 없을까를 생각했다. 어떤 친구들은 전혀 걱정이나 세상 탓을 하지 않는 나를 보고는 “이상한 친구”로 보기도 했다.

내가 이번에 저술하는 14번째 이 책을 그들이 읽어본다면 나의 진정한 저력을 조금 이해하리가 생각한다. 결국 삶은 평탄한 길을 의연하게 사는 것이 가장 행복한 사람이라고 필자는 생각한다. 복잡하게 돈 문제, 여자 문제, 술 문제, 삶의 골치 아픈 문제 등에 얽히지 않고 사는 것이 얼마나 행복한 삶인지 독자는 이해할 것인가?

나의 학습의 바탕은 시스템학습법이다. 나는 시스템학습법의 과학적 근거와 확실한 결과를 얻을 확신을 갖고 있기에 이 책을 저술하게 된 것이다. 공자, 라이프니츠, 정약용, 뉴턴, 이나모리, 정조대왕 그 외 수많은 특출한 학습자들의 사례를 살펴보면서 나는 학습의 달인이 된다는 것이 삶에 얼마나 윤기와 다채로움, 여유를 얻게 되는지 확신하게 되었다.

그동안 나는 시스템학습법의 기술적인 면에 관해서 여러 권의 저서를 공표하였다. 본질적인 학습의 의미와 학습의 강력한 가치를 여러 학습의 달인들을 통해 밝혀내어 삶의 강력한 ‘우연적 원동력’을 추구할 수 있도록 하자는 것이 필자의 기대이다. 나는 ‘조용한 삶’을 추구하면서도 의미 있고 보람을 얻는 삶이 있다는 것을 독자에게 알려주고 싶다.

필자가 은행 재직 중에 터득하고 기술을 갈고 닦아 완성한 시스템학습법으로 ‘99년 명예퇴직 이후 구입한 책이 약4,500권이다. 필자는 한 권도 빼놓지 않고 10회 학습했다는 사실을 독자들이 동감하여 새로운 세상의 열매를 얻기를 간절히 바란다. 시스템학습법을 익히면 많은 분야에서 인정받을 수 있는 도구를 얻게 될 것이다.

필자가 중학교 1학년 때 발견한 시스템학습법이 결국 세렌디피티 serendipity 즉 우연히 발견한 능력임을 알고 있다. 필자는 나이 70세대에 진입한 지금 얼마나 다행인지 절실히 느끼고 있다. 그 우연한 능력

덕분에 그저 그런 내가 학교 전교1등을 경험하고 외환은행에 합격해 부모에게 놀라움을 주고 삶에서 계속 우연한 능력을 경험하였다는 사실이다. 필자는 삶을 마칠 때까지 이 우연한 능력을 간직할 것이다 독자에게 그 '우연한 능력'을 나눠주고 싶다.

저자 임성룡

차례

1장. 삶의 전환점

학습 관련 발언 등 모음

- 맥스웰이 '멍청이'로 불리다가 '대천재'로.. 학습을 통해 계발하였기에 이루어진 것이다.
- 지금의 시스템학습법의 '원시 형태'로 귀착되었다.
- 시스템학습법 원시 형태가 위대한 학자 라이프니츠가 공부했던 방법 그 방법이었다.
- "이해되든 말든, 외워지든 말든!" 그것이 정답
- 결과는 수석 합격, 그 방식대로 공부하자 전교1등을 놓치지 않았다.
- SR외국어학습법으로 영어, 프랑스어, 일본어도 합격했다.
- 한국외국어대학 통역반에서 교수로부터 "불어반 최고점수로 수료되었다"는 평가
- SR외국어학습법은 6개월이면 10년 재래식보다 우수하다는 사실
- 매달 저희 경영연구소를 방문해 특강을 해주실 수 있습니까?
- 새로운 '85% 시스템학습법'
- 지금의 '100% 시스템학습법'을 개발했다.
- 시스템학습 터득하면 평생 경쾌학습! 학생은 평생우등생!
- "쉰이 된다 해도 계속 배울 수 있다"
- 월15권을 학습하는 것은 능력의 30,000분의 15밖에 되지 않는다.
- 다산에게 있어 공부는 '삶을 가치있게 향상'시키는 것
- '경쟁력'은 남과의 경쟁이 아니라 자신 잠재능력을 계발하느냐 여부

'삶을 바꾸는 힘 지혜와 몰입'은 어떻게 얻을 수 있는 것인가? 독자는 이 책을 통해 그 방법을 알게 될 것이다. 제임스 클러크 맥스웰은 1831년 태어났다. 맥스웰은 어려서부터 질문이 많았다. 그가 학교에 들어가서 공부할 때 암기위주의 교육에 적응하기 어려워 그는 '멍청이'라는 별명을 얻었다. 맥스웰은 점차 공부에 흥미를 느끼기 시작하여 기하학을 완전히 이해하는 학생이 되어 친구들이 놀랐다. 멍청이가 천재가 되는 전환점이 나타난 것이다.

우리 속담에 "개천에서 용 난다"라는 말이 있다. 이는 미천한 집안에서 훌륭한 사람이 나는 경우에 쓰는 말이다. **맥스웰이 '멍청이'로 불리다가 '대천재'로 불리게 된 것은 자신의 뛰어난 점을 학습을 통해 계발하였기에 이루어진 것이다.**

맥스웰, 필자, 독자 모두 천재적 두뇌

맥스웰과 같은 삶의 전환점은 누구에게나 나타날 수 있다. 필자의 경우도 그러한 경우가 있었다. 대과학자인 맥스웰에 비하여 필자의 사례를 드는 것은 필자를 과대평가한 것 아닌가라고 생각할지 모른다. 독자가 이 책을 다 읽어보고 시스템학습법을 적용하여 10회 학습한다면 필자의 말이 과장이 아님을 알 수 있을 것이다.

우리 인간들은 맥스웰이나 필자나 독자 모두 천재적인 두뇌능력을 갖고 있다는 사실이다. 필자는 중학교1학년까지 한 반에서도 1등의 성적을 올려본 적이 없었다. 필자는 나의 지적 능력이 그것 뿐에 불과한 것이라고 체념하여 어린 시절을 보냈다. 학교 성적이 반에서 중간에서 오르락내리락 하는 정도로 평범하게 지냈다. 나는 초등학교를 졸업하고 마포에 있는 경서중학교에 들어갔다.

20년 전 쯤 세상을 떠나가신 내 아버지는 고향이 경상도 성주 출신의 아주 평범하고 순박한 아버지였다. 그래서인지 장남인 내게 어떤 학교 성적에 대한 '향상 요구'를 한 적이 없었다. 지나친 방임 정도였다. 어머니도 마찬가지였다. 그러던 아버지가 내가 중학교에 들어가고 얼마 지나자 나를 불러 말씀을 하셨다.

"네가 집안의 장남이니 장남이 흔들리면 집안은 세워지기 어렵다. 똑바로 서야 한다!"는 한 마디였다. 경상도 출신 아버지 과묵 중에서 나에게 기대하신 말씀 그것 한 마디가 전부였다. "공부를 열심히 해라. 성적이 더 좋아야 한다"는 것이 아니었다.

부연 설명을 하지 않고 말을 마친 아버지의 말씀의 깊은 뜻을 중학 1학년인 내가 알 수가 없었다. "그게 무슨 뜻으로 한 말씀입니까?"라고 물을 수도 없었다. 어린 필자의 머리는 조금 복잡해졌다. 평생 나에게 무슨 요구나 질책도 하지 않으시던 아버지가 무슨 깊은 뜻이 있기에 불쑥 그런 말씀을 하신 것일까?

나는 생각에 생각을 거듭하였다. 어린 나에게 "직업 전선에 나가 돈을 벌어 와라"는 말은 아니었을 것이다. 가능한 말씀의 뜻은 "중학생인 네가 좀더 공부를 잘해서 집안의 미래를 밝게 해주어야 한다"는 뜻이 아닐까?

아버지 깊은 뜻을 실현해줄 방법은? 나는 머리를 굴리고 또 굴렸다. 공부가 하기 싫은데 그 깊은 뜻을 실현할 방법이 없어보였다. 뭔가 지금까지의 방법으로는 안 되니 색다른 방법을 찾아야 할 것이 아닌가? 중학생이니 돈도 없어 이곳저곳 돈을 들여 방책을 얻으려고 애쓸 여지도 없었다.

궁즉통 즉 '궁하면 통한다'

궁즉통 즉 '궁하면 통한다'는 것이다! 인간은 생각하고 고민하면 그나마 아이디어가 나오는 경우가 있다. 나는 학습에서 여러 방법을 고안해보았다. 그 결과 나온 방법이 **지금의 시스템학습법의 '원시 형태'로 귀착되었다.** 이론도 없는 거였고 그저 직관에 의한 단순 생각이었다. 안 되면 할 수 없을지라도 해봐야 할 거였다.

"그래, 이해되든 말든, 외워지든 말든 그냥 읽고 또 읽어보자! 다시 읽고 또 다시 읽어보면 조금은 나아지지 않을까? 그래도 안 되면 할 수 없지." 나의 시스템학습법 원시 형태가 탄생한 것이었다. 필자가 나중에 알게 된 것은 이 **시스템학습법 원시 형태가 독일의 위대한 학자 라이프니츠가 공부했던 방법 그 방법이었다.** 그래서 나는 라이프니츠가 시스템학습법의 같은 원리를 적용했다는 것을 확신한다.

원시 형태의 시스템학습법을 우직스럽게 적용해 본 나는 난생 처음 해보는 방법이라 약간 불안하고 확신이 없었지만 다른 방법이 없으니 이 방법을 해볼 수밖에! 그 결과가 나쁘면 아버지는 어떤 반응을 보일지 불안했다. 조금 무서운 아버지이지만 "장남인 나에게 무지막지한 언행을 하시겠어?" 나의 결론이었다.

중학교 2학년이 되자 나는 반에서 1등의 성적을 올려 나 자신이 놀랐다. 생전 처음 겪어 보는 '반1등'이라는 감동적인 경험이었다. 반의 친구들도 놀랐고 담임선생님도 놀라셨다. 무슨 비결이라도 있는지 몇 친구들이 묻기도 했다. 비결은 무슨 비결! 그저 **"이해되든 말든, 외워지든 말든!" 그것이 정답**인데 무슨 비결이 있는가?

친구들은 의문을 품었다. "공부를 그리 싫어하던 네가 어떻게 1등을 할 수 있는가?" 의문의 눈초리를 보냈다. 하여튼 좋은 결과를 얻었으니 그 길로 만 가면 되지 않는가? 나는 중학 3학년이 되자 전교 1등의 성적을 올렸다. 나 자신도 크게 놀랐다. 이 정도까지는 예상하지도 기대하지도 못했던 것이었다. 과외교습이나 학원 강의를 들어본 적도 없었다.

나는 친구들의 더 놀라운 반응을 보았다. 담임선생님은 나만 보면 미소를 보여주셨다. 아버지와 어머니도 놀라움을 금치 못했다. "정말 내 아들인가?" 놀라운 변신에 놀랐고 공부를 힘들게 하는 모습도 아닌데 이룬 결과라 납득하지 못하는 반응이었다. 그저 하는 등 마는 등 장난삼아 책을 들었다 놨다하는 모습의 아들이 이런 결과를 보여준다니? 믿지 못하는 결과였으나 놀라운 결과는 좋기만 한 것이었다. 나는 2학년, 3학년 2년을 거치면서 내 자신이 분명 경험한 것이라 확신을 갖게 되었다.

3학년 말이 다가오자 고교 진학이 고민이 되었다. 우리 집안은 경제적으로 근근 버텨오는 상태라 장남인 내가 뭔가 역할을 해야 한다는 책임감이 있었다. 담임선생님은 당시 고교들의 상황을 잘 파악하고 계신 분이라 당시 입시 제도에서 최고로 일류라는 '경기고등학교'를 적극 추천하셨다. 선생님은 "너는 경기고등학교에 가도 수석을 차지 할 수 있으니 무조건 거기다. 그곳을 졸업하면 무조건 서울대학이다!"

그 방식대로 공부하자

담임선생님은 내가 상고로 가겠다고 하자 펄쩍 뛰시며 입시원서를 써주지 않았다. 나는 며칠간 버텨 결국 덕수상고에 원서를 제출했다. **결과는 수석 합격**이었다. 나는 덕수상고에서 **그 방식대로 공부하자 전교1등을 놓치지 않았다.** 상고를 졸업하면 가장 좋은 직장이 당시에는 은행이었고 그중 한국외환은행(지금 하나은행과 통합)에 응시했다.

내가 다른 은행도 아니고 외환은행에 입행원서를 제출한 이유가 있었다. 나는 손재주가 조금 둔해서 주산을 잘 하지 못했다. 일반 은행의 경우 주산 과목도 다른 과목과 마찬가지로 100점의 배점을 하고 있었다. 외환은행은 다른 은행과 다르게 주산 과목에 배점이 50점이었다. 다른 과목은 각각 100점씩이었으니 가장 취약한 주산 배점이 적은 외환은행이 유리할 것 같았다.

고교 출신 60명, 대졸 출신 40명 선발하는 시험이었는데 고교 출신 경쟁률은 4대1이었다. 내가 예상하지 못하던 합격이 되자 아버지와 어머니는 크게 기뻐하셨다. 나는 1971년 2월 외환은행에 입행했다. 은행에 들어가서 보니 직원들이 대졸 출신들은 서울대, 연세대, 고려대 등 일류대학 출신들이 대부분이었고 고교 출신들도 전교에서 5등 안에 드는 사람들만 응시했다는 말을 들었다. 1999년8월말에 명퇴할 때까지 약29년간 근무하게 되었다.

어차피 한 세상 살면서 경쟁에 밀려 무시당하면서 살 수는 없는 것이었다. 나는 외환은행에서 잘난? 사람들 중에서 하류 계층 대우를 받으면서 살지 않으려면 "어떻게 해야 할까?"를 생각했다. 당시 외환은행은 '외환전문은행'이라는 특수은행이었고 전 세계에 지점을 두고 있는 꽤 그럴 듯한 직장이었다. 나는 다시 한 번 '천재성'을 발휘해볼까? 머리가 조금 복잡해졌다.

대천재의 한 사람인 제임스 클러크 맥스웰이 학교에 들어가서 '멍청이'라는 소리를 듣다가 결국 세계적 대천재로 변신했는데 나도 그렇게 될 수 없는가? 결론은 학습이었다. 내가 힘을 발휘하는 연고를 갖고 있는 것도 아니고 다른 자원도 없으니 나 자신의 가치를 확실히 하는 방법은 학습뿐이라는 결론이었다. "낙오되지 않으려면 외국어다!"라는 생각이 들었다.

85% 시스템학습법를 개발했다.

학습은 학교 때 하던 방식 즉 '원시 형태 시스템학습법'이 부족하지만 그런대로 될 수 있을 것이라고 생각했었다. 외환은행 직원들은 일류대학 출신자들이 많고 고교 출신자들도 전교 5등 안에 들었던 똑똑한 사람들이라 좀더 월등한 학습법이 요구되었다. 나의 '원시 형태 시스템학습법'은 수정이 되어야 할 것이 필연이었다.

나는 이것저것 머리를 쓰기 시작했다. 그래서 결국 개선된 시스템학습법이 탄생했다. 내가 말하는 '85% 시스템학습법'이었다. '원시 형태 시스템학습법'보다는 좀더 체계적이었고 학습 효과도 더 좋아졌다. 나는 85% 시스템학습법을 활용해 꾸준히 학습했다. 퇴근하면 우선 학습이 최우선이었다.

85% 시스템학습법이 과연 효과가 있을까? 나는 시험해보기로 했다. 그래서 응시한 시험들이 세무사, 공인감정사, 주택관리사, 공인중개사, 공인노무사, 신용분석사 등이었다. 은행원 재직 중에 퇴근해 틈틈이 공부해 합격한 시험들이니 나쁜 성과는 아니었다. 학습 효과는 좋았으나 문제가 있었다. '원시 형태 시스템학습법'보다는 학습효과는 좋았으나 학습이 만만치 았았다. 쉽게 말하면 학습이 힘들었다는 결과가 있었다.

나는 곰곰이 생각해보았다. "학습만이 나아야 갈 길!"이라는 결론은 확실했다. 현재의 '85% 시스템학습법'으로 평생을 갈 수 있을까? 그것이 고민이었다. 나는 도서관을 다니면서 특히 학습심리학 책들을 연구하기 시작했다. 책방들을 찾아가 학습심리학책들을 여러 권 아마도 10권 이상 구입하였던 것 같다.

학습심리학 책들을 10회 이상 읽으면서 이론이 드러나기 시작했다.

85% 시스템학습법의 수정해야 할 점들이 하나씩 나왔다. 당시 내가 겪었던 고민은 그 후 일본의 도쿄대학교를 수석으로 졸업하고 일본 사법시험에 합격하고 일본 고급공무원시험에 합격해 근무하다가 변호사로 일하는 야마구치 마유가 겪었던 것과 똑같았다. 마유가 겪었던 문제점은 훨씬 전에 내가 겪었던 것이다.

지금의 '100% 시스템학습법' 개발

나는 결국 현재의 '100% 시스템학습법'을 완성했다. 마유가 활용한 학습법은 내가 활용했던 '85% 시스템학습법'과 똑같은 학습법이었다. 일본의 마유는 학습효과가 뛰어난 효과가 있는 것임을 경험했지만 나 자신 경험했던 것과 같은 단점을 경험했다. 결국은 "학습이 힘들다"는 단점이었다. 야마구치 마유가 고안했던 학습법은 내가 은행 퇴직 몇 년 전에 수정해 개발한 지금의 '100% 시스템학습법'의 85% 효율밖에 없는 방식이다.

나는 나의 SR경쟁력프로그램을 교육하기 위해 많은 기업들에게 사회봉사제안으로 이메일을 보냈는데 그 내용에 **"시스템학습 터득**하면 **평생 경쾌학습! 학생**은 **평생우등생!"**라는 내용이 있다. 내 주장이 사실이기 때문이다. 나는 어떤 시험이든지 시스템학습법 때문에 항상 고득점을 받았기 때문이다. 나는 1999년 명예퇴직하기 몇 년 전에 **지금의 '100% 시스템학습법'을 개발했다.**

'100% 시스템학습'의 효과와 학습의 즐거움은 '85% 시스탭학습법'과 큰 차이가 났다. 효과가 좋고 학습 자체가 스트레스가 없으니 놀라운 만큼 역동적이고 의욕적인 학습 활동이 이어졌다. 1999년 8월말 나는 약 29년간의 은행원 생활을 명예퇴직하고 새로운 삶을 시작했다. 친구들은 얼굴이 붉으락푸르락 죽을상을 지었다. 정신적 충격을 받은 모습이었다.

SR외국어학습법 영어, 프랑스어, 일본어

외국어는 특별한 노력이 요구되었다. 학교 때의 영어로는 안 되겠고 회화와 업무영어도 필요하니까 색다른 노력이 필요할 것 같았다. 나는 학원들을 다니며 갖가지 노력을 다해 보았으나 결실이 없었다. 다른 방법이 필요했다.

어느 날 묘안이 떠올랐다. 궁즉통! 나는 외국어를 잘할 수 있는 방법을 수없이 고민한 결과 학교 때의 영어학습이 아닌 다른 학습방법을 모색했다. 몇 달 노력한 후 외환은행에서 외국어실력을 검증하는 서울대 어학연구소에 응시를 했다. 나는 첫 응시였는데 영어고시에 합격했다! 놀라운 감격을 얻었다. 외국어학습법은 지금 시스템학습법의 중요한 원리와 실행 방식이 포함되게 되었다.
영어를 합격하고 그것으로는 부족할 것 같아 독일어 학원에 다니면서 공부하고 있었다. 동료인 선배 한 사람이 "임 계장, 독일어 말고 프랑스어를 해보면 어떨까? 멋질 거야!"라고 제안했다. 그럴듯했다. 나는 프랑스어 학원에 다니기 시작했다. 프랑스어는 영어보다 3배는 더 힘들다. 생활언어도 훨씬 많고 문법, 언어 용법 등이 영어보다 훨씬 복잡하고 어렵다. 나는 이 프랑스어를 극복하기 위해 새로운 외국어학습법을 개발했다.

나는 외환은행에서 외국어 학습을 계속해 영어, 프랑스어, 일본어 3개 외국어를 합격하였다. 친구들은 놀랐다. 3개 외국어 고시에 합격하는 일은 거의 없었기 때문이다. 나는 3개 외국어학습 고시 합격 사실에 입을 다물었다. 남들에게 질투심을 얻으면 좋지 않았기 때문이었다. 하여튼 **나는 SR외국어학습법으로 합격한 것이다.**

1979년 나는 정부의 '무역업무 인재육성' 정책에 따라 인재 선발시험에 합격했다. 합격한 나는 1979년 **한국외국어대학 통역반(특수과정) 과정에**

들어갔다. 그 과정에는 국가기관, 대기업 등 현직 직원들로 선발시험에 합격한 사람들이 모였다. 불어반은 20여 명이었다. 그들 중에는 **서울대 불문과 등 불어 전공자들이 있었다.**

그 과정이 끝날 무렵 불어반 주임교수인 께르넬레젠 교수는 나에게 "임성룡 씨가 불어반 최고점수로 수료되었다"는 평가를 통보했다. SR외국어학습법의 덕분이었다. 내가 개발한 외국어학습법은 'SR외국어학습법'이라는 명칭이 부여되었다.

SR외국어학습법은 여러 번 효과의 우수함을 경험하게 되었다. 내가 1991년 현직에 재직 중일 때 일본에 몇 달간 연수를 가게 되었다. 난생 처음 외국을 가보는 것이라 외국에 가서 외국어로 듣고 말하는 것에 그 결과가 궁금했다. 나리타공항에 도착한 다음날 일본인들의 모임에 갔다.

나는 연단에서 일본인들이 하는 말을 알아들었다. 모임이 끝나고 대화시간에 일본인들과 내가 일본어로 말하자 일본인들도 다들 알아듣는 것이었다. 안심이 되었고 흐뭇했다. 하긴 연수를 받으러 난생 처음 비행기를 타본 사람이니 잘 못 알아들으면 어떻고 내 말을 상대가 잘 못 알아들으면 어쩔 것인가? 어차피 연수받는 거니까!

일본에 난생 처음 온 사람

어느 일본인이 "임 선생! 일본에 언제 오신 겁니까?" 다른 일본인은 "일본에 오신 지 얼마나 되셨습니까?"라고 물었다. 나는 그들에게 "어제 처음 왔습니다"라고 대답했다. 일본인들을 믿지 못하는 표정이었다. 일본에 난생 처음 온 사람이 거침없이 일본어로 듣고 말하는 것에 막힘이 없으니 이상해보인 것 같았다.

일본인들은 한국인들을 약간 불신하는 경향이 있는 듯싶었다. 나는 그들에게 나는 "영어와 프랑스어도 일본어만큼 할 줄 압니다"라고 응수했다. 그들의 표정이 묘하게 달라졌다. 나는 몇 달간의 연수 기간 중에 일본측으로부터 매우 친절한 대우를 받으면서 우리 자존심을 유지할 수 있었다. 요컨대 SR외국어학습으로 무장하지 않았다면 받지 못했을 대우를 받았다는 사실이다.

나는 **SR외국어학습법은 6개월이면 10년 재래식보다 우수하다는 사실**에 확신을 갖고 있다. 나는 몇 달간의 일본 연수와 몇 번의 일본 방문 등 업무적 만남에서 배운 것이 있다. 우리가 뛰어난 실력이 있으면 일본인들은 대우를 해주는 경향이 있다는 것이다.

나의 외국어실력을 보여줄 기회가 다시 나타났다. 나는 일본에 가서 연수를 받은 것이 1991년이었다. 2002년 월드컵이 한국과 일본이 공동개최하는 일이 벌어져 일본에 가는 것은 일시적으로 비자가 면제되었다. 그때 나는 일본의 유명한 기업이 나고야 근처에 있다는 것을 책을 읽고 알았다. 회사 이름은 '메이난제작소'였다.

나는 메이난제작소 회장 하세카와 앞으로 이메일을 보냈다. 나의 경력을 알려드리고 그 회사의 놀라운 사실을 알게 되어 직접 만나보고 싶다는 이메일이었다. "1시간 면담을 하고 싶다"는 제안이었다. 생각보다 쉽게 응답이 왔다. "1시간 면담을 하겠다"는 것이다. 나는 비자가 필요 없으니 여권만 준비하고 그 회사에 갔다. 나고야 근처 작은 읍내 정도에 위치한 회사였다. 약속시간은 오후2시였다.

내가 일본에서 일본인들과 어울리며 연수를 받은 것이 1991년이었다. 11년이 경과되었는데 나의 일본어 실력은 제대로 살아 있을까? 궁금했다. 내가 이전에 재래식 외국어학습으로 외국어를 배웠을 때는 일정 기간이 지나면 금세 망각하는 현상을 경험했기에 무척 궁금한 과제였다. 하세카와를 비롯한 중역 몇 분과 대화가 1시간이 되었는데도 이들은 "시간이 되었으나 면담을 끝내자"라는 말이 없었다. 그들은 진지하게 계속 나에게 질문하는 등 대화를 지속했다.

하세카와 회장 일행과 7시간

하세카와 회장은 나에게 "일본인 중에 임 선생 같은 분은 난생 처음 본다"는 말을 했다. 그 분이 1932년생이니까 2002년 당시 70세였다. 나는 일본인을 대하는 요령 즉 "실력 있는 사람으로 보여야 한다"는 생각을 실행으로 옮겼다. 그들의 표정이 완연히 달라졌다. 더구나 나는 시스템학습법으로 매월 15권 즉 2일에 한 권을 10회씩 학습하는 사람이라는 것을 숨길 이유가 없어 공개했다.

하세카와 회장은 장소를 근처 고급 음식점으로 옮겼다. 하세카와 회장은 중역과 함께 나와의 대화를 이어갔는데 일본어로 잘 되니 기분이 좋은 것 같았다. 대화가 이어지고 또 이어져 밤9시에 모임이 끝났다. 만난 시각이 오후2시였으니 장장 7시간을 대화했던 것이다. 메이난제작소 회장과 중역은 시스템학습법과 SR외국어학습법에 진지한 흥미를 보여주었다.

다음 기회에 나의 강의를 들어볼 수 있는지를 물었다. 그 결과는 아래 마쓰시타 경영연구소 방문의 경우와 같다. 나는 일본의 기업경영 천재 하세카와 회장을 만난 것이고 그분은 SR외국어학습법과 시스템학습법의 명인을 만난 것인가? 외환은행에서 보인 외국어학습법 진가가 SR외국어학습법이 확실하다는 증명이었다.

마쓰시타 연구소 "특강 해주실 수 있습니까?"

나는 메이난제작소를 방문한 다음날 마쓰시타 경영연구소를 방문했다. 이미 방문 약속되었던 만남이었다. 그 연구소 아끼야마 상무와 1시간 정도 대화를 나누었다. 대화가 끝날 무렵 아끼야마 상무는 필자의 시스템학습법과 SR외국어학습법에 큰 관심을 보여주었다. 그는 나에게 **"매달 저희 경영연구소를 방문해 특강을 해주실 수 있습니까? 우리 교육과정에 임 선생의 프로그램을 넣으려고 합니다**"라고 말했다. 물론 일본어로 강의를 해달라는 요망이었다. 기업대표들을 대상으로 하는 교육의 일환이었다.

나와 1시간 대화를 나누고 나니 내가 강의를 일본어로 해줄 수 있다는 확신이 있었던 것 같다. 그 마쓰시타 경영연구소는 마쓰시타가 오래 전에 설립한 연구소였고 명성이 높은 연구소였다. 정식 연구소 명칭은 'PHP' 연구소라는 명칭의 연구소였다. 나를 강사로 초청해 일본어로 강의한다고 해놓고 일본어를 할 수 없다면? 아끼야마 상무는 연구소의 체면을 구길 상황이 될 것이다. 나의 일본어 실력을 아끼야마 상무가 인정한 셈이었다.

그날 방문은 월드컵 경기 때문에 비자가 없이 방문한 것이었다. 다음 달부터는 방문마다 비자를 주한일본대사관에 가서 내야하는 번거로움이 있어 고민하겠다고 대답했다. 당시 나는 저서도 2권 출간했고 금융감독원의 손해보험중개인 시험과. 인보험중개인(생명보험) 시험에 합격해 보험중개회사 설립 준비를 하고 있었다. 그를 위해 보험회사 업무경험을 하면서 SR경쟁력프로그램 강의활동을 시작해 바빴다.

나는 일본에 가서 강의하는 계획은 일단 보류했다. 당초 나는 2000년8월부터 1년간만 보험회사 업무를 경험한 후 보험중개회사를 설립할 예정이었다. 보험회사 업무를 경험하면서 SR경쟁력프로그램 강의활동을 시작한 것이다. 그런데 내 강의활동이 이곳저곳 호응과 추천이 이어져 20년2개월이 된 2020년9월말까지 계속 되었다. 지금 필자는 보험 업무를 중단하였고 SR경쟁력프로그램 강의활동에만 전념하고 있다. 물론 시스템학습은 하루도 빠트리지 않는다.

시스템학습법 때문에 학사학위

필자는 은행에 들어갈 때 고졸 자격으로 들어갔기에 학력의 부족함을 항상 느껴왔다. 내 고졸 출신의 동기들은 대부분 야간 대학에 진학하여 학사학위를 받았다. 나는 이것저것 공부하는 것도 많고 야간에 조금 일찍 퇴근하여 야간 대학에 간다는 것이 개인사정상 여의치 않았다.

그런데 마침 교육부에서 학사학위를 검정해 주는 '독학학위' 제도를 마련하여 공표했다. 방송통신대학보다도 더 수월한 방법으로 학사학위를 취득할 수 있다는 제도였다. 방송통신대학은 일 년에 상당 기간 출석해야 한 하기에 그것도 여의치 않았다. 이 제도야말로 "게임하고 도랑에서 게 잡는 격"이 아닌가? 나는 얼른 신청했다.

1학년 과정을 시험을 치러 합격한 사람에게만 2학년 과정에 진학할 수 있었다. 그 다음 3학년 과정, 그 다음 최종 졸업시험에 응시할 자격이 주어졌다. 1학년 과정 과목을 10회는 기본으로 학습하는 나였으니 가볍게 합격했고 전공과정인 2학년 과정도 마찬가지. 심화과정인 3학년 과정도 합격! 졸업 시험도 통과! 나는 한 과정도 불합격 없이 통과했으니 "나는 천재가 된 것인가?" 아니다.

간단히 시스템학습법 때문이다. 나는 교육부장관으로부터 4학년 과정을 이수했다는 '학사학위증'(경영학 학사)을 받았다. 나는 학습법을 좀더 효율적으로 수정하여 '시스템학습법'의 체계를 갖춘 학습법으로 발전시켰다. 그 학습법이 지금의 '100% 시스템학습법'이다. **'85% 시스템학습법'**을 **'100% 시스템학습법'**으로 혁신한 것이었다.

'100% 시스템학습법'은 큰 자신감을 주었다. 어떤 시험이든지 거칠게 없다는 자신감이었다. 나는 퇴직자의 복잡한 머리에 불구하고 매월 15권을 구입하여 10회씩 학습하는 방식을 시작했다. 나는 1999년말 은행감독원에서 시행한 120명 선발 시험(손해보험중개인)에 1200여 명의 응시생 중 1등 합격하였다. 이듬해 은행감독원 시행의 50명 선발 시험(생명보험중개인)에 750명 중에서 3등에 합격했다. 이듬해 다른 공인시험에 9% 합격자 중에 합격해 시스템학습법의 효과가 증명되었다. 3년 연속 증명이 된 것이다.

'100% 시스템학습법'은 큰 자신감

사실상 나의 시스템학습법을 활용한 이후부터는 모든 시험에 좋은 성적을 거두었다. 시스템학습법은 학습 스트레스가 없고 학습 부담감이 거의 없어 필자가 나이 70대인 지금도 새벽2시까지 학습하고 있다. 눈이 피곤한 일도 없다. 이해하느라고 외우느라고 신경을 곤두세우는 일이 없기 때문이다. 젊은이가 학습에 즐거움을 느끼며 학습에 몰두한다면 인생의 많은 문제가 수월해질 것으로 확신한다.

2500년 전 사람인 공자는 "나이 들어 **쉰이 된다 해도 계속 배울 수 있다**"라고 말했다. '뇌 안티에이징'의 샌드라 채프먼은 뇌과학 교수인데 "현명한 사고능력은 나이 이르거나 늦는다는 기준이 없이 두뇌 능력을 향상시킬 수 있다"라고 밝혔다. 두뇌는 신경가소성과 전두엽이 두뇌 향상에 큰 역할을 한다. 새로운 상황에 적응하는 정신적 능력을 유도

지능이라 부른다. 유동지능은 유연한 사고, 추상적 추론, 문제해결 능력을 특징으로 한다.

오늘날 특히 젊은이들에게 나타나는 현상으로 멀티태스킹이 있다. 여러 일을 동시에 하려는 경향이다. 멀티태스킹은 전두엽 기능을 떨어뜨리고 뇌 건강을 악화시킨다. '인포마니아'는 "더 많은 정보를 얻지 못해 안달하는 정신 상태"라고 정의된다. 현대인들에게는 집중력을 상실하게 하는 결함이 나타난다. 알츠하이머 진단을 받은 환자들 중에는 노인뿐만 아니라 20대도 있다는 사실이다.

조선 탁월한 학자이며 관료 다산

조선의 탁월한 학자이며 관료였던 다산은 18년간 유배생활을 하는 동안 수백 권의 저술을 남겼다. **다산에게 있어 공부는 '삶을 가치있게 향상'시키는 것**이었다. 그의 '강구실용'은 '실제에 유용한 공부를 하라'는 말이다. 실용에 응답 못하는 학문은 학문이 아니라는 것이다. '다독'은 다산에게 책을 되풀이해 읽는 다독이었다. 다산은 학습의 모범생이었다. 오늘날 삶의 전환점을 이루기 위해서는 효과적인 학습이 매우 절실한 과제이다. 필자는 이 책에서 다산의 학습 모범사례를 보여줄 것이다.

우리 인간은 습관의 동물이다. 필자가 외환은행에서 거의 30년을 근무하였는데 10년 전에 같이 만나 일했던 사람과 다시 만나 일하면 그 사람의 언행 등 모든 습관이 거의 똑같이 되풀이되고 있는 것을 보았다. 이 습관이 좋을 것일 때는 큰 유익이 있겠지만 그렇지 않을 경우 삶의 전환점은 좋게 이루어지지 않는다. 습관을 바르게 세워놓는 것은 매우 중요한 과제이다.

'아주 작은 습관의 힘'의 저자 제임스 클리어니스는 습관을 변화시킬 수 있는 방법을 설득력 있게 제시했다. 그는 좌절하지 않고 매일 1%씩 성장을 목표로 나아가 결국 성장하는 방법을 제시했다. 반복하는 행동도 습관이 되며, 그런 반복이 습관 형성에 매우 중요한 요소가 된다. 습관이 만들어지면 뇌 활동은 적어져 정신적 지름길이 된다. 습관은 우리에게 자유를 준다. 법칙은 “그저 반복하라”이다. 반복하면 어려움이 사라진다.

자기 절제가 성공 핵심

로이 바우마이스터는 사회심리학 학자이다. 그는 “성공한 자들의 공통된 특징은 지적 능력과 자기 절제”라는 것을 발견했다. 바우마이스터는 자기 절제가 성공의 핵심적 힘임을 보여주었다. 미국의 대표적 삶의 주인공 벤저민 프랭클린은 “모든 것을 한꺼번에 이루려 하다 보면 집중력이 흐트러진다”는 것을 깨달았다. 프랭클린은 13가지 덕목을 일주일에 하나씩의 덕목을 실천했다. 자존감이 주도력과 행복 지수를 높이는 요인이다. 자기 절제는 스트레스를 덜 받고 의지력을 높이며 강하면서 이타적인 인간이 되게 만든다.

필자는 매월 15권의 책을 10회씩 학습해왔다. 1999년8월 명퇴한 이후부터 한 달도 거르지 않고 실천해 왔다. 은행 재직 시에는 퇴근 후에만 학습했기에 매달 학습하는 양은 3-4권 정도였다. 내가 명퇴한 이후 책을 구입한 명세를 기록하고 있는데 합계를 셈해보면 약4,500권이다. 매월 15권 즉 2일에 한 권을 10회씩 꾸준히 학습하여 왔다는 사실에 필자는 큰 보람을 느낀다. 요컨대 습관의 혜택이다.

두뇌 운동을 꾸준히 하고 있으면 치매에 걸릴 가능성이 훨씬 적어진다는 사실이다. 정신적 자극을 지속적으로 받고 있으니 여러 긍정적 효과도 얻고 있다. 나의 학습 활동을 안 사람들은 "그 많은 책을 두뇌에 쌓아두면 두뇌가 꽉차 버리지 않을까요?"라고 묻는 사람이 있다. 이에 대한 대답은 과학적 근거를 제시하는 것이 설득력이 있을 것이다.

칼 세이건은 책 2천만 권

칼 세이건은 저명한 과학자로 천문학 분야에서 명성을 떨쳤다. 그는 살아 있을 적에 두뇌에 관한 연구를 한동안 집중하였고 그 연구결과를 발표했다. 그에 의하면 "인간의 두뇌는 500쪽짜리 책 2천만 권을 충분히 수용하고도 남는다'는 것이다. 2천만 권의 책을 60년간 학습한다면 1년에 몇 권이 될까?

20,000,000권을 60년으로 나누면 1년 333,000권이 되고 1달에 약 30,000권이 된다. 이는 한 달에 30,000권 하루 1,000권을 학습할 수 있는 두뇌 능력이라는 것이다. 독자는 천재 자체이다. 독자는 과학 천재 제임스 클러크 맥스웰에 결코 못지않는 천재인 것이다. 내가 **월15권을 학습하는 것은 나의 능력의 30,000분의 15밖에 되지 않으므로 결코 무리가 되지 않는다.**

인간 두뇌의 능력은 두뇌과학자들의 연구가 늘어남에 따라 두뇌 능력이 훨씬 크다는 사실이 발견되고 있다. 인간 두뇌의 신경세포들의 접합부들의 수는 천문학적이다! 개개의 뉴런이 다른 뉴런과 연결되는 접합부가 수천 개나 되는 경우도 있다. 뉴런사이에만 접합부들이 있는 것이 아니다. 수상돌기들 사이를 직접 연결시키는 미세 회로들도 있다.

한 신경학자는 이렇게 말한다. "이 '미세 회로'들은 뇌 작용에 관하여 새로운 차원을 더해 준다." 일부 과학자들은 "인간 뇌 속의 무수히 많은 신경 세포들이 형성하는 접합부 수는 아마 1,000조 개는 될 것"이라고 믿는다. 그 용량은 얼마나 되는가? 칼 세이건은 뇌는 "2천만 권의 책을 가득 채울" 만한 정보를 수용할 수 있다고 말하였다.

인간을 현저하게 차이지게 하는 것은 대뇌 피질이다. 그 두께는 몇 밀리미터에 불과하다. 그리고 그것은 두개골 속에 꼭 알맞은 크기의 주름진 구조물을 이룬다. 펼쳐 놓으면 피질의 넓이는 약 2,300평방 센티미터가 될 것이며, 매 16입방 센티미터당 약 16,000킬로미터에 달하는 연결 섬유들이 있을 것이다. 그것은 신체 기능과 고차원 정신 작용을 자유로이 할 수 있다.

역량이 훨씬 더 큰 뇌

인간의 뇌를 구별시켜 주는 것은 그것이 보다 특수화된 여러 가지 활동들을 배울 수 있다는 점이다. 컴퓨터 과학에서는 프로그래머가 컴퓨터에 입력시키는 기능들과 대조되는, 고정 회로를 기초로 내장된 특징들을 가리키는 말로 '고정 배선'이라는 용어를 사용한다. "인간에게 적용시켜 볼 때, 고정 배선은 천부적 능력, 혹은 적어도 소질을 가리키는 말이다"라고 한 권위자는 말한다. 사람들 속에는 여러 가지를 배울 수 있는 역량이 내재되어 있다.

전직교사였던 알피 콘은 경쟁력과 관련하여 깊은 연구로 의미 있는 저서를 남겨주었다. 알피 콘의 견해는 필자의 견해와 원칙적 공감을 보여주는 것이기에 매우 소중한 것이다. 미국의 경제 시스템은 경쟁에 기초하고 있다. 협력은 비경쟁적이며 현명하고 매우 성공적인 전략이다. 건전한 경쟁이란 말은 사실상 모순된 것이라고 알피 콘은 주장한다.

필자가 제공하는 교육프로그램은 'SR경쟁력프로그램'이다. 여기서 **'경쟁력'은 남과의 경쟁이 아니라 자신의 잠재능력을 얼마나 제대로 계발**

하느냐 여부에 관한 것이다. 자신의 능력을 충분히 계발하여 발휘하는 것은 자신에게도 사회에게도 이로운 것이다. 요컨대 남과 비교하거나 이기는 것이 아니라 자신을 이기는 것, 제어하는 것이다.

일반학습에 관한 학습법인 시스템학습법과 외국어학습에 관한 학습법에 관해서 원리와 실행방법에 자세하게 관해서 알아보려면 필자의 저서인 '왕도와 천재, 시스템학습법의 위력', '외국인이 다시 놀란 영어천재가 되다', '시스템학습법의 완성'을 참고하여 10회 충분히 학습해 파악하고 거듭 연습하시기 바란다.

2장. 세 살 버릇 여든까지?

학습 관련 발언 등 모음

- 오늘 학습하는 습관은 10년 후에도 학습한다.
- 변화를 성취하기 위해서는 믿음의 의지가 가장 중요한 요인
- 사소한 변화를 이루자 줄리는 조금씩 양을 늘리는 방법을 실천할 수 있었다.
- 빠르게 변화하지 말고, 작은 것부터 하나씩 바꾸고, 지속해야 한다.
- 작은 것부터 하나씩 바꾸고, 지속해야 한다.
- 습관으로, 되기까지는 인내심이 필요하다. 승리할 방법은 조금 더 나아지는 것 뿐이다
- "얼마나 시간이 걸리나요?"를 묻지 말고 "몇 번이나 해야 할까요?"를 물어야 시작을 쉽게 하면 나머지는 따라온다.
- 시작을 쉽게 하면 나머지는 따라온다.

우리 속담에 "철들자 망령이라"는 말이 있다. 이는 뒤 늦게나마 겨우 성사가 되자 곧 낭패가 닥친다는 말이다. 철이 들었을 때 망령 즉 치매가 오면 아무 것도 할 수 없는 폐인과 다를 바 없다는 말이다. 폐인이 되기 전에 철이 들어 자신을 좀더 가치 있는 인간, 사회와 가정에 무엇인가를 줄 수 있는 인간이 되어야 한다.

인간은 습관의 동물

인간은 습관의 동물이다. 세 살 버릇을 그대로 가지고 평생을 살다가 "아하! 이게 아니었구나! 달리 살아야했구나!"라는 깨달음을 얻게 될 때는 나이가 한참 많이 먹은 경우가 되어 무엇을 배울 능력도 없는 것 같고, 배울 기력도 의욕도 없으니 답답하기만 하다.

"살고 싶다!"는 욕망은 사실 나이가 많이 들수록 많아지는 것이다. 죽을 수도 없다. 자녀들이 좀 능력이 많아 부모에게 경제적 도움을 둘 사정이 된다면 그나마 다행이다. 요즘 젊은이들의 형편이 부모에게 도움을 줄 사람들이 얼마나 되겠는가? 필자 자신은 내 아버지가 20년 전에 돌아가실 때까지 은행 입행 때부터 33년간 한 달도 거르지 않고 생활비를 보내드린 경험이 있다.

내가 큰 효도를 하지는 못했어도 부모님이 먹고 사는 의식주를 돌아가실 때까지 내가 마련해드렸다는 점은 나 자신에게 큰 보람으로 남아 있어 흐뭇하다. 나는 독자들에게 간곡히 조언을 드리고 싶다. 한 살이라도 더 먹기 전에 학습에 매진할 기회를 잡아야 한다. 그것이 능력과 정신력을 새롭게 할 수 있고 노년의 삶이 편안할 것이다.

제레미 딘은 심리학자이다. 딘은 "습관이 몸에 배는 데 걸리는 시간은 사람마다 다르다"고 주장한다. 습관은 매우 천천히 형성된다. 습관은 자동적인 행동이다. 러시아 생리학자 이반 파플로프의 실험에서 개들은 먹이를 주지 않았음에도 오랜 경험을 통해 먹이에 대한 반응으로 침을 흘렸다.

오늘 학습 습관은 10년 후 학습

우리의 정신은 습관을 습득하는 능력을 가지고 있어 정신적 습관마저 바꿀 수 있다. 특정 상황에 대한 반응으로 동일한 행동을 하는 경향이 습관이다. 습관은 지속적으로 무의식의 세계에서 샘솟는다. 이솝 우화에서 여우와 신포도 이야기는 무의식적으로 만들어내고 있는 자기합리화 사례이다. **오늘 학습하는 습관은 10년 후에도 학습한다.**

반복되는 행동, 반복되는 일상은 편안함과 안도감을 준다. 1880년부터 1918년 사이 자전거 산업을 분석한 결과, 너무 급하게 변화를 추구한 회사들을 대부분 업계에서 사라지고 말았다. 가장 많이 살아남은 것은 예전 방식을 고수하면서 새로운 방식을 접목시키려고 한 회사들이었다. 고객들의 습관을 급하게 변경시키는 것은 불안을 초래하였다는 사실이다.

습관에 따라 어려운 결정을 피하려는 경향을 '인지적 구두쇠'라고 부른다. 투렛 증후군과 강박장애 환자들을 치료하는 방법 하나는 습관 뒤집기 훈련법이다. 자신의 습관을 인식하는 것은 도움이 되는 훈련이다. 사람들은 보고 싶은 것만 보는 경향이 있다. 미국 심리학자 윌리엄 제임스는 습관에 대한 저서를 다수 집필하였는데 습관이 생각을 유도한다고 말했다. 자신이 보고 싶은 것만 보기 때문이다. 자기 규제와 관련된 문제에는 두 가지 측면이 있다. 첫째, 자기 관찰 부족이다. 둘째, 자기 반응 부족이다.

코메디언 제리 사인펠트는 "글쓰기 습관을 하기 위해, 먼저 큼직한 벽걸이 달력을 산다. 그 다음 글쓰기 연습을 한 날마다 표시를 한다. 그 표기가 끊어지지 않게 매일 글쓰기를 하는 것을 습관으로 만든다"고 말했다. 작고 쉬운 습관부터 바꾸는 데 성공한 다음, 자신이 원하는 습관에 도전해 보는 편이 훨씬 나은 방법인 것이다.

좋은 습관을 들이는 것은 자동적으로 이루어질 때 변화에 성공할 확률도 높다. 우리가 추구하는 것은 무의식적이고 자동적인 습관의 실행이다. 음식을 먹는 행위는 대부분이 습관에 의해 좌우된다. 체중 감소에 성공한 사람들 사이에 공통점이 있었다. 그것은 규칙적이고 변하지 않는 일상을 지켰다는 것이다. 다른 행복 습관은 '현재'를 즐기는 것이다. 간단하다. 현재를 즐기는 것은 걸음을 멈추고 꽃향기를 맡으면 된다.

심리학자 윌리엄 제임스는 "우리 삶이 일정한 형태를 띠는 한 우리 삶은 습관 덩어리일 뿐이다"라고 말했다. 습관이 형성되는 이유는 우리 뇌가 활동을 절약할 방법을 끊임없이 찾기 때문이다. 모든 광고의 초점의 열망은 습관을 만드는 원동력이다.

미식축구팀 감독 '토니 던지'는 NFL역사에서 10회 연속 플레이오프에 진출한 유일한 감독이었다. 던지는 신호에 따라 기계적으로 반응하도록 훈련시켰다. 던지 감독은 습관의 변화에 집중함으로써 팀을 탈바꿈시켰다. 상황이 더 좋아질 것이라는 믿음은 습관 변화에 중요하다.

뇌는 친숙한 것을 좋아한다

우리 뇌는 친숙한 것을 좋아한다. 연구에 의하면, 식습관을 바꿔 놓을 비결은 '친숙함'이었다. 그리스 학자 아리스토텔레스는 "습관의 힘이 절대적"이라고 생각했다. **변화를 성취하기 위해서는 믿음의 의지가 가장 중요한 요인**이다. 처음에는 어렵게 하는 일을 점점 쉽게 해내고 거의 기계적으로 의식하지 않은 채 해낼 수 있게 해주는 힘이 습관이다.

로버트 마우어는 UCLA의과대학에 재직한 임상심리학자이다. 그는 심리학자로 22년 일하면서 성공하는 삶을 위해 단순한 원칙들을 적용했다. 몸무게가 약13킬로 더 나가고 두 아이 어머니 줄리에게 그는 "하루에 1분씩 텔레비전을 앞에서 걸을 수 있는가?"라고 질문했고 줄리는 가볍게 실천했다. **사소한 변화를 이루자 줄리는 조금씩 양을 늘리는 방법을 실천할 수 있었다.**

큰 변화를 추구하지 말고 당장 개선할 수 있는 작은 일부터 찾아야 한다. 대학농구 사상 가장 성공적인 코치 존 우든은 "매일 조금씩 바꾸고, 크고 **빠르게 변화하지 말고, 작은 것부터 하나씩 바꾸고, 지속해야 한다**"고 가르쳐 성공했다. 작은 질문, 작은 생각, 작은 행동, 작은 방안, 작은 보상, 작은 순간을 발견하는 것이 해결책이다. 시스템학습의 기본 생각이 바로 이것이다. "이해되든 말든, 외워지는 말든!" 아주 쉽다!

큰 변화는 두려운 것이다. 작은 한 걸음은 두려움을 줄여주고 한 걸음씩 나아갈 수 있게 한다. 열정에 가득한 거창한 훈시보다 작은 단순한 요청은 부담이 없어 실천이 가능하다. 명령보다 작은 질문이 더 좋다. 변화시키는 최고의 방법은 첫발부터 떼고 보는 것이다. 첫 행동은 아주 작아야 한다. "미안합니다. 고맙습니다"라는 의사의 작은 행동이 환자와의 관계를 개선시켰다. 1분 정도 걷고 매주 1분씩 그 시간을 늘릴 수 있다.

일본 도요타 회사의 생산혁명 주역이었던 오노는 "현장에서 나타난 작은 문제를 개선하면 나중에 훨씬 큰 문제가 일어나는 일을 막을 수 있다"고 생각했다. 허버트 하인리히는 "하나의 대형사고 전에 같은 원인으로 29번의 작은 재해가 발생했고 그 작은 재해가 발생하기 전에 재해로 연결될 뻔한 사건이 300번 정도가 있다"는 하인리히 법칙을 주장했다.

일본에서 직원 제안의 채택률이 90%인데 미국은 38%이다. 일본은 평균보상액이 3.88달러 미국은 평균458달러이다. 보상이 클수록 '내재적 동기'를 위축시킨다. 계단 오르는 것 등 작은 것을 스스로 보상하는 것은 좋다. 에드워드 제너는 소젖을 짜는 여인들이 우두에 걸리지 않는 '작은 현상'을 유의하였고 결국 천연두 예방백신을 발명했다. 소소한 것을 유의하는 것이 중요하다. 남을 배려하는 것, 작은 것이 중요하다는 신념이 중요하다.

닐 마틴은 소비자 행동 연구자이며 공학박사이다. 마틴에 의하면 신제품 중 80%가 실패하는 원인은 소비자의 습관적 사고에 영향을 받은 경과라는 것이다. 그래서 빌 게이츠는 습관적으로 사용할 수 있는 프로그램을 개발하는 데 집중해 성공했다.

습관적 사고는 행동의 95% 통제

습관적 사고는 인간행동의 95%를 통제한다. 고객들은 실제 의사결정을 내리고 행동할 때 무의식에 의해 좌우된다. 좋은 디자인이란 간단하고 심플한 메뉴로 디자인 된 것이다. 미국인의 60%가 고도 비만이다. 살을 빼려는 미국인 중 단 10%만이 감량에 성공하는데 비만의 주범은 습관에 의해 조종되기 때문이다. 인간 행동은 대부분 습관적 반응이다. 필자가 매월 15권의 책을 10회 학습하는 것은 의지나 열정이 아니다. 그저 습관이고 편하기 때문에 저절로 학습이 이루어지는 것이다.

우리는 구매를 결정할 때 경험적 지식 즉 휴리스틱스를 적용하는데 이는 경험이나 직관에 의거하는 것이다. 고객들은 세 가지 쇼핑 즉 가격추구, 탐색, 다양성추구에 초점을 맞춘다. 재구매 행동은 습관이 바탕이 되기 때문이다. 고객은 단순하게 결정할 수 있는 지름길로 가려 한다. 애플은 세계 최초로 PDA뉴턴은 출시하였는데 고기능에 복잡한 기능을 자랑하였으며 고가였다. 결국 시장에서 실패했다.

새로운 PDA인 팜 파일럿은 단순하고 저가격에 시장에서 성공했다.

2003년 음악을 다운로드 받을 수 있는 아이튠스가 선보였다. 아이팟은 사용자가 빠르게 기능을 숙지할 수 있도록 심플하게 디자인되었고 모든 기능을 휠 몇 번의 연습만으로 기능을 빠르게 익힐 수 있었다. 아이튠스는 쉽게 음악을 복사하고 선곡하고 구울 수 있도록 고안되었다. 아이튠스와 아이팟의 통합은 큰 변화를 일으켰다.

고객 만족이 재구매로 이어지는 것은 겨우 8%에 불과하다는 사실이다. 고객들은 만족하더라도 다시 기대 수준을 조정하기 때문에 만족도는 큰 의미가 없다는 것이다. 특정 브랜드를 고르는 행동은 습관의 영향이다. 다양성 추구도 습관이며 새로운 것을 좋아하는 것은 습관이다.

대개 휴대전화나 PC는 기능의 10%도 사용하지 않는다고 한다. 두 가지 원칙으로 개발해야 한다. 첫째, 기능들을 쉽게 이해할 수 있어야 하고 둘째, 고객들이 쉽게 사용할 수 있어야 한다. 고객의 관점에서 생각하는 것이 매우 중요하다. 스토리텔링은 쉽게 이해되어야 한다. 소비자는 구매 결정에서 과거 경험이나 직관을 이용하여 결정하는 휴리스틱스를 활용한다. 편리함은 습관 형성에 영향을 준다.

고객의 습관적 사고는 무의식적으로 학습한다. 기업들이 고객을 혼란스럽게 만드는 이유는 기업이 비용을 절감하거나 더 많은 이윤을 창출하기 위한 욕심 때문이다. 추상적인 몸짓이 한마디 말보다 나을 수 있다. 복잡한 기능은 고객의 습관 형성을 방해한다.

승리 방법은 매일 조금 나아지는 것뿐

제임스 클리어는 야구선수였다. 그는 큰 사고를 당해 큰 장해를 입었으나 좌절하지 않았다. 클리어는 매일 1%씩 성장을 목표로 나아가 결국 대학 최고 남자선수로 뽑혔다. 그는 평생 지속하는 습관에 관한 확신을 얻어 널리 보급하였다. "1%를 개선하자"는 방침을 통해 스포츠 선수들이 압도적인 경기력을 보여주게 하였다.

습관으로. 되기까지는 인내심이 필요하다. 거대한 사건은 모두 작은 시작에서 비롯된다. 승리할 방법은 매일 조금 더 나아지는 것뿐이다. 진정한 변화는 '정체성'이 변해야 한다. 근본적인 믿음이 변하지 않는다면 습관을 바꾸기는 무척 어렵다. 변화를 가로막는 가장 큰 방벽은 정체성 갈등이다, 습관은 정체성을 만들어나간다.

1898년 심리학자 에드워드 손다이크는 "만족스러운 결과를 내는 행동은 반복되는 경향이 있다"라고 말했다. 습관이 만들어지면 뇌 활동은 적어져 정신적 지름길이 된다. 먼저 현재의 습관을 파악해야 한다. 1936년 심리학자 쿠르트 레빈은 "행동은 사람과 그들을 둘러싼 환경간의 함수관계다"라고 말했다. 기타를 보이지 않는 곳에 넣어두면 연습하지 않게 된다. 쉬워야 습관이 이루어진다.

우리는 가까운 사람을 모방하고, 다수를 모방히고, 유력자를 모방하는 경향이 있다. 열망은 동기를 드러낸 것이다. "해야 한다"를 "해 낸다"로 바꾸면 행동이 부담이 아니라 기회로 바뀔 수 있다. 프랑스의 볼테르는 "최선은 선의 적이다"라고 말했다. 시스템학습법이 "잘 이해하려고, 잘 외우려고 하지 않는다"는 것을 원칙으로 한다는 사실이다. 잘하려고 하지 말고 실행을 반복하는 것이 더 중요하다. "그저 반복하라"는 매우 중요하다. 반복하면 어려움이 사라진다.

모든 습관은 연습에서 자동적인 행위로 넘어가는 것이다. 새로운 습관을 만들려면 **"얼마나 시간이 걸리나요?"를 묻지 말고 "몇 번이나 해야 할까요?"를 물어야** 한다. 필자가 고교 때 속기를 배웠는데 남들이 10번 연습할 때 필자는 "무식하게 100번"를 기본으로 했다. 그 결과 50여 년이 지난 지금도 필자는 속기를 활용하고 있다. 습관이 되었기 때문이다.

차이를 만들어내는 것은 시간이 아니라 횟수

차이를 만들어내는 것은 시간이 아니라 횟수다. 습관을 만들려면 연습이 필요하다. 인간은 게으르며 최소 노력을 하려는 경향이 있다. 편리하게 쉽게 하려는 것이다. 습관을 간단하고 쉽게 만든다는 것은 '마찰을 줄이는 것'이다. 가급적 쉽게 하는 환경을 만드는 것이 핵심이다. 무용가 트와일라 타프는 자신이 성공한 이유를 "아주 간단한 습관 덕분"이라고 말했다.

매일 아침 똑같을 행동을 반복해서 하기 쉽게 만들었다는 것이다. 습관이 되려면 작은 일에서 시작해야 한다. 새로운 습관을 시작할 때 그 일을 '2분 이하'로 하는 것이 중요하다. 이는 습관을 가급적 쉽게 만드는 것이다. 완벽한 습관을 만들려고 애쓰지 말고 쉬운 일을 지속적으로 행하는 것이 핵심이다. 필자는 '팔 굽히기'를 매일 하여 약간의 근육 강화운동을 습관으로 만들어왔다.

체육관이나 동네 공터가 아니라 나는 집에서 팔 굽히기를 20회 정도 한다. 1-2분이면 충분하다. 오전에 그리했다면 오후에 더하기도 한다. 더하여 간단한 몸통 운동, 몸을 약간 앉았다가 일어나는 운동 등등도 곁들인다. 모두 합쳐야 5분이 안 된다. 쉽기에 지속할 수 있다. 체육관 등록을 했다가 결국 포기하는 것보다 훨씬 나은 것 같다. 지금도 운동하니까.

시작을 쉽게 하면 나머지는 따라온다. 최종 목표에 집착하지 말고 적게라도 하는 것이 낫다. 첫2분, 가장 사소한 형태의 행동을 반복하라. 미국 사업가 존 패터슨은 금전등록기를 설치해 영수증과 현금을 넣고 자동으로 잠기도록 했다. 그 결과 패터슨의 사업은 적자에서 흑자로 변했다. 직원들을 변화시키려 애쓰기보다 선호하는 행동이 자동으로 일어나게 만든 것이다.

"전부가 아니면 소용없다"는 생각은 위험하고 비합리적이다. 매일 하는 훈련에서 오는 '지루함'을 견디는 것이 관건이다. 성공의 가장 큰 위협은 실패가 아니라 지루함이다. 반복은 유창함, 속도, 기술을 증진시킨다. 숙련에 필요한 건 자동화된 습관과 의도적인 연습의 조합이다.

1986년 LA레이커스 프로농구팀 코치 팻 라일리는 선수들에게 한 시즌 동안 최소 1% 향상된 결과를 주문했다. 6개월 후 이 팀은 챔피언이 되었다. 라일리는 "노력을 꾸준히 유지하는 것이 가장 중요하다. 성공하는 방법은 제대로 된 일을 하는 방법을 배우고, 매번 그 같은 방식을 유지하는 것이다"라고 말했다. 숙고와 복기는 모든 습관에서 장기적 증진을 돕는다. 습관 변화의 한 번의 1% 변화가 아니라 수천 번의 1% 변화가 핵심이다.

밥 니스는 워싱턴대학교 내과 부교수이다. 그는 습관이 우리 생활에 미치는 영향에 관해 연구를 했고 의미 있는 결과를 발표했다. 우리 뇌는 초당 1000만 비트의 정보량을 처리하는데 실제로 인지하는 정보량은 50비트에 불과하다는 것이다. 그 50비트의 정보량으로 습관에 근거한 자동적 프로그램으로 행동한다는 것이다.

인간의 뇌는 부주의와 타성을 타고 난다. 과식은 해로운 습관이다. 뇌는 지속적으로 휴리스틱인 경험적 지식, 어림짐작의 기술에 영향을 받는다. 인간은 집단에 부합하려는 경향이 있다. 인간은 미래 가치보다 현재 가치를 크게 부풀리는 경향이 있다. 단순하고 쉬운 제안은 매우 중요하다. 그것이 실행 가능성을 높이는 핵심 방법이다.

참 · 고 · 자 · 료

다음 저자 저서와 연구자료를 참고하였고 그외 자료도 참고했음.
제레미 딘 심리학자
로버트 마우어 UCLA의과대학 임상심리학자
닐 마틴 소비자 행동 연구자이며 공학박사
밥 니스 워싱턴대학교 내과 부교수
LA레이커스 프로농구팀 코치 팻 라일리
제임스 클리어 야구선수
밥 니스 워싱턴대학교 내과 부교수

3장. 혼란한 머리

학습 관련 발언 등 모음

- "어떻게 확신할 수 있는가?"라는 질문은 매우 유용한 질문이다.
- 증거를 검증하고 증거를 찾아봄으로써 맹점을 고려해야.
- 역사가 버트 제임스 로엔버그는 "비판은 창조적 사고의 요소"라고 말했다.
- 책을 읽는 것은 깊이 생각하는 행위이다.
- 인공지능은 인간 지능이 아니다.
- 스크린 서킹은 영상매체들에 빨려들어 시간을 낭비하는 것이다.
- 우리 뇌는 한 번에 한 가지 일만을 지속적으로 해낼 수 있다.
- 멀티태스킹은 전두엽의 기능을 떨어뜨리고 뇌 건강을 크게 악화 시킨다
- 하나에 집중하는 것은 효율적, 생산적이다.

우리 속담에 "제 꾀에 넘어 간다"는 말이 있다. 이는 남을 속이려다가 도리어 자기가 속게 됨을 이르는 말이다. 이 세상은 혼란으로 가득 차 있다는 사실이다. 정보가 너무 많다 보니 무엇이 진실이고 무엇이 가짜인지 알기도 어렵다. '게임뇌의 공포'의 저자 모리 아키오는 의학박사이며 뇌신경과학자이다. 아키오는 "게임이 집중력을 높인다는 주장은 과학적 근거가 없다"라고 주장한다.

게임이 치매와 비슷한 결과

아이들의 자기 억제력이나 커뮤니케이션 능력의 결여가 사회적 문제가 되고 있다는 것이다. 아키오는 "치매가 중한 사람은 베타파와 알파파가 완전히 겹치게 된다. 게임을 시작한 지 1분도 되지 않아 베타파가 격감했음"을 발견했다. 게임을 그만두고 20-30초쯤 지나면 본래 상태로 회복된다. 이는 게임이 치매와 비슷한 결과를 가져올 수 있음을 지적한 것이다. 자제력을 잃고 난폭하게 행동하는 것은 주로 전두엽 기능이 저하된 탓이다.

조지타운 대학의 연구에서 31명의 미결 살인수를 대상으로 검사한 결과, 전두엽 장애가 발견되었고 뇌파에서는 이상이 확인되었다고 보고했다. '게임뇌'의 뇌파를 보면 치매환자의 형태와 흡사하다. 자기중심적이고 수치심도 잘 못 느낀다. 게임을 하는 것은 책을 읽는 것과 크게 다르다.

게임을 통해 정보를 받아들이는 과정에는 사고활동이 거의 개입하지 않는다. 극도의 긴장감을 동반하는 게임을 할 때 스트레스로 말미암아 기억에 관여하는 해마가 위축된다는 사실도 밝혀졌다. 게임뇌 사람은 치매환자의 뇌파와 흡사하고 기억력이 떨어진다. 컴퓨터와 게임에 집중하는 것은 해롭다는 것이다. 정신의 발달이란 뇌의 발달을 의미한다.

'블라인드 스팟'의 저자 매들린 반 헤케는 심리학 교수였다. 그의 연구에 의하면 인간들은 놀랄 만큼 우수한 추론 능력을 보여주는 반면 우리 모두에게는 맹점이 있다. 인간은 자신과 무관한 정보, 중요하지 않은 정보는 무시하는 경향이 있다는 것이다.

인간에게 '생각하지 않는 맹점' 있어

한 컴퓨터 전문가가 전화로 컴퓨터 사용법을 설명하던 중, "드라이브 문을 여세요"라고 말하자, 상대는 사무실 문을 열었다고 한다. 이는 인간에게 '생각하지 않는 맹점'이 있기 때문에 발생한 일이었다. 정보와 아이디어들을 성찰하는 방식을 습관화하는 것이 심각한 실수를 방지하는 데 중요하다는 것이다.

우리는 자신의 관점에서 세상을 바라보기 때문에 타인의 관점을 고려할 필요가 있다. 우선 타인의 관점에서 세계를 보는 연습을 해야 한다. 다른 사람을 배려하는 능력과 상대의 관점으로 보는 능력은 모두 중요하다. 필요한 물건을 바로 옆에 두고도 그 사실을 깨닫지 못하는 경우가 있다. 논리적인 사람은 직관을 믿지 않는 경향이 있다. 직관을 중시했던 수학의 천재 프리드리히 가우스는 즉각적으로 입증할 수 없었던 아이디어를 종종 직관으로 알 수 있었다고 시인했다.

인간은 확신할 만한 긍정적 증거를 추구하는 경향이 있다. 우리가 알고 있는 사실이 불완전하기 때문에 맹점이 있을 수 있다는 점에 주목해야 한다. **"어떻게 확신할 수 있는가?"라는 질문은 매우 유용한 질문이다.** 아인슈타인은 "측정할 수 있는 것이라고 해서 전부 다 중요한 것은 아니다. 중요한 것이라고 해서 전부 다 측정할 수 있는 것도 아니다."라고 말했다.

증거를 검증하고 증거를 찾아봄으로써 맹점을 고려해야 한다는 것이다.

'싱크! 위대한 결단으로 이끄는 힘'의 저자 마이클 르고는 의사결정에 있어 비판적 사고가 감정, 본능, 직관 등보다 우월하다는 사실을 주장한다. 비판적인 사고는 성급한 결론으로 건너뛰는 것을 방지해준다. **역사가 버트 제임스 로엔버그는 "비판은 창조적 사고의 요소"라고 말했다.**

미국은 텔레비전 중독 사회가 되었다. 이미지화 디지털화되는 사회에서 문자 해독 능력은 매우 중요한 능력이다. 르고는 "텔레비전은 백치다"라고 주장한다. 텔레비전은 이미지와 감정을 주로 전달한다. 학생들이 컴퓨터에 빠져 조용히 독서를 해야 할 시간을 없애고 있다는 사실이다. 미국 학생들의 문제해결 능력, 독해 기술, 수학 성적이 퇴보하고 있다는 증거가 명백하다.

우리의 시장 문화는 주관성을 장려한다. 이는 일면 의미가 있다고 생각할 수 있지만 기능 장애 사회로 이끄는 위험이 있다. 주관성은 자아에 고착된 것이다. 객관성은 이성과 비판적 사고가 가능하도록 해준다. 객관성, 추론, 경험적인 증거는 소크라테스가 사용한 근본적인 방법이었다. 영국의 생물학자 영은 1950년에 "뇌의 구조는 주어지는 임무에 따라 적응하며 끊임없이 변화하는 상태"라고 주장했다.

디지털 환경은 피상적, 산만하게 한다

조지메이슨대학교의 신경과학 교수 제임스 올즈는 "성인의 뇌는 매우 잘 변한다"라고 말했다. 뉴욕대학교의 신경과학자인 조지프 르두는 "우리 두뇌는 뇌의 시냅스 조직 형성을 통해 정신적 행동적인 영향을 받는다"라고 말했다. **책을 읽는 것은 깊이 생각하는 행위이다.** 조사에 의하면, 미국인의 텔레비전 시청 시간이 한 달에 153시간에 달한다. 인터넷 사용시간도 증가하고 있다. 인터넷에는 '관련 없는 문제의 해결'과 '주의력 분산'이라는 특성이 있다. 인터넷은 집중력 분산을 촉진하며 집중력을 방해한다.

디지털 환경은 더욱 피상적인 수준에 머물게 하며 산만하게 한다는 것이다. 훑어보고, 건너뛰고, 멀티태스킹을 하는 경우에 신경회로는 읽고 사고하는 데 사용되는 부분이 약화된다는 것이다. 연구에 의하면 멀티태스킹을 하는 이들은 주변 자극에 의해 산만해지고 업무에 집중력을 유지하는 능력에서 뒤떨어진다는 사실이 발견했다. 우리 뇌가 온라인상에서 다양한 자극으로 인해 과부하에 걸리면 우리의 학습 능력은 심각하게 저하된다. 인터넷 자극은 마치 웅성거림과 같다. 우리가 산만해질수록 공감, 열정 등과 같은 감정의 경험은 더욱 줄어든다는 사실이다.

미국 항공사들에게는 "항공사들은 적절할 때에 수동비행을 홍보할 것을 권장한다"라는 지침이 주어졌다. 자동화에 과도하게 의존할 경우 조종 능력이 저하될 수 있다는 것이다. 자동비행이 증가함에 따라 수동비행 능력이 저하되고 있다. 그로 인한 조종사 과실로 비행기 추락사고가 발생하고 있다. 조종사들에게 필요한 것은 기계보다는 기술이다.

자동신호에 의존하다 방심하여 모래톱에 좌초

원양여객선 로열 머세스티는 자동신호에 의존하다가 방심하여 모래톱에 좌초했고 수백만 달러의 손해를 입었다. 예전에 한 목수가 알려주었던 "두 번 재고, 한 번 잘라라"라는 격언을 유의해야 한다. 컴퓨터는 바보 같은 실수를 저지를 수 있다. GPS가 알려주는 대로만 진행하던 버스는 높이가 12피트였는데 9피트 높이까지만 통과가 가능한 콘크리트 다리와 충돌했다.

온라인에서 정보를 쉽게 얻게 되자 생각하거나 기억하는 기능이 약화되는 현상이 보인다. 2005년 전미의료정보커뮤니티AHIC가 설립되었고 의료 현장에 진료 기록의 자동화, 전산화를 추진했다. 그 결과는 정신적 건강을 개선했다거나 비용을 줄여주었다는 증거는 없다. 그 프로그램으로 인해 불필요한 검사, 고가의 서비스가 제공되어 의료비용이 높아지는 결과가 되었다. 컴퓨터에 의존하는 까닭에 환자와 의사 사이의 의사소통이 줄어들었다.

자동화로 인해 근로자는 숙련 기술자가 되는 기회가 줄어들었다. 진정한 지적 능력은 논리와 상상력을 발휘하면서 개념적, 비판적, 은유적, 명상적이고 재치 있게 생각할 수 있는 유연한 사고다. 1822년 영국 탐험가인 윌리엄 에드워드 패리는 캐나다 북부를 여행하였는데 이누이트족의 놀라운 지리적 지식과 통찰력에 감탄했다. 이누이트족이 GPS기기를 사용하면서 탁월한 지리적 감각과 통찰력은 줄어들었고 심각한 사고가 발생하기도 했다. 이는 GPS에 의존하여 자신의 지적 능력을 사용하지 않았기 때문이다.

2005년 노르웨이 신경과학자들은 지리적 위치를 감지하는 일에 관여하는 뉴런들을 발견해서 '격자 세포'라고 명명했다. 격자 세포는 추측 항법에 대한 내적 감각을 제공한다. GPS에 지나치게 의존하면 격자 세포가 사용되지 않아 뇌 발달이 제대로 이루어지지 않아 치매 발생 위험도 높아진다는 것이다.

2012년 월가 최대 증권중개업체인 나이트캐피탈그룹은 자동주식 매매 프로그램을 출시했는데 이 프로그램은 15분 동안 70억 달러의 잘못된 거래를 수행했고 나이트는 5억 달러의 손실을 입어 파산 일보 직전까지 몰렸다. 컴퓨터가 처음에는 아날로그 기계로 등장했다가 지금은 낯익은 디지털 형식이 되었다. 컴퓨터 작동에서 인간이 필요한 개입을 제대로 하지 않으면 문제가 발생할 수 있다.

컴퓨터는 대량의 데이터를 신속히 분류하는 작업에 뛰어난 능력을 보여주지만, 인간은 더 섬세하고 똑똑한 사상가들이다. 컴퓨터는 상상력이 부족하다. 자동화가 항상 똑똑한 상황을 보장하는 것이 아니다. 캐나다왕립은행은 기술 중심적 자동화에 반대하여 초고속 트레이더들의 알고리즘 조작으로부터 매매 주문을 보호하기 위해 주문 전송 속도를 늦춰준다. 유행 중인 초고속 데이터 흐름을 거부하는 것이다.

로봇 진공청소기 룸바는 먼지 뭉치와 벌레를 구분하지 못한다. 로봇 제초기는 아무런 죄책감 없이 동물들을 죽인다. 모든 소프트웨어는 숨겨진 가정들이 포함되어 있어 문제가 될 수 있다. 소프트웨어는 개인의 결정이나 사회의 결정도 왜곡할 수 있다. 우리는 시스템의 작동방식이 바뀌었을 때조차 확신하지 못한다. 자동화는 도구와 사용자 사이의 유대감을 약화시킨다.

인공지능은 인간 지능 아니다

로봇 혁명은 속도, 편리함 등에서 도움이 되었지만 창조성에 피해를 입힐 수 있다. **인공지능은 인간 지능이 아니다**. 우리는 자동화가 주는 혜택들을 과대평가한다. 기계들은 제조자들이 가진 불완전성을 공유하고 고장 날 수 있다. 에어버스A320기가 한 무리의 거위 떼와 충돌한 후 추진력을 상실했던 적이 있다. 기계나 소프트웨어는 상상력과 창의력이 없다. 인간에게는 천재성, 호기심, 독립심, 인내, 담대함 등의 특성들이 있다.

휴대폰으로 인한 부주의가 자동차 충돌 사고의 주요 원인으로 등장했다. 우리는 "감춰진 전자적 복잡성'에 사로잡혀 있는 것이다. '창조적 단절'의 저자 에드워드 할로웰은 하버드대학교 의과대학 교수인데 휴대

전화를 항상 소지하고 침실에도 갖고 들어가는 그의 환자가 있었다. 그 환자는 메시지에 중독된 것이다. 많은 사람들이 로그온, 부팅, 다운로드를 하지 않으면 불안해지는 중압감에 사로잡힌다.

안정 상태일 때는 차분하고 평온하며 쾌활하고 침착하며, 호기심와 창의성이 강하고 남을 배려할 줄 안다. 불안정 상태일 때는 어수선하고 경솔하고 허둥거리며 격분하고 거칠고 소심해지고 둔해지며 성급하다. 불안정 상태일 때는 주의력 결핍 장애와 증상과 비슷하다. 많은 사람들이 너무도 자주 불안정 상태에 빠진다.

할로웰은 전문의로서 주의력 결핍 장애를 진료해왔다. 1970년대에 리사 버크만 박사는 "인간관계가 단절되고 사회에서 고립되면 죽음이 앞당겨지기도 한다"는 것을 입증하는 연구 결과를 발표하였다. 현대 사회는 쓸데없는 걱정과 넘쳐나는 정보, 분주한 삶이 특징이다.

스스로 판단하고 신중하게 결정하는 것은 현대 생활에 꼭 필요한 능력이다. 할로웰은 1981년부터 주의력 결핍 장애를 진료해왔다. 요즘 불안 신경증에 시달리는 사람들이 점점 늘어나고 있다. 더 중요한 것은 도타운 인간관계다. 리듬을 찾고 두뇌의 여유 공간을 확보하는 것도 중요하다. 그래야 두뇌가 창의적 생각을 하는 데 전념할 수 있다.

스크린 서킹은 영상매체들에 빨려들어 시간을 낭비하는 것이다. 다중작업은 사실 무의미하다. 사람들은 삶을 음미하지 않는다. 이는 스스로 생각하고 느낄 시간이 없기 때문이다. 훌륭한 혁신가와 단순 자료 수집가의 차이는 모은 자료를 생각할 줄 아는 능력이다. 뇌 운동을 하면 오래도록 젊고 건강한 뇌를 유지할 수 있다. 인생을 마음껏 누릴 수 있는 가장 좋은 방법은 속도를 늦추고 느긋하게 사는 것이다.

'빨리, 빨리' 문화의 결과로 주의력 결핍이 조장되고 있다. 한 번에 하나 이상의 일을 수행하거나 여러 가지를 오가면서 업무를 보는 것은 뇌 처리에서 효율성이 떨어진다. 두 가지 일을 동시에 하는 것은 시간과 에너지를 모두 낭비하게 만든다. 시간손실은 주어진 과제가 복잡할수록 비례적으로 늘어났다. 주의가 산만해지면 능률이 떨어진다는 것이다. 효율성 감소는 독서를 하면서 다른 정신작용을 할 때에도 나타난다.

다중작업은 주의력을 비효율적 부정적 결과

우리 뇌는 한 번에 한 가지 일만을 지속적으로 해낼 수 있다. 다중작업은 주의력을 비효율적으로 만들어 부정적인 결과가 된다. 한 번에 한 가지 일에 집중하는 것이 훨씬 효율적이다. 폭력장면은 예측할 수 없는 행동을 유발할 수 있다. 실제로 영상물은 뇌에 생생한 인상을 남기기 때문에 다양한 범위에 걸쳐 정신적인 희생을 치르게 된다. 외상 후 스트레스 장애가 있는 사람의 뇌는 그 상황에 대한 이미지를 제어할 수 있는 능력을 상실한 상태다.

혼자 살아가는 사람들이나 TV를 시청하면서 여가 시간의 대부분을 보내는 사람들은 특히 위험하다. "일주일에 7시간 이상 TV를 시철한 청소년들과 청년들은 공격적인 행동을 저지를 가능성이 훨씬 높다"는 사실이 발견되었다. 반사회적인 성향, 공격적이고 폭력적인 행동과 관련된 장애를 가진 사람들은 건강한 사람들에 비해 두뇌 회백질이 평균 11% 이하라고 한다.

'싱글태스킹'의 저자 데보라 잭은 코넬대학에서 객원교수였다. 그는 분명한 해결책으로 싱글태스킹을 제안한다. 멀티태스킹은 여러 업무를 동시 진행하기에 일을 제대로 해낼 수 없어 시간과 에너지를 낭비한다. 흐트러진 집중력의 상징인 멀티태스킹은 좋지 않은 결과, 인간관계를 망치는 결과를 갖게 된다는 것이다.

멀티태스킹은 전두엽의 기능을 떨어뜨리고 뇌 건강을 크게 악화시킨다. 멀티태스킹은 전두엽에 피로가 쌓이게 하고 효율성이 낮아져 성과가 떨어지게 된다. 우리 두뇌에는 1,000억 개 이상의 뉴런과 10조 개 이상의 연결 즉 시냅스가 존재한다. 뇌의 인지 능력은 기억 체계보다 훨씬 복잡하고 정교하다.

인포마니아는 더 많은 정보를 안달하는 정신

'인포마니아'라는 것은 "더 많은 정보를 얻지 못해 안달하는 정신 상태"라고 정의된다. 통합적 추론은 혁신적인 사고다. 통합적 추론력을 기르면 지적 능력을 높일 수 있다. 통합적 추론은 가장 복잡하고 강력한 사고 능력이다. 저명한 심리학자 로버트 스턴버그는 "창의력은 특정한 사고방식이 아니라 삶에 대한 태도를 의미한다"라고 말했다. 창의력은 지식을 넘어서는 고차원이다.

스탠퍼드대학교 신경학자 오빌 박사는 멀티태스킹은 결국 집중력을 빠르게 전환하며 일이 지체되고 집중력이 점점 저하되어 효율성이 떨어진다는 것이다. 멀티태스킹의 한 사례인 운전 중 한눈을 팔거나 문자를 보내는 일 등은 위험률을 4배로 높인다는 연구결과가 있다.

싱글태스킹은 한 번에 한 가지 일에 몰입하는 것이다. 집중력분산증후군은 흔히 있는 현상이고 멀티태스킹과도 관련된다. 심리학자 미하이 칙센트미하이는 완전히 어떤 일에 집중하는 상태를 '몰입'이라고 불렀다. 잘 듣는 것은 매우 중요하다. 이는 상대를 존중하는 것이다. **하나에 집중하는 것은 효율적, 생산적이다.** 행복은 무엇에 깊게 몰입하는 것과 관련이 있다.

디지털 기기는 스트레스와 조급증을 키우게 된다. 완벽주의 기질은 문제를 야기할 수 있다. 멀티태스킹은 외부 자극에 대한 욕구를 부추기고 많은 자극을 요구하게 된다. 멀티태스킹은 집중력을 방해한다. 시스템학습자는 오직 학습과 집중에 전념한다.

참·고·자·료

다음 저자 저서와 연구자료를 참고하였고 그외 자료도 참고했음.
'게임뇌의 공포' 저자 모리 아키오 의학박사
'블라인드 스팟' 저자 매들린 반 헤케 심리학 교수
'싱크! 위대한 결단으로 이끄는 힘' 저자 마이클 르고
'창조적 단절' 저자 에드워드 할로웰 하버드대학교 의과대학 교수
'싱글태스킹' 저자 데보라 잭 코넬대학 객원교수

4장. 창의력의 힘

학습 관련 발언 등 모음

- 책읽기 등이 두뇌에 신선한 자극을 준다는 점을 염두에 두어야 한다.
- 확신과 아이디어에 대한 열정은 매우 중요하다.
- 학문은 "즐거운 것, 기쁨을 맛보는 것"
- '지혜의 깊이'는 공부를 통해서만 얻을 수
- 배우려 하지 않는 것, 새 것을 학습하지 않는 것은 21세기 문맹자가 된다.
- 베이비붐 세대는 학습저항 병증을 앓고 있다.
- 창의성을 더욱 발휘할 수 한 가지 방법은 전문지식을 키우도록 격려하는 것

우리 속담에 "나중 난 뿔이 우뚝하다"는 말이 있다. 이는 앞 세대인 선배의 아이디어를 참고로 하고 무언가 새롭게 창의력을 내는 후배를 가리켜 하는 말이다. '수평적 사고방식'의 저자 에드워드 드 보노는 새로운 사고법으로 새로운 각도에서 대상을 관찰하는 것을 '수평적 사고법'이라고 부른다. 수직적 사고는 정확성이 높은 사고법이다. 수평적 사고는 흐름이 완만하고 창조적 사고와 관련이 있다.

기존 지식을 새 각도에서 보았기에 새 아이디어

아인슈타인이 한 일은 기존의 지식을 새로운 각도에서 보았기에 새 아이디어가 창출되었다. 보잘것없는 평범한 아이디어나 역사 진로를 바꿔놓은 아이디어나 모두 똑같은 과정을 거쳐 창출되었다. 종래의 과학적 연구방법은 논리적으로 더 깊이 파들어 가는 방향이었다. 지배적인 아이디어로부터 벗어나는 것은 힘든 일이지만 새로운 가능성을 높인다.

수평적 사고의 원리는 첫째, 대표적인 아이디어를 찾아낼 것. 둘째 여러 방면에서 사물을 보는 방법을 찾아낼 것. 셋째, 수직적 사고의 일정한 틀에서 탈피할 것. 넷째, 우연한 기회를 포착할 것 등이다.

컬럼버스의 계란 이야기가 있다. 계란 한쪽을 깨뜨려 납작하게 만든 다음 그 계란을 세웠는데 남들이 생각하지 못한 방식이었다. 이탈리아 건축가 브루넬레스키는 돔 지붕을 건축한 계기가 새로운 시각으로 볼 수 있었기 때문이다. 수직적 사고는 아이디어의 발생을 규제할 수 있다.

수평적 사고에서는 옳고 정확한 것만이 최상의 방책이 되는 것은 아니다. 수직적 사고의 결점은 결론이 나오면 사고력이 고정되어 사고가 제한된다는 점에 있다. 수평적 사고는 고정된 방향이 없는 유동적인 것이다. 수직적 사고는 확실한 사물에 집착하고 수평적 사고는 포괄적인 것에 초점을 둔다.

놀이와 우연함은 아이디어 발생 촉진

수평적 사고는 우연한 기회를 이용해서 새로운 아이디어를 떠오르게 하는 일이다. 위대한 과학자 제임스 클라크 맥스웰은 놀이를 즐겼다. 놀이와 우연함은 아이디어 발생을 촉진시킨다. 필자가 시스템학습을 '작업이 아니라 게임'이라고 말하기도 한다. 기존의 학습은 엄청 힘든 작업방식으로 학습을 했기에 지치고 "눈이 피곤하다"는 분들도 가끔 본다.

나는 학습을 '이해되든 말든, 외워지든 말든" 방식의 게임식으로 학습을 하기에 피곤하지 않다. 조금 빈 시간이 생기면 더 즐기기 위해 학습을 하다 보니 매일 새벽2시경에 학습을 마친다. 젊은이들처럼 컴퓨터 게임을 새벽까지 하다가 과로하는 경우가 되면 안 되기에 2시에 마치는 것이다.

프랑스의 파스퇴르는 우연에 의한 결과의 중요성을 크게 인정하였다. 수평적 사고에서는 단순성과 효율성 두 가지를 추구한다. 우연에 의해 쓸모 있는 아이디어가 발견되는 일이 흔히 있다. 예술 세계는 수평적 사고가 많이 작용한다. 유머와 수평적 사고는 크게 관계가 있다. '매직 사인펜'과 '제록스 복사기'는 다른 사람의 아이디어를 모방하고 발전시킨 것이다.

수평적 사고는 여러 관점을 고려한다. '원 심플 아이디어'의 저자 스티븐 키는 성사한 특허 상품이 13여 개 아이디어 개발자로 30년 이상 개발해 왔다. 그는 작은 변화, 하나씩 변화를 시도하는 것은 보다 유리한 결과를 낳는다는 사실을 깨달았다. 그는 라이선싱을 해주면서 사용료 즉 로열티를 받았다.

스티븐 키의 '심플'에는 새롭지만 복잡하지 않고 기존 재품을 보완하거나 개선한다는 의미도 있다. 그는 '원 사이즈 전략'이 필요하다고 생각했다. 좋은 아이디어가 있으면 서너 기업과 접촉해 그들을 시장 내 1–2위 기업으로 만들어줄 수 있다고 제안하는 것이다. 기존 방식대로 아이디어를 상품으로 발전시키는 것은 안 되었고 확실한 방법은 아이디어를 로열티를 받고 기업에 제공하는 것이었다.

신흥기업 절반이 4년 내에 문을 닫아

아이디어를 시장에 내놓는 방법은 첫째, 직접 회사를 차리는 방법, 둘째, 그 아이디어를 다른 회사에 제공하는 방법 두 가지가 있다. 둘째 방법이 훨씬 편하고 시장점유율도 높고 수익성도 높다는 것이다. 신흥기업의 절반이 4년 이내에 문을 닫기에 회사를 설립하는 것은 위험하다는 증거다.

특허가 실패하는 주 원인은 혁신 자체에 의의를 두었기 때문이다. 아이디어를 시장 형편에 맞추어야 한다. 심플하되 시장에서 호응하는 것이어야 한다. 좋은 아이디어는 자극이 없으면 창출되기 어렵다. 사람들에게 적극적으로 질문하고 관찰해야 한다. 개선할 여지, 불편한 점, 만족도 등을 확인해야 한다.

상품 출시에서 창의성은 큰 비중을 차지한다. **책읽기 등이 두뇌에 신선한 자극을 준다는 점을 염두에 두어야 한다.** "만약에..." 방법은 창의성 창출에 도움이 된다. 가능성이 가장 큰 아이디어 하나를 집중적으로 선택해야 한다. 더 중요한 것은 노력이나 투자를 최소로 줄이면서 가능성을 타진해보는 것이다. 한 번에 여러 아이디어를 추진하는 것은 실패의 주요인이다.

혁신은 심플한 아이디어 하나를 조금만 바꾸는 것이다. 좋은 생각은 즉시 메모해야 한다. 기존 생산설비, 기존 보급경로를 이용할 수 있어야 한다. 아이디어 규모가 너무 크면 불리하다. 심플한 아이디어는 시장성, 제조 가능성, 수익성을 고려해야 한다. 새로운 아이디어에 장점을 명확하고 간단하게 증명할 수 있어야 한다.

심플한 아이디어는 성공 비결도 심플하다. 아이디어의 장점을 부각시켜야 한다. 가장 큰 장애물은 두려움이다. 준비와 끈기야말로 두려움을 몰아내는 최고의 방법이다. **확신과 아이디어에 대한 열정은 매우 중요하다.** 스티븐 키는 지난30여 년간 수천 건의 아이디어를 창출했지만 심각한 문제를 겪은 적은 단 한 번뿐이다.

학문은 즐거운 것, 기쁨 맛보는 것

히로나카 헤이스케는 1970년 필드상을 수상하였다. 그는 "왜 배우고 지식을 얻으려 하는가?"라는 질문에 대하여 "지혜를 얻기 위해서"라고 대답했다. 그는 수학자로서 **학문은 "즐거운 것, 기쁨을 맛보는 것"**이라고 말했다. 헤이스케는 "모든 것을 깊이 생각하는 것은 비효율적이다. 초점을 정하고 더욱 깊이 생각할 수 있는 힘을 반드시 길러야 한다"라고 주장한다.

사고력을 키우는 것이 공부하는 목적의 하나이다. **'지혜의 깊이'는 공부를 통해서만 얻을 수** 있다. 독일 수학자 칸토르는 "수학의 본질은 그 자유성에 있다"라고 말했다.

경쟁의식은 좋은 결과를 초래하는 일이 드물다. 헤이스케는 "나는 바보니까"라는 생각을 할 때 눈앞이 밝아지고 마음에 여유가 생긴다는 것을 알게 되었다.

창조력은 생각에서 나오는 것이다. 생각은 본원을 살펴보면 학습하는 사람이 더 왕성하다는 것을 알 수 있다. 소박한 마음을 잃지 않는 것은 창조의 기반이며 실패하는 경험을 해볼 필요가 있다. 학습하는 자세는 모든 창조력의 원천인 것이다.

헤이스케는 "다른 학문에서도 제일 중요하고 기본적인 이론은 모두 단순명쾌하다"고 말한다. 배우고 창조하는 기쁨은 곧 생각하는 기쁨이다. 창조에는 먼저 축적의 단계가 있어야 한다. 이는 무엇인가에 굶주려야 한다는 것이다. 앞으로 요구되는 것은 자기 자신의 판단력과 생각하는 힘이다.

고대 그리스 철학자 에피쿠로스는 "즐거움은 고통의 부재"라고 정의했다. 50여 종의 신경전달물질이 뇌에 있다. 즐거운 뇌에서 가장 활동적인 화학물질은 도파민과 아편유사제이다. 즐거운 뇌가 주는 커다란 혜택 하나는 낙관적인 마음가짐이다. 가장 놀라운 것은 우리가 대단히 낙관적이라는 사실이다.

낙관주의자의 가장 뚜렷한 특징 하나는 역경에도 과제를 포기하지 않는 능력이다. 긍정적인 마음가짐이 건강과 행복의 증진과 관련 있음을 보여주는 과학적 증거는 많다. 낙관적인 사람들은 역경에서 회복하는 능력이 강하다. 이는 "할 수 있다"는 마음가짐과 통한다.

학습이 "지혜를 얻기 위해서"라고 대답하는 경우라면 그는 무언가 정신적인 가치 즉 지혜를 창조하려는 마음인 것이다. 그러한 노력 자체가 삶의 미래를 긍정적으로 보게 만든다. 낙관주의자들은 포기를 쉽게 하지 않는 끈기를 보여준다. 위대한 성취를 한 사람들의 특징은 낙관적인 마음가짐과 실천력이었다. 쌍둥이 연구에 의하면, 유전자가 심리적 태도에 중요한 역할을 하는 정도를 아무것도 알려주지 않는다는 것이다.

새 것 학습하지 않는 것 21세기 문맹자

브래드 스졸로제는 닷컴 백만장자 출신의 기업가이며 모범적 혁신기업에 수여하는 아서앤더슨 뉴욕기업가상을 수상했다. 그는 "유연한 리더는 먼저 본 즉 솔선수범을 보인다"고 말했다. 그는 경험을 통해 중요한 교훈을 얻었다. 올바른 경영방식을 일관되게 적용하면 존중을 받는다는 사실이다.

배우려 하지 않는 것, 새 것을 학습하지 않는 것은 21세기 문맹자가 된다. 창의적 열정은 업무에서 강력한 동력이 된다. 뛰어난 아이디어는 자유롭게 말할 수 있는 환경에서 나온다. 혁신 기업의 핵심은 모든 근로자가 동기를 갖고 기업 성공에 기여하는 것이다. 일하고 싶은 마음이 드는 기업에서 혁신이 나온다.

조직이 간소화되면 의사결정 과정이 단축되고 생산성이 증가한다. **베이비붐 세대는 학습저항 병증을 앓고 있다.** 이 병증을 완치하려면 시스템학습법이 필요하다고 필자는 생각하는데 독자는 이에 동의할 증거를 찾아야 한다. 파산한 기업들의 특징은 끊임없이 조직을 재창조해야 한다는 사실을 망각한 것이다. 시간 관리는 자기를 관리하는 것이다. 혁신하기 위해서는 인내와 의지와 열정을 발휘해야 한다. 성실함, 겸손함이 중요하다.

창의성 전문가 테레사 애머빌은 "사람들이 **창의성을 더욱 발휘할 수 있게 돕는 한 가지 방법은 자기 분야의 전문지식을 키우도록 격려하는 것**이다"라고 주장한다. 이탈리아 학자들은 '거울 뉴런'을 발견하였는데 공감기능을 하는 뇌 세포이다. 인간은 불공평한 대우를 싫어한다. '공평하다'는 것은 동일한 일련의 규칙을 적용한다는 의미이고, '평등'은 모든 사람을 똑같이 대우한다는 것이다.

참·고·자·료

다음 저자 저서와 연구자료를 참고하였고 그외 자료도 참고했음.
'수평적 사고방식' 저자 에드워드 드 보노
'원 심플 아이디어 저자 스티븐 키
히로나카 헤이스케 교토대학 교수
브래드 스졸로제 닷컴 기업가
테레사 애머빌 창의성 전문가

5장. 심리 이해

학습 관련 발언 등 모음

- 치매와 알츠하이머병에 걸릴 가능성을 낮추려면 독서를 많이 하는 것이 중요하다
- 배우는 능력을 향상시킴으로써 뇌가 변화되도록 도와준다
- 지능이 매우 가변적이고 노력으로 개발할 수 있는 거
- 에빙하우스는 기억 연구에서 유일한 방법은 문제를 단순화하는 것이라 생각했다
- 에빙하우스는 연습을 분배하는 것이 효율적이라고 하고 '분산연습 효과'라고 불렀다
- 반복은 기억 저장에 매우 중요하고 효율적인 방법
- 반복 학습이 매우 중요함을 강조한 것
- 70세가 넘어도 학습하면 새 뇌세포가 형성된다는 것이다
- 카네기는 책을 탐독했다
- 이 회사는 학구열이 대단하다
- 이들은 지식을 갈망하고 배워나가려고 한다
- 인간의 기억력과 주의력은 불완전하다는 사실
- 내면의 동기부여가 훨씬 더 학습 동기를 북돋는다.
- 사고방식을 바꾸면 가치관과 신념도 변화시킬 수
- 독서치료 환자의 70%는 우울증 증상을 더 이상 겪지 않게 되었다.
- 생각을 변화시키면 기분도 변화시킬 수 있다
- 자신의 가치를 남들에게 맡기는 '인정중독'이며 문제
- 모든 것이 '주의집중'에 달려 있다. 시스템학습법은 집중이 저절로 강해지는 특성
- 배움은 정신을 예리하고 기민하게 해주며
- 진정한 교육이 되려면 몇 번이고 반복해서 실습 단계로 나아가야
- 무언가를 학습하려면 규칙성 즉 습관이 필요하다.
- 지식과 혁신이 성공과 실패를 좌우한다.
- 자동적으로 집중하는 학습법이 시스템학습법
- 뇌의 운동 프로그램은 어떤 나이에도 형성될 수 있다

학습은 정신 활동이며 심리작용이 관련된다. 심리를 잘 이해하는 것은 학습의 기본적 과제이기도 하다. 필자의 저서 목록을 보면 학습심리학과 두뇌과학 관련 저서들이 수백 권을 넘어 많이 있다는 것을 발견한다. 이는 학습이 심리에 직접 관련되기 때문에 필자가 관심을 많이 가졌다는 증거이다. 재래식 학습법은 학습심리학을 제대로 고려하지 않고 학습한 방법이라고 생각한다.

필자도 시스템학습법 '원시 형태'를 중학교1학년 때 개발할 때는 학습심리학을 고려하지 않았다. 그만큼 필자가 무지했기 때문이다. 시스템학습법이 은행에 들어가서 한 번 큰 수정을 거칠 때에 약간의 학습심리학을 고려했다. 지금 생각해보면 부족한 학습심리학 지식의 상태에서 이루어진 것이었다. 은행을 명예퇴직 하기 몇 년 전에 두뇌 과학과 심리학을 두루 고려하면서 지금의 '100% 시스템학습법'이 탄생하였다는 사실이다. 독자가 이 장에서 심리에 관해 적절한 지식을 얻고 이를 기반으로 확신에 찬 학습활동이 이루어지기를 바란다.

항상 실수 가능성을 염두에 두는 것이 절대적으로 필요하다. "사람은 실수한다"는 대전제를 유념해야 한다. 실패 원인을 정확하게 파악하는 것은 매우 중요하다. 실패에 직면하면 책임추궁보다 원인 규명이 우선이다. 정보 단절은 실패의 원인이 된다. 의문을 느끼면 납득할 때까지 검토할 필요가 있다. 창조가 중요하지만 "꾸준한 노력에 대한 경외심이 부족"하다면 문제다. 기술자의 오만은 많은 실패 원인이다.

우리 속담에 "김칫국부터 마신다"라는 말이 있다. 이는 상대방의 속도 모르고 제 짐작으로 지레 그렇게 될 것으로 믿고 행동함을 이르는 의미로 인간 심리에 대한 이해가 부족한 경우를 이르는 말이다.

지혜란 무엇을 간과할지 아는 기술

펜실베니아 주립대학의 심리학자 워너 샤이와 윌리스 샤이는 20-90세의 6,000명을 40년 동안 관찰하면서 똑같은 사람들을 연구하는 종단연구를 했다. 어휘, 언어, 공감, 추리 4분야에서 평균적으로 최고의 기량은 40-65세에 발휘된다는 연구결과가 나왔다.

나이든 조종사들은 젊은 조종사들보다 충돌 피하기에서 더 우수하다는 사실이 발견되었다. 피아니스트 아르투르 루빈슈타인은 나이를 먹으면서 새로운 기교들을 채택했다.

나이 들면서 평온하고 긍정적이 되는 것은 강력한 영향을 한다. 1890년 윌리엄 제임스는 "지혜란 무엇을 간과할지 아는 기술"이라고 말했다.

퍼듀대학교 심리학자 대니얼 므로첵은 "삶의 만족도는 65세에 절정에 이른다"고 말한다. 집중하는 능력은 가장 중요한 뇌 기능들 중 하나다. 이마엽의 핵심 역할 하나는 충동을 억제하는 것이다. 노화 연구자인 코헨은 "뇌의 좌우 반구는 중년인 동안 더 잘 통합되면서 더 위대한 창의성으로 가는 길을 터준다"라고 말한다.

켄터키대학교의 데이비드 스노든 교수는 1986년 이래 678명의 수녀들을 대상으로 연구했다. 베르나데트 수녀는 석사학위를 취득하였고 고교 교사로 일했다. 그녀는 81세, 83세, 84세에 치른 인지시험에서 모두 최우수 성적을 거두었고 85세에 심장마비로 사망했다. 베르나데트 수녀의 두뇌를 검사한 결과 알츠하이머의 가장 심각한 수준에 있었다고 한다. 그럼에도 그 증상이 나타나지 않고 사망한 것이다.

런던의 은퇴한 한 교수는 치매 말기의 병증을 가지고 있었는데 유일한 징후는 교수가 체스의 수를 7수 대신에 4 수밖에 생각할 수 없었고 치매

증상은 진단되지 않았다. 뇌와 관련 없는 병으로 사망한 것이다. 신경과학자들은 뇌는 땜질이 될 수 있으며, 가장 기본적인 시냅스 수준에서 평생에 걸쳐 방대하게 개선될 수 있다는 데 동의한다.

치매와 알츠하이머병에 걸릴 가능성을 더 낮추려면 독서를 많이 하는 것이 중요하다는 것이다. 적은 열량을 섭취한 쥐들이 수명이 30% 이상 길었다는 연구결과가 있다. 우리는 당면한 문제에 마음을 집중할 필요가 있다. '에너지와 정보의 흐름을 조절하는 과정'이 마음의 핵심적인 면이다.

1990년대 중반에 이탈리아 신경과학자들이 거울신경을 발견했다. 거울신경은 공감에 관여한다. 정서는 뇌와 신체를 연결해준다. 주의를 어떻게 집중하는가가 뇌의 통합적 변화를 증진하는 핵심이다. 양뇌가 공조할 때 창의성, 풍부함, 복잡성을 발현할 수 있다.

심리치료에서는 **배우는 능력을 향상시킴으로써 뇌가 변화되도록 도와준다**. 심리학자 윌리엄 제임스는 "흩어지는 주의를 거듭 되돌리는 능력이 판단, 성격, 의지의 근본이다"라고 말했다. 주의가 분산된다는 사실을 알고 거듭해서 호흡에 다시 초점을 맞추는 것이다. 의식 훈련은 마음을 악기처럼 써서 기술을 쌓는 연습이다.

지능은 매우 가변적 개발할 수

지능에는 유동지능과 결정지능 두 가지가 있다. 결정지능은 언어와 관련된 것이다.

오랫동안 기다릴 줄 아는 아이들은 집중력이 뛰어나고, 계획을 잘 세우며 좌절을 잘 견디고 스트레스에 성숙하게 대처한다는 것을 발견했다.

유능한 교사는 통제감, 자극, 자신감, 호기심, 맥락을 부여하는 일 등에서 효과적이다. 심리학자 드웩과 연구팀은 학생들의 **지능이 매우 가변적이고 노력으로 개발할 수 있는 거**라고 믿게 했다.

학생들의 효과는 매우 강력했다. 차이의 핵심은 지능지수가 아니라 동기면에서 크게 다르다. 아시아인은 지적 성취를 노력에 달렸다고 믿는다. 자기 통제력이 높은 아이가 지능도 높고 학업 성취도도 더 뛰어나다. 지능이 나아질 수 있다는 사실이다. 앨런 배들리는 인간 기억과 뇌 손상에 관해 연구해왔다. 리처드 애킨슨과 시프린은 세 종류의 기억 즉 감각기억, 단기기억, 장기기억을 주장한다. 단기기억은 작업기억 기능을 한다. 사건을 기억하는 것이 일화기억이고 지식과 관련된 것이 의미기억이다.

기억력의 핵심요소는 여러 개의 수를 하나의 덩어리로 묶는 능력에 있다. 1880년대 독일의 **헤르만 에빙하우스는** 기억과 망각을 연구했다. **그는 기억 연구에서 유일한 방법은 문제를 단순화하는 것**이라 생각했다. 에빙하우스는 **연습을 분배하여 연습하는 것이 효율적인 학습이라고 하고 '분산연습 효과'라고 불렀다.**

반복은 기억 저장에 매우 중요하고 효율적인 방법이다. 스웨덴의 괴렌 닐손은 학습에 반복이 중요함을 알았다. 어려운 단어보다 쉬운 단어가 좀더 잘 기억되고, 학습시간이 간격을 두고 배열될 때 한 번에 집중된 학습보다 기억이 더 잘된다. 학습과 기억에서 망각곡선은 에빙하우스의 실험결과와 유사하다. 지식은 서로 관련 있는 개념들이 연결되어 조직화된 위계구조 속에 저장되어 있다. 1891년 심리학자 윌리엄 제임스는 "모든 기억력의 향상은 개인이 사실을 기록하는 습관에 근거한다"고 주장했다.

인간의 의사결정이나 행동의 90%는 무의식에서 뇌가 시키는 대로 이루어지고 있다. 단기기억에서 장기기억으로 이행하는 것은 반복적인 학습을 통해 이루어진다. 에빙하우스는 반복학습이 유효하다는 것을 입증했다.

휴리스틱은 뇌가 신속하게 의사결정을 하는 장점이 있지만 편견 등의 영향을 받을 수 있는 단점이 있다. 인간은 확증 편향, 앞선 정보에 영향을 받는 편향, 뛰어난 특징을 선호하는 후광 효과, 매몰비용에 집착하는 오류, 과신의 영향을 받는 오류, 손실회피 경향 등의 영향을 받는다.

창조력과 발상력을 높이고 아이디어를 생각해내려면 다양한 지식과 경험을 뇌에 축적하고 정리해야 한다. 뇌에는 수십 종류의 신경전달물질이라는 화학물질이 있다. 인간 두뇌는 이성뇌와 정동뇌 두 개가 사회성과 감성에 관련된다.

우리의 기본적인 성향은 불쾌한 것을 멀리하고 긍정적인 쪽으로 행한다. 낙관주의자는 밝은 면을 바라보는 반면, 비관주의자는 어두운 면에 초점을 맞추는 경향이 있는데 이를 인지 편향이라고 한다. '플라세보 효과'는 "좋아질 것이다"는 믿음에 근거하고 '노세보 효과'는 "나빠질 것이다"는 믿음에 근거한다. 자신이 심장병에 걸리기 쉽다고 생각하는 사람은 그렇지 않는 사람보다 심장병에 훨씬 더 잘 걸린다.

70세 넘어도 학습하면 새 뇌세포 형성

캐나다의 심리학자 도널드 헵은 "학습이 일어나려면 회로가 반복하여 발화하면 더 튼튼해지고 안정된다"고 말한다. **반복 학습이 매우 중요함을 강조한 것**이다. 연구에 의하면, "어른의 뇌도 새 뇌세포를 만들 수 있다"는 사실을 밝혀냈다. **70세가 넘어도 학습하면 새 뇌세포가 형성된다는 것**이다. 우리 대다수에게 놀라운 회복력이 있다는 사실이다. 행복은 지금 이 순간에 우리가 어떻게 느끼는가에 관한 것이다.

좌뇌는 정보를 언어화하고 우뇌는 이미지로 처리한다. 뇌에 관한 분야는 아직 해명되지 않은 부분이 많다. 좌뇌는 지식, 판단력, 사고력 등을 지배한다. 우뇌는 이미지의 뇌이며 자율신경 등을 담당한다.

상상력, 창조력은 이미지의 형태로 나타난다. 좌뇌는 의식의 뇌이고 우뇌는 무의식의 뇌이다. 1981년 로저 스페리 박사는 우뇌와 좌뇌는 각각 다른 방법으로 생각한다는 사실을 발견했다. 좌뇌는 지식의 머리, 우뇌는 지혜의 머리이다.

우뇌를 개발하는 모든 열쇠는 이미지 훈련에 있다. 운동 기능을 주관하는 것이 소뇌이다. 스포츠를 주관하는 기능은 우뇌에 있다고 한다. 소뇌의 무게는 불과 130그램, 뇌 전체의 무게로 보면 10%도 되지 않으나 50% 이상의 신경세포가 집중되어 있다. 천재란 우뇌와 좌뇌를 조화롭게 사용하는 사람들이다.

일본에서 어린이들을 교육하는 방법으로 성공을 거둔 시치다 박사는 나름의 교육방법을 제안했다. 시치다식 교육법은 완전주의로 가르치지 않는다. 타인과 비교하지 않고 가능성을 믿어준다. 시스템학습법은 시치다 박사가 실행하는 학습과 거의 일치한다. 시스템학습법은 “이해되든 말든, 외워지든 말든”의 방식으로 당장 이해하고 당장 외우는 완전주의를 하지 않는다. 그저 편하게 시스템적으로 반복하면 저절로 이해되고 저절로 이해되는 것이다. 스트레스가 적고 학습효과가 크다. 마치 이미지를 얻듯 학습하기에 우뇌를 충분히 활용하는 것이다.

경조증의 숨은 힘

존 가트너는 정신과 의사인데 그가 면담을 실시했던 기업가들은 100% 모두 하이포마니아 즉 경조증이 있었다. 경조증이란 ‘무언가에 깊이 열중하게 만들면서 강력하고 생산적이고 바람직한 감정을 일으키는 고양된 마음 상태'라고 정의할 수 있다. 고전적 조울병의 발병률은 전체 인구의 1%도 안 된다. 하이포마니아는 전체 인구의 5–10%에 이른다.

콜럼버스는 자신이 천상의 소리를 들었다고 주장했다. 콜럼버스는 예언들을 총망라한 84쪽의 '예언록'을 완성했다. 그는 스스로 신의 사명을 받은 사자라고 주장했다. 그는 스페인으로 가서 7년간 설득 활동을 한 뒤에 겨우 지원 승낙을 받았다. 콜럼버스는 "왕족 수준의 대우와 발견한 것들의 10%의 소유권"을 요청하였다. '돈 루이스 산탄젤'은 부유한 유태계 상인이자 스페인의 존경받는 재정장관이었는데 그는 콜럼버스를 지원하도록 여왕에게 건의하였다. 그 결과 '산타페 합의서'라는 계약이 성립하였다.

앤드류 카네기는 1835년 태어났다. 카네기는 항상 책들을 구하여 읽었다. 카네기는 열정적으로 일에 달려들었다. 카네기는 매일 아침 일찍 출근해 사무실을 청소하였고 틈틈이 독학으로 모스 부호를 공부했다. 그는 음성 신호를 글자로 받아 적는 기술을 완전히 터득하였고 결국 정식 전신원이 되었다. 1853년 철도회사에 월 35달러의 높은 급료로 전직한 카네기는 복잡한 철도운영 방식을 완전히 꿰뚫게 되었다.

경조증이 있던 카네기는 키스톤브리지라는 미국 최초의 철교건설회사를 세웠다. 그는 1872년 영국을 방문하였는데 헨리 베세머가 운영하는 제강소를 방문하였고 강철의 잠재력을 발견했다. 카네기는 강철을 제조하겠다는 열망을 갖게 되었다. 업계 최초로 화학자를 제철소에 채용한 것은 카네기였다. 사업세계에서는 하이포마니아적 조급증이 자산이다. 카네기가 처음 강철을 만들기 시작할 때 하루 생산량이 50톤이 넘는 공장은 없었는데 그가 철강업에서 손을 뗄 즈음에는 1년 생산량이 50만 톤을 웃돌았다.

카네기는 책을 탐독했다. 카네기는 4억8천만 달러에 자신의 제철소를 모건에게 인계하였다. 무슨 일이든 크게 벌리는 것을 좋아했던 카네기는 57개 도시에서 공로상을 수상하였다. 그는 많은 돈을 많은 곳에 기부하였다. 그는 은퇴한 후 자신의 공장에서 일하다 은퇴한 사람들에게 연금을 주고, 부상을 당하거나 사망한 노동자의 가족들을 경제적으로 지원해주었다.

해야 할 일이라면 하되 당장하자는 경향

호리바 마사오는 호리바를 창업하였다. 호리바는 매우 열정적이고 경조증 경향도 있는 듯한 다혈질의 경영자였다. 호리바는 "해야 할 일이라면 반드시 하되 하려면 당장하자"는 경향이 있었다. 그는 "가치가 있는 인재는 철저히 현실주의자다"라고 말했다. 창업에서 실패하는 이유는 '열의'가 아니라 '돈을 벌고 싶다'는 욕심이 앞섰기 때문이다. 창업가에게 가장 필요한 것은 열의와 기개다. **이 회사는 학구열이 대단하다.**

1953년에 호리바제작소는 8명으로 교토에서 출발했다. 호리바는 "가치가 있는 인재는 하기 싫은 일부터 처리한다"고 생각했다. 가치가 있는 사람은 상황이 바뀌면 명령을 바꾼다. 환경의 변화는 절호의 기회이다. 할 수 없는 일이라면 현실을 인정하고 포기해야 한다. 성공하는 사람은 마음에 여유가 있는 사람이다.

호리바는 하루 만에 금연에 성공했다. "생각하면 당장 행동하라!"는 것이다. 호리바제작소는 회의의 숫자와 시간을 1/3로 줄이는 데 성공했다. 업무보고를 위한 회의를 없애고 전자우편으로 보고하게 했다. 임원과 주요 관리자는 전 직원 앞에서 5분 정도 연설을 하여 왔다. 회사의 현재를 보고하고 말하는 훈련을 하기 위해서다. 호리바는 '반응속도와 업무능력이 비례한다'고 생각한다. 생각한 것은 반드시 실천하는 이 회사는 일류 회사로 발전했다.

자신감보다 능력 향상

토마스 차모로-프레무지크는 교수는 비현실적인 기대와 지나친 자신감은 문제이고 정말 필요한 것은 능력이라고 생각한다. 시스템학습자는 자신이 부족하기 때문에 10회를 학습해야 한다고 생각하는 사람들이다. 결과는 실력이 향상된다.

운전자 중 90%는 자신의 운전 실력이 평균 이상이라고 생각한다. 가장 중요한 성공 요인은 자신감이 아니라 타인의 관점을 이해하고 공감하는 능력이었다. 짐 콜린스는 성공한 조직의 특징에 대해 오랜 동안 연구한 경영학자인데, 그가 내린 결론은 '겸손한 리더십'이다. 겸손한 관리자가 있는 회사가 실적이 더 좋다는 것이다.

전문가란 자신의 지식이 얼마나 보잘것없는지를 자각한 사람이다. 성공한 사람들은 자신감이 많아서가 아니라 실제로 능력이 뛰어나기 때문이다. 미국은 자아도취적인 사회로 자기 자랑에 관용적이다. 윌리엄 제임스는 "가장 근본적인 원리는 인정을 받고 싶은 욕구다"라고 말했다.

자신감이 성공의 원인이라는 증거는 별로 없다. 낮은 자신감의 장점은 변화하려는 열의를 낳게 한다는 것이다. 준비의 가장 훌륭한 재료는 낮은 자신감이다. 이탈리아의 전 총리 실비오 베를루스코니는 카리스마 넘치는 사업가였는데 성공하지 못했다. 그는 겸손함이 부족했다. 경영자가 성공하게 만드는 것은 겸손함이다.

마이클 맥코비는 "세상을 바꾸려는 성향을 가진 인물들은 혁신을 주도

하고 성공의 도취감을 갖는 특성이 있다"고 생각한다. 그는 40년 넘게 여러 기업과 개인들을 상태로 일해 왔다. 헨리 포드는 새벽부터 밤늦게까지 일했고 GM의 설립자 윌리엄 듀런트는 영감이 떠오르면 새벽에도 회의를 소집했다.

생산적인 자아도취형은 학구열이 대단하고 이는 돈에 대한 탐욕 때문이 아니라 정보와 이해에 대한 욕구에서 온다. **이들은 지식을 갈망하고 배워나가려고 한다.** 링컨은 책벌레로 유명했다. 잭 웰치는 공부하는 관리자들에게 상을 주었다. 자아도취형들은 자기 인식이 부족한 경우가 종종 있다.

기억력과 주의력 불완전의 대비책

아툴 가완디 하버드 의과대학 교수의 연구에 의하면, 뇌졸중 환자의 30%, 천식 환자의 45%, 폐렴 환자의 60%가 의사에게서 불완전하거나 부적절한 치료를 받은 것으로 드러났다. WHO세계보건기구의 '국제질병분류'에는 질병과 일련의 증상이 1만3,000개로 구분되어 있다. 환자 수를 고려해보면 대략 한 사람이 하루에 두 번 실수한다는 결론이 나온다.

1935년 미 육군항공대에서 모델299기를 시험비행했는데 조종사의 실수로 폭발 사고가 발생했다. 그 후 조종사들을 위한 체크리스트를 만들었다. 짧고 단순한 핵심사항만 담긴 체크리스트 덕분에 조종사들은 모델299기로 총 180만 마일을 비행하면서 한 건의 사고도 일으키지 않았다.

인간의 기억력과 주의력은 불완전하다는 사실이다. 2003년 오하이오주립대학의 연구에 따르면, 미국에서 한 해 동안 발생하는 심각한 '건물 기능정지' 사태는 약20건이라고 한다. 결론은 체크리스트가 필요 없는 분야는 없다는 것이다. 체크리스트는 단순하고 간소화되어야 한다. 주식 투자에서 재무제표만 제대로 보았어도 엔론이 최악의 상태였다는 것을 알아낼 수 있었다. 체크리스트는 시스템이 제대로 돌아갈 수 있게 만드는 도구이다.

1897년 윌리엄 제임스는 "괴롭힘을 당하는 아기는 그 모든 것을 엄청나게 짜증스럽고 성가신 하나의 혼돈으로 느낀다"고 말했다. 우리의 행복은 우리의 사고방식과 연관되어 있다. 우리 모두는 다른 사람이고 같은 사람이라도 시간대에 따라, 상대하는 사람에 따라 달라진다는 사실이다. 우리는 가변성에 주목하면 우리가 추구하는 더 큰 행복을 누릴 수 있다. 차이를 알아차리는 일은 의식 집중의 정수이다. 우리가 의식을 집중하도록 배운다면 문제는 줄어들 수 있다.

베어드 박사는 40여 년 동안 공학기술자와 발명가로서 성공적 삶을 이끌어왔고 20년 이상 행복이라는 주제를 연구해왔다. 2007년 조사된 전체 178개국 중 행복한 나라 순위에 의하면 1위 덴마크, 2위 스위스, 한국은 102위 일본은 90위, 미국은 23위였다.

개인적 자율성이나 자기결정성을 느끼고자 하는 욕구는 타고난 본성이다. 경쟁도 내면의 동기를 훼손한다.

자율성이 뒷받침되면 내면의 동기가 강화된다. 내면의 동기에는 영적 측면이 있는데 활력, 헌신, 초월 등과 같은 것이다. 미하이 칙센트미하이는 고양된 깨달음의 경험을 '몰입'이라고 부른다. **내면의 동기부여가 훨씬 더 학습 동기를 북돋운다.** 자신감은 동기부여에서 중요하다. 자신감은 내면의 만족감을 크게 좌우한다. 스탠퍼드대학의 앨버트 반두라는 자신감이 동기부여에 무엇보다 중요하다고 생각하며 자신감을 느끼고 자율적으로 행동할 때 행복하다고 느낀다.

진정한 자아 존중감은 인간으로서 자기 가치를 믿는 토대에서 비롯된다. 외적 열망이 높으면 정신 건강이 좋지 않을 수 있다. 내적 열망은 행복감과 긍정적인 상관관계를 보였다. 자율성의 반대는 통제이다. 사람은 자신감이 크고 자기실현 욕구도 크며 정신적으로 더 건강하고 대인관계와 만족도도 높다. 에이브러햄 매슬로는 “임무는 즐거움이고 즐거움은 임무의 완성이다”라고 말했다. 인간 자유의 핵심에는 선택이 있다.

생각하기 나름인 가치관과 신념 변화

약2천 년 전 그리스 철학자 에픽테투스는 “사물을 바라보는 우리의 시각 때문에 힘겨운 것”이라고 말했고, 셰익스피어는 “...생각하기 나름이지”라고 썼다. 우리의 **사고방식을 바꾸면 가치관과 신념도 변화시킬 수 있다. 독서치료 환자의 70%는 우울증 증상을 더 이상 겪지 않게 되었다.** 우울증은 질병이다.

우울증에 빠지면 자신이 쓸모없는 존재라고 믿는다. **생각을 변화시키면 기분도 변화시킬 수 있다.** 우울증은 의지력을 마비시킨다. 우울증의 많은 경우는 다른 사람의 비판으로 시작된다. 이에 대응하는 비결은 간단하다. 상대방의 비판이 옳든 그르든 상대방의 말에 맞장구치는 것이다. 자신을 방어하려는 경향을 피하는 것이 현명하다.

우선 “지적에 감사한다. 지적한 문제가 중요하다고 인정한다. 그 문제에 대해 아직 알아야 할 점이 많다”고 강조하고 더 연구하고 조사해보라고 격려한다. 분노는 자신의 인지에 의해 만들어진다. 가장 심각한 왜곡은 “얼간이, 쓸모없는 인간” 등의 부정적인 생각이다.

죄의식의 핵심은 나의 자아가 “나쁘다”는 개념이다. 죄의식의 왜곡은 “자신이 무엇인가 잘못을 저질렀다”는 가정이다. 감정은 생각에 의해 생겨난다. “모든 것을 알고 있다”고 생각하는 것과 “해야 한다”고 전제하는 사고는 위험하다. 장애물은 “자신이 자제력이 없다”는 믿음이다. “해야 한다”식 사고와 싸우는 하나의 방법은 “내가 왜 그래야 하는데?”라고 묻는 것이다.

우울증은 왜곡된 생각에 의한 질병이다. 자신에 대한 남들의 견해에 따라 자존감이 좌우되는 경향은 문제다. 완벽주의 성향은 문제다. 자신을 기분 좋게 만드는 힘은 자신의 생각과 믿음에서 나온다는 사실이다. 남의 칭찬이나 인정에 집착하는 것은 좋지 않다. 이는 **자신의 가치를 남들에게 맡기는 '인정중독'이며 문제**다.

정서적 깨우침에 이르는 열쇠는 자신의 기분에 영향을 미칠 수 있는 것은 자신의 생각뿐임을 아는 것이다. 시스템학습자는 남의 인정에 연연하지 않으며 묵묵히 자신의 길을 가는 자이다. 완벽함이란 실제로 존재하지 않는다. 완벽주의를 유발하는 '전부 아니면 전무'라는 생각은 불합리하다.

우리는 불완전함을 인정해야 한다. 가벼운 우울증 환자의 약1/3, 중증 우울증 환자의 약3/4이 자살 욕구를 가지고 있다고 한다. 과학자들은 우울증의 원인을 밝히지 못하고 있다. 시스템학습자는 '완벽함'을 추구하지 않고 그저 10회 학습하는 것뿐이다. 그 결과는 필자의 경우처럼 저절로 밝혀진다.

뇌는 어마어마하게 복잡하지만 뇌가 어떻게 작동하는지 우리의 지식은 아직 지극히 초보 수준에 있다. 항우울제가 어떻게 우울증을 줄여주는지에 관한 이론들이 아직 입증되지 않았다. 인지치료는 생물학적 원인의 우울증에도 효과를 보인다.

우리는 직관과 가치에 의존해 행동을 정당화하는데 직관은 결함을 수반한다. 자신이 경험했거나 들은 정보를 이용한 판단을 '가용성 휴리스틱'

이라고 한다. 호불호의 감정에 직접적 영향을 받는 결정은 '감정 휴리스틱'이다. 우리는 '자동적 시스템'과 '의도적 시스템' 두 가지를 갖고 있다. 직관과 충동을 뛰어넘는 노력과 자제력이 필요하다.

대부분의 사람들은 문제를 심사숙고하는 수고를 기울이지 않는다. 시스템1(자동적 시스템)은 충동적이고 직관적인 반면, 시스템2(의도적 시스템)는 추론이 가능하며 신중하다. 확증편향이란 자신의 신념과 일치하는 정보를 받아들이고 일치하지 않는 정보는 무시하는 경향이다. 가용성 편향은 특정 사례들이 머릿속에 얼마나 쉽게 떠오르느냐 여부에 따라서 발생 빈도를 판단하는 과정이다. 이는 시스템1의 작용이다.

모든 것이 '주의집중'에 달려

1738년 스위스 과학자 다니엘 베르누이는 "100더컷을 가지고 있는 사람에게 10더컷의 선물은 200더컷을 가지고 있는 사람에게 20더컷의 선물과 효용이 같다"는 주장을 했다. 베르누이는 대부분의 사람이 위험을 싫어하고 확실한 것은 선택한다는 사실을 알아냈다.

마리아 코니코바는 심리학자인데 그는 "멀티태스킹은 의식적 사고의 방해물"이라고 주장했다. 가장 이상적인 사고방식은 의구심과 호기심이다. 셜록 홈즈의 비결은 주변을 의식하는 정신 상태를 만드는 것부터 시작하는 것이다. 심리학자 에릭슨은 "전문가는 장기간에 걸친 집중적인 연습에서 나오는 능력이 특징"이라고 하며 초보자와 다르게 세상을 볼 수 있다고 한다.

우리 정신은 성급한 결론을 좋아한다. **모든 것이 '주의집중'에 달려 있다. 시스템학습법은 집중이 저절로 강해지는 특성**이 있기에 특출한 학습법이다. '배회'는 정신의 기본 상태다. 주의력이란 제한된 자원이다.

우리는 주변에서 가치가 있는 극히 소수만 본다. 몰두하는 것이 훌륭한 관찰과 판단에 매우 중요하다. 뇌가 바쁠수록 첫인상이 형성된 이후 조정과정을 덜 거치게 된다. 우리는 기존의 판단을 조정하지 못하는 경향이 있다.

완료욕구란 어떤 사안에 대해 최종적인 지식에 도달하고자 하는 욕망이다. 배회하는 정신은 몰두에 가장 큰 적이다. 우리는 사물을 주어진 대로 보는 경향이 있는데 이를 기능적 고착이라고 한다. 열린 마음은 창의적 정신의 특징이다. 아인슈타인은 "상상력이 지식보다 중요합니다. 지식은 제한적입니다. 하지만 상상력은 온 세계를 포함하지요"라고 말했다.

배움은 정신을 예리 기민하게 한다

전기기술자 제이콥 라비노는 230가지 특허를 가졌는데 20세기의 가장 훌륭하고 왕성한 발명가의 한 사람이다. 그는 "내가 감옥에 있다고 생각하는 상상을 통해 시각화하면 머릿속을 변화시키며 상상력을 자극한다"고 말했다. 우리는 단순한 것, 구체적인 이유, 원인을 좋아한다. 또한 직관적으로 이해되는 것들을 좋아한다. 이러한 성향으로 인해 오류를 범하게 된다.

배움은 정신을 예리하고 기민하게 해주며 자신의 방식에 안주하는 것을 막아준다. **진정한 교육이 되려면 이론 단계에서 벗어나 몇 번이고 반복해서 실습 단계로 나아가야** 한다. 직관은 데이터를 해석하는 방식에 영향을 미친다. 우리의 지식과 맥락은 우리를 제한한다. 심리학자 드웩에 의하면, 지능 이론에는 두 가지가 있다.

하나는 증분 이론으로 더 노력하고 더 배우고 더 잘 응용할수록 더 똑똑해진다는 것이다. 다른 하나는 개체 이론으로 지능이 고정되어 있다고 생각하는 것이다. 지능이 높아질 수 있다고 생각하는 성장 지향 태도는 실수에 대해 더 수용적인 반응을 보인다. 요컨대, 가장 강력한 사고는 조용한 사고이다. 의식적으로 주의를 기울이는 사고다.

심리학자 손다이크는 '후광효과'라는 용어를 최초로 사용했다. 후광효과란 어떤 사람의 바람직한 특성을 인식하면 그 사람의 전부를 더욱 긍정적으로 판단하게 되는 현상이다. 신경과학자 티모시 윌슨은 우리의 눈은 1초마다 1,000만 개가 넘는 신호를 받아 보낸다고 말한다.

인간의 안정지향은 세밀하고 차근차근해 실수를 방지한다. 성취지향은 창의적이고 모험적이다. 성취지향 양육은 긍정적 요소를 강조하고 안정지향 양육은 부정적 요소의 방지에 초점을 둔다. 안정지향형이 다수이다. 성취지향형은 추상적으로, 안정지향형은 구체적으로 생각하는 경향이 있다.

"절대로", "항상" 단어는 함부로 말아야

루이제 레더만은 정신과 전문의인데 그에 의하면, "절대로", "항상"이라는 단어는 함부로 쓰지 말아야 한다. 겸허함과 겸손함은 밀접한 관계가 있다. 중요한 사실은 "나으려는 의지"가 없는 사람은 치유되지 않는다는 것이다. 초연함은 마음의 회복력에 매우 중요한 작용을 한다. 진정한 자신을 되찾기 위한 방법 하나는 고요함을 체험하는 것이다.

무언가를 학습하려면 규칙성 즉 습관이 필요하다. 고요함, 편안함, 휴식은 비슷하다. 유머는 마음의 긴장과 고통을 완화하는 데 최고의 치료제이다. 자존감은 매우 중요한 전제조건이다. 이 시대의 특징은 정신없는 삶의 속도 때문에 스트레스에 강타당하고 고된 노력과 긴장과 분투로 목표를 달성하여도 행복감은 별로라는 사실이다.

스탠퍼드대학의 학생들은 미래에 시선을 고정한 채 끊임없이 불안에 시달린다고 한다. 그들은 뭔가를 이뤄내려고 끊임없이 몰두하고 일중독에 바치고 있다. 목표를 이루고 난 후에도 행복해지는 일은 생기지 않는다. 현재에 집중하면 훨씬 더 성공적인 삶, 일의 생산성과 행복감을 높여주는 것으로 나타났다. 멀티태스킹은 집중력을 떨어뜨리고 업무성과도 떨어진다. 행복과 만족감도 낮아진다.

칙센트미하이는 "몰두하는 것이 만족감에 중요하다"고 말한다. 내가 가진 것에 감사하는 마음이 필요하다. 만성 스트레스는 성공을 방해하는 큰 적이다. 약간의 스트레스는 긍정적 작용도 한다. 과유불급 즉 지나친 스트레스는 심신에 해롭다. 에너지를 모두 쏟아 부으며 질주하는 사람은 결국 번아웃이라는 결과에 이른다. 효과적인 에너지 관리의 열쇠는 평정심이다.

자제력은 자신을 다스리는 능력이다. 완벽하려는 생각은 피로감을 높일 수 있다. 평성심 유지는 자제력과 집중도를 높일 수 있다. 평온한 상태에서 생각과 감성을 더 효과적으로 통제할 수 있다. 시스템학습자는 '완벽'하려고 하지 않기에 학습이 피곤하지 않는다는 사실이다.

마음에 한가로운 여유를 갖는 것은 창의적 사고에 매우 중요하다. 고요함이 중요한 것이다. 결국 창의성과 성공의 핵심 열쇠는 한가로운 삶의 여백, 재미와 즐거움, 고요함, 평온과 휴식에 있다. 자기 자신을 바라보는 관점이 행복과 자신감, 성공을 좌우한다. 이는 자신에게 관대해지는 것이며 중요하다.

친절한 태도와 연민이 우리를 훨씬 더 유리한 위치에 올려주고 신뢰도를 높여준다. 서로를 배려하고 친절을 베푸는 것은 조직사회에 매우 중요하다. 윌리엄 글라써는 정신과 의사였고 정신분석 이론과 기법을 연구하여 큰 호응을 얻었다. 그에 의하면 우리가 불행하다고 느낄 때는 다른 사람들을 통제하려고 할 때이다. 인간에게는 생존욕구, 사랑과 소속, 힘, 자유, 즐거움의 욕구가 있다.

누가 '우울하다'는 것은 그가 '우울하기'를 선택한 것이다. 가장 좋은 결혼은 생존의 평균욕구를 공유하고, 사랑과 소속의 욕구가 높고, 힘과 자유의 욕구가 낮고, 즐거움의 욕구가 높은 경우이다. 해링턴 박사는 "도저히 어떻게 해야 할 바를 알 수 없을 때에는 어느 쪽 방향으로도 움직이지 말라"라고 말했다.

상대방을 강제로 바꾸려 드는 시도는 헛수고다. 자신이 스스로 어떤 통제를 할 수 있는지를 아는 것이 필요하다. 결혼을 잘하려면 상당히 많이 운에 좌우된다. 창의성은 좋은 관계의 핵심이다. 실수를 인정하는 것은 신뢰를 구축할 가능성을 높인다. 모든 심리적 문제는 관계의 문제이고 중요한 것은 현재의 관계를 향상시키는 것이다.

'누구나 할 말은 하는 분위기'는 중요

에이미 에드먼슨은 하버드 경영대학원 종신교수이며 최고의 리더십 구루이다. 2017년 경영학계의 노벨상이라 불리는 싱커스50 '최고의 학자상'을 수상했다. 그는 "민첩성과 혁신만이 기업을 성공 가도에 올려 성장시킬 수 있다"고 말했다. 현명한 리더는 겸손과 호기심으로 직원들의 노고를 충분히 인정해주었다는 것이다.

오늘날 성장동력은 아이디어와 독창성이다. **지식과 혁신이 성공과 실패를 좌우한다.** 이를 위해 '심리적 안정감'을 조성해주는 것이 무엇보다 중요하다. 심리적 안정감은 자유롭게 의사소통할 수 있는 분위기를 뜻한다. 한 설문조사에서 응답자의 85%는 업무와 관련해 문제를 제기하였다가 실패한 경험이 있다고 응답했다. 잘못된 상황에 대해 방관자의 자세를 취하면 조직 전체가 위험에 처할 수 있다.

경영자인 코스터는 리더의 자만심이 내포한 위험을 경고했다. 동료들의 시선, 보복을 두려워하는 것이다. 심리적 안정감이 있는 직원들은 업무 몰입도가 높다. 부하직원이 문제를 제기할 때는 엄청난 용기가 필요하다. “실수나 문제가 있었나요?”라는 질문은 매우 중요하다. 보고한 위험과 문제점에 대한 비밀을 보장하는 것이 반드시 필요하다.

폭스바겐은 배기가스 제어장치가 작동하지 않도록 조치해 법망을 교묘히 피했고 결국 디젤차량에 불법 소프트웨어가 장착된 사실이 드러났다. 폭스바겐의 경영진은 직원들에게 공포 분위기를 조성해 이러한 사태로 이어진 것이다. 겸손은 리더의 현실적 태도이자 필수적인 마음가짐이다.

‘누구나 할 말은 하는 분위기’는 중요하다. 후쿠시마 원전사고는 약 5160억 원을 들여 주변에 방파제만 더 높이 쌓았어도 충분히 막을 수 있는 사고였다. 모든 구성원이 거리낌 없이 문제를 제기할 수 있을 때 지속적으로 학습하고 혁신한다. 솔직하게 모른다는 사실을 인정하고 실패를 고백하며 사과하는 것이 중요하다. 심리적 안정감이 지식 기반 사회에서 핵심요소라는 사실이다. 노키아는 스마트폰 시장에서 철수하였는데 회사 내에 신경질적인 리더가 겁을 줘 진실을 말하기 어려웠다.

컬럼비아호 폭발사건은 “일개 엔지니어 주제에 높으신 분에게 문제를 제기하면 안 되는 거”였다는 분위기 때문이었다.

티샷을 연습할 때 티샷에만 집중하는 버릇을

앤더스 에릭슨은 플로리다주립대학교 심리학자인데 사람을 탁월하게 만드는 것은 “자신을 한계상황까지 몰아넣고, 성과에 대한 자제력을 키우려는 의지"라고 말한다. 우수한 학생들은 일주일에 평균24시간 연습에 매달리지만 그저 그런 학생들은 일주일에 평균 9시간만 연습에 투자한다는 것이다. 우수한 성과를 거둔 운동선수, 바둑기사, 수학자들도 모두 강도 높은 훈련을 철저하게 받아왔다고 강조한다.

첼리스트 파블로 카잘스는 "완벽하게 연주하려면 끊임없이 개선하려는 생각을 품고 자세로 노력하면 개선의 여지를 발견하게 된다"라고 말했다. 20세기 최고의 골프 선수 중 하나인 벤 호건은 "나는 연습을 하면서 집중력을 향상시키기 위해 노력한다. 티샷을 연습할 때는 티샷에만 집중하는 버릇을 길러라. 그러면 자동적으로 집중할 수 있게 된다"라고 말했다. **자동적으로 집중하는 학습법이 시스템학습법**이라는 사실이다.

철저한 연습이야말로 가장 핵심적인 요소이다.

에릭슨은 '10년 법칙'이라는 규칙을 만들었는데 "최고수준의 성취에 도달하기 위해서 10년 정도가 필요하다"고 말한다. 에릭슨은 20세기 최고의 골프선수 10명의 연습습관을 연구한 후에 "그들은 강한 집중력과 고도의 통제력을 발휘하면서 변화시키는 능력과 연결되었다"라고 결론지었다. **뇌의 운동 프로그램은 어떤 나이에도 형성될 수 있다.** 재능이 아니라 오랜 시간의 고독한 훈련을 견뎌내는 의지력이 필수적인 것이다.

강도 높게 집중하고 연습하면 우수한 성과를 거두는 것은 뇌의 적응성을 기초로 하고 있다는 사실이다. 두뇌회로가 완전히 재구성되도록 노력해야 한다는 것이다. 언어처리는 좌반구에서 일어난다. 적응하는 뇌의 능력 곧 적응성은 일평생 유효하다. 사람은 모방하는 경향이 있다. 결단력과 인내를 요하는 어떤 일을 하고자 한다면 그런 자질을 가진 사람들과 교류해야 한다.

유머는 스트레스를 감소시키고 면역력을 높이며 근육의 긴장을 완화시키고 운동활동을 강화시키며 혈압을 낮춘다. 알츠하이머병은 기억을 형성하고 유지하는 두뇌영역의 손상 때문이다. 음악은 대부분의 사람들에게 지적 자극과 여러 가지 감정을 강화시킨다. 빠른 박자의 장조 음악은 행복한 감정을 느낄 때의 변화가 발생한다. 단조의 느린 음악은 심장박동의 둔화, 혈압의 경미한 상승을 나타낸다. 음악성은 주로 우반구에서 발현된다. 음악가들에게서 발견된 뇌 변화는 유전이 아니라 다년간의 연습과 연주경험에 의해 생겨났다는 점을 암시한다.

참·고·자·료

다음 저자 저서와 연구자료를 참고하였고 그외 자료도 참고했음.
바버라 스트로치 의학 전문기자
퍼듀대학교 심리학자 대니얼 므로첵
켄터키대학교 데이비드 스노든 교수
리처드 니스벳 미시간대학교 심리학과 교수
일레인 폭스 신경과학자 옥스퍼드대학교 교수
'초우뇌혁명' 저자 시치다 마코토
존 가트너 심리학자이며 정신과 의사
'위험한 자신감' 저자 토마스 차모로-프레무지크 교수
마이클 맥코비 리더십 연구소 회장이며 정신분석학박사
호리바 마사오 호리바제작소 회장
아툴 가완디 하버드 의과대학 조교수
베어드 박사 공학기술자이며 발명가
데이비드 번스 스탠퍼드의과대학 명예교수
대니얼 카너먼 심리학자
마리아 코니코바 심리학자
매들린 반 헤케 노스센트럴대학교 심리학 교수
히긴스 컬럼비아대학 심리학과 교수
루이제 레더만 의학박사 정신과 전문의
에마 세팔라 스탠퍼드대학교 심리학과 교수
윌리엄 글라써 정신과 의사
에이미 에드먼슨 하버드 경영대학원 종신교수
일레인 폭스 심리학자이며 신경과학자

6장. 두뇌 이해

학습 관련 발언 등 모음

- 지금의 '100% 시스템학습법'이 탄생
- 잠은 복잡한 작용이며 우리는 왜 잠을 자는지 모른다
- 인간 DNA가 99.9% 일치, 0.1%만 차이! 30억 개 염기 중 300만 개만 차이가 있다
- 지능지수는 학습함에 따라 변화한다
- 라몬 이 카할 박사는 "인간은 모두 천재가 될 가능성을 가지고 있다"고 주장
- 머제니치는 학습을 하면 뇌 구조를 변화시켜서 뇌의 학습 용량을 증가시킬 수 있다.
- 머제니치는 강도 높은 학습을 하면 뇌의 가소성이 활발해진다고 생각한다.
- 나이가 들어서 새로운 언어를 배우면 기억력을 향상시킨다
- 뇌가 외국어에 맞는 새로운 회로를 구성한다
- 독서는 두뇌능력에 큰 영향을 미친다.
- 학습에서 처리 속도가 빨라지자 기억력이 향상되었다
- 명사 위주로 밑줄을 긋는 일이 중요하며 밑줄 그은 단어 위주로 읽는다.
- 빨리 읽으면 잡념이 줄어든다. 빠르게 읽으면 집중력이 높아진다.
- 꼭 밑줄을 긋고 여백에 메모하는 것이 중요하다.
- 뇌는 문장보다 핵심 단어 위주로 생각할 때 더 잘 기억한다.
- 뇌 하나의 고해상도 구조를 저장하려면 현재 지구에 디지털 데이터의 총량과 같다.
- 뇌를 훈련하는 가장 손쉽고 빠른 방법 하나가 학습이다.
- 완벽주의는 스트레스의 원인으로 뇌에 좋지 않다.

- 배우기를 멈추면 정신 능력과 수행력이 감퇴한다.
- 두뇌의 계산 성능을 확보하려면 세계에서 가장 빠른 슈퍼컴퓨터 수십 대가 필요
- 감정은 강력하며 이성은 견제 받는다.
- 살아 있는 마지막 순간까지 뉴런들이 생성된다는 증거
- 책을 읽으면 자신의 뇌의 미시적 구조가 변화한다
- 독서를 하되 중요한 단어에 표시하거나 메모를 하면서 학습하면 효과가 좋다.
- 책을 반복해서 읽다 보면 깊이 생각하고, 율동적으로 독서할 수 있게 된다
- 많은 양의 독서를 통해 척척 해치우는 습관을 들이는 것이 매우 중요하다.
- 독서는 정신건강이나 신경학적으로 유익하다.
- 반복과 지속성은 학습에 매우 중요하다
- 독서를 하면 두뇌 영역이 확대된다
- 뇌는 자극을 준다면 신경회로가 만들어져 늙지 않으며 가소성이 있다
- 사고능력은 나이가 이르거나 늦는다는 기준 없이 두뇌 능력을 향상시킬 수 있다
- 두뇌는 운동과 정신적 활력을 유지해야 치매에 걸릴 확률이 줄어든다

인간은 두뇌 능력 탁월해 만물 영장

우리 인간은 두뇌 능력이 탁월하다는 점에서 만물의 영장이라는 지위를 얻었다. 이는 놀라운 두뇌 능력이 인간의 무수한 역경과 문제를 해결하는 결정적 역할을 했다는 점을 알려준다. 우리 속담에 "궁하면 통한다"는 말이 있다. 이는 매우 궁박한 처지에 이르면 도리어 펴날 도리가 생긴다는 말이다. 탁월한 두뇌 능력이 발휘된다는 것이다.

학습은 두뇌 활동이다. 두뇌를 잘 이해하는 것은 학습의 기본적 과제이기도 하다. 필자의 저서 목록을 보면 두뇌과학 관련 저서들이 많이 있다. 이는 학습이 두뇌에 직접 관련되기 때문에 필자가 관심을 많이 가졌다.

필자도 시스템학습법 '원시 형태'를 중학교1학년 때 개발할 때는 두뇌과학을 고려하지 않았다. 시스템학습법이 큰 수정을 거칠 때에 두뇌 과학을 고려했다. 은행을 명예퇴직 하기 몇 년 전에 두뇌 과학과 심리학을 고려하면서 **지금의 '100% 시스템학습법'이 탄생**하였다. 독자가 두뇌에 관해 적절한 두뇌 지식을 얻고 확신에 찬 학습활동이 이루어지기를 바란다.

두뇌 구조

1913년 스페인의 54세 산티아고 라몬 이 카할은 신경세포설로 노벨생리의학상을 받았다. 신경세포의 가지치기는 생물학적 해결책의 오묘함을 다시 실감할 수 있게 한다.

변연계, 기저핵, 전두엽, 대상회, 측두엽 등 다섯 가지는 서로 연결되어 있다. 변연계는 정서 상태를 조절하고 동기화를 조절하는데 과잉 활동하면 우울하고 부정적인 정서 상태를 보인다. 부정적인 사고를 없애는 방법 하나는 "항상, 절대로, 아무도, 모두, 모든 일" 등의 극단적인 단어를 쓰지 않는 것이다. 운동을 하면 행복감을 불러일으키는 엔돌핀이 방출된다.

기저핵은 움직임을 전환시키고 원활하게 하도록 도와주면서 기분, 사고, 운동을 통합시키는 것과 관련이 된다. 기저핵이 지나치게 활성화되면 불안 장애가 되거나 스트레스를 유발하는 상황에 쉽게 압도당한다. 주의력결핍장애 환자들은 주의 부족과 과도한 집중 두 가지 증상을 다 나타낸다. 정교한 운동장애는 기저핵 이상과 관련이 있다. 자신의 의견을 부드러우면서 합리적으로 단호히 고수하는 것은 중요하다.

전두엽은 행동을 주시하고 감독하고 이끌고 지시하고 집중시키는 영역이다. 전두엽은 말하거나 행동하기 전에 생각하도록 돕는다. 학습하는 것도 이 영역이다. 대상회는 한 가지 생각에서 다른 생각으로 주의를 전환하도록 해주고, 여러 선택사항들을 살펴보도록 해주는 영역이다. 안도감과 안정감도 이 영역에서 담당한다. 이 영역은 인지적 융통성을 통해 변화에 적응하게 해준다. 이 영역에 장애가 있으면 강박사고와 강박행동들이 나타난다. 강박적 소비는 대상회 문제의 또 다른 징후다.

뇌는 영역마다 기능수행 정도가 다르다는 것이다. 뇌는 매우 복잡하여 이분법적으로 구분하면 설명해낼 수 없다. 심상은 지각과 비슷하며 마음의 눈으로 보는 것이다. 잔상은 잠깐 남는 이미지를 뜻한다. 뇌의 좌반구와 우반구를 연결하는 뇌들보 즉 뇌량이 있다. 성격은 뇌에서 근본적으로 형성되며 뇌는 경험에 영향을 받는다.

대뇌반구는 전두엽, 두정엽, 후두엽, 측두엽 등으로 이루어져 있다. 전두엽은 좀더 복잡한 운동기능을 담당한다. 두정엽은 모든 감각수용기로부터 정보를 받는다. 측두엽은 청각과 기억에 관련된 부위이다. 후두엽은 시각 정보가 변형되는 부위이다. 변연계는 정서를 관여한다. 정서가 없으면 정신적 판단과 사회화가 매우 어렵다. 전두엽의 활성화는 침착함을 유지하게 해준다. 웃음은 기본적으로 좌반구의 기능이다.

시상하부는 활동들을 조절하는 데 관련된다. 변연계는 정서적 사건에 관련된다. 소뇌는 동작을 조절한다. 대뇌반구는 사고기능과 운동기능에 관여한다. 간뇌는 감각정보와 운동의 중계소이다. 뇌에는 10조-100조의 시냅스가 있다. 신경계에는 많은 중복 연결이 있어 복잡하다. 인간 뇌의 복잡함은 정교한 신경연결들을 시사해주는 것이다.

우리가 지각하는 맛의 75%는 후각 덕분에 느낄 수 있다. 각막은 매우 선별적이어서 눈으로 들어가는 빛의 10%도 허용하지 않는다. 망막은 1억 2천만 개의 간상체와 600만 개의 추상체를 갖고 있다. 추상체는 밝은 빛에서 색깔을 파악하고 시각의 지각을 담당한다. 시각연합피질, 두정엽, 전두엽 등은 모두 두뇌의 고차원 인지처리 중추들이다.

시각

뇌의 65%는 시각과 관련되어 있다. 어떤 패턴이 한 번 형성되면 뇌는 이런 패턴이 지속된다고 예상한다. 먹는 것을 조절하는 기관이 뇌라는 것이다. 1800년대 후반 오스트리아의 물리학자 에른스트 마흐는 모두 같은 색의 띠라도 나란히 놓으면 명암이 달라진다는 사실을 발견하고 이러한 착시현상을 '마흐의 띠'라고 말했다.

1967년 러시아의 심리학자 알프레드 야부스는 "뇌는 필요한 정보만을 적극적으로 추출한다"는 것을 발견했다. 우리는 눈이 아니라 뇌로 본다는 사실이다. 시각은 모든 감각의 60%를 차지한다. 후두엽에 시각중추가 있다.

수면

잠은 복잡한 작용이며 우리는 왜 잠을 자는지 모른다. 멜라토닌은 수면 패턴을 조절한다. 수면도 두뇌와 관련된 기능이다. 수면은 렘수면과 비렘수면이 있다. 렘수면 동안 뇌는 우리의 기억을 더욱 공고히 한다. 렘수면이 부족한 사람은 집중력, 주의력, 문제해결 능력이 현저히 떨어지고 기분이 저하되어 스트레스가 높아진다.

두뇌는 저장용량을 극대화시키는 방법으로 정보들을 묶음으로 하여 기억하는 '청킹'으로 단기기억력을 높인다. 장기기억 용량은 매우 크다. 뉴런과 뉴런 연결부위인 시냅스는 실제 정보가 뇌에 보관되는 장소로 알려져 있다. 사고나 끔찍한 범죄에 대한 기억을 '섬광기억'이라고 한다. 기억은 일화 기억, 의미 기억이 있다.

운전하는 법에 관한 기억 등 무엇을 실행할 수 있는 기억을 절차 기억이라고 한다. 뇌는 어떤 패턴이나 성향을 인식한다. 유동적 지능은 정보를 적절히 이용하여 작업하는 능력이다. 결정적 지능은 특정 상황에서 이용할 수 있는 지능이다. 지능은 뇌의 여러 부분에서 함께 작용하고 모두 서로 연결되어 있다. 뇌는 일생동안 변한다.

유전자

인간 유전자에는 약3만5천 개의 유전자가 DNA 안에 담겨 있다. 모든 인간은 거의 동일한 DNA, 거의 동일한 3만5천 개의 유전자를 갖고 있다. 한 사람이 대략 30억 개의 DNA염기를 보유하고 있다. 3만5천 개의 유전자 중 우리가 그 기능을 이해하는 것은 단지 1/3정도다. 두뇌 화학물질인 모노아민에는 세로토닌, 도파민, 노르아드레날린 등이 있다.

임의의 두 인간의 DNA가 99.9% 일치한다는 사실이며 0.1%만 차이가 있다. 인간 DNA 안에 있는 30억여 개의 염기 중 재분배된 염기 300만여 개만 차이가 있다는 것이다. 인종과 민족을 구분하는 기준은 매우 유동적이다. 인간 집단은 철저한 유전적 분석으로 정의하기에는 상당히 모호하며 통용되는 인종의 의미를 나타내지 않는다.

각 세포핵 속에는 유전형질이 염기 서열에 의해 DNA에 새겨져 있다. DNA는 염기를 지닌 두 가닥의 이중나선구조로 되어 있고 이중나선은 자기 복제를 한다.

DNA는 22개의 상염색체, 1개의 성염색체로 나뉜다. 일란성 쌍둥이를 제외하고는 우리는 유전적으로 모두 다르며 각자 전적으로 특별한 유전자 조합을 갖고 있다. **지능지수는 학습함에 따라 변화한다.** 인간의 유전형질이 놀라울 정도로 동질적이다. 인간 집단 사이의 능력 차를 말하는 것은 불확실한 주장으로 드러났다.

라몬 이 카할 박사는 "인간은 모두 천재가 될 가능성을 가지고 있다"고 주장했다. 뇌를 변화시키려고 하려면 고도의 집중된 훈련이 필요하다. 우리가 배울 수 있는 것은 대뇌피질의 활동으로 인해 가능한 것이다.

뇌 가소성

1970년대에 뇌가 정보를 처리하면서 뇌의 구조를 변화시키고 회로들을 완성해간다는 것이 밝혀졌다. 이를 뇌가소성이라고 부른다. 외과의사였던 폴 브로카는 '브로카 영역'이 말을 하는 능력을 발휘하게 한다고 보고했다. 내과의사였던 카를 베르니케는 '베르니케 영역'이 단어의 정신적 표상과 이해를 맡고 있다고 말했다. **머제니치는 학습을 하면 뇌 자체의 구조를 변화시켜서 뇌의 학습 용량을 증가시킬 수 있다고 주장했다.**

뇌 가소성은 쓰지 않으면 잃는다는 원리가 적용된다. 심리학자 도널드 헵은 1949년에 뉴런의 구조가 경험에 의해 바뀔 수 있다는 것을 주장했다. 생각하는 속도도 가소적이다. 반복하면 할수록 생각의 속도는 빨라진다. **머제니치는 강도 높은 학습을 하면 뇌의 가소성이 활발해진다고 생각했다.** 뇌를 적절하게 훈련하지 않으면 뇌에 잡음이 많아지고 기억력이 감퇴된다는 것이다.

나이가 들어서 새로운 언어를 배우면 기억력을 향상시키고 유지하는데 크게 도움이 된다. 새로운 배움은 집중력을 강화시킨다. 훈련은 단기간에 집중된 노력 즉 집중학습이 장기간 적은 횟수로 훈련하는 것보다 훨씬 더 효과적이다. 이는 외국어의 집중훈련 학습에도 똑같이 사용된다. 뇌 가소치료사인 라마찬드란은 "뇌의 가소성은 변화가 일어나면 이전의 모습으로 돌아가지 않는다"고 말했다.

누뇌 과학자 리처드 레스탁에 의하면, 뇌는 적응성 즉 변화하는 능력을 유지한다. 특정한 훈련을 진행하면 새로운 신경세포가 행동순서를 조절하는 신경계에 보강된다. 외국어를 유창하게 되면 우리 **뇌가 외국어에 맞는 새로운 회로를 구성한다.** 우리는 모든 언어를 처리할 수 있는 능력을 가지고 태어났다.

반복을 통해 강화되는 기능은 새로운 기술을 익히거나 새로운 지식을 활용하려 할 때 자신의 뇌를 변화시킨다. 반복적인 연습을 꾸준히 되풀이해야 한다는 것이다. 연습을 통해 뇌를 강화하는 원리가 있다. 프로들의 천재성은 저장된 수많은 정보와 기억을 잘 조직하여 효과적으로 재생해낼 수 있다.

우리는 뇌의 적응력 즉 사용하면 더욱 발달하고 그렇지 않으면 퇴보한다는 원리를 발견하게 된다. 손발의 마비현상은 뇌의 특정부위의 크기가 줄어드는 것과 직접적인 관련이 있다. '억제와 유지'가 바로 가장 커다란 효과를 발휘하는 수단이다. 시력, 음성 및 다른 감각기관의 처리센터는 경험과 필요에 의해서 바뀔 수도 있다는 사실이다.

세 손가락으로 점자책을 읽는 사람의 독서능력은 한 손가락만 사용하는 사람보다 더 뛰어나다. 본질적으로 세 손가락이 한 개처럼 작용하기 때문에 뇌는 각 손가락의 감촉을 하나로 통합한다. 음악가의 손가락 움직임을 바꾸면 기능장애를 일으키는 부분이 다시 기능적인 상태로 전환하게 된다. 뇌의 적응성과 유연성 덕분에 뇌 회로의 변화가 가능한 것이다.

가소성이란 융통성이다. 정보채널로서 뇌는 입출력 계통이다. 출력이란 행동이며 오감으로 입력이 되고 그것이 뇌 속에서 처리되어 근육으로 출력된다. 뉴런은 시냅스와 연결되어 있는데 이 시냅스는 뉴런의 흥분을 도와주는 경우와 억제하는 경우가 있다.

뇌 절반을 제거하면 남은 절반이 역동적으로 재구성되어 상실된 기능들을 넘겨받음으로써 뇌의 모든 기능이 그 절반에 탑재된다. 뇌는 디지털 컴퓨터의 하드웨어와 다르다. 뇌는 '라이브웨어'이며 살아 있는 용품이다. 뇌는 자신의 회로를 재구성한다. 뇌는 패턴을 찾아내고 해석한다. 뇌의 가소성은 새로운 입력을 해석할 수 있게 한다. 뇌가 소화할 수 있는 데이터 유형의 한계를 우리는 모르고, 그 한계조차 모른다.

두뇌 용량

상상할 모든 생각을 처리할 연산 능력

심리학자 윌리엄 제임스는 몇 가지 의식의 특징을 1. 의식은 선택적이다. 2. 의식은 지속적이다. 3. 의식은 개인적이다 등으로 정리했다. 두뇌의 연결부위인 시냅스의 숫자와 뉴런의 숫자를 곱하면 대략 100조 개의 시냅스 연결이 나온다. 시냅스마다 평균 1000개의 상태를 취한다고 할 때 그 조합은 100조 곱하기 1000이 된다. 핵심은 우리 두뇌는 모든 상황을 다루고 상상할 수 있는 모든 생각을 처리할 만큼 연산 능력을 넘치게 지니고 있다는 것이다. 뇌는 죽을 때까지 성장을 멈추지 않는다는 사실이다.

어휘력은 68세에 최고치

기억에는 단기기억, 장기기억, 서술기억, 의미기억, 일화기억, 절차기억 등이 있다. 어휘력은 68세에 최고치에 달한다. 여러 외국어를 하는 사람은 기억력, 두뇌능력에서 높은 능력을 발휘한다. **독서는 두뇌능력에 큰 영향을 미친다.** 컴퓨터 모니터나 스마트폰 화면을 많이 보는 것은 두뇌에 좋지 못하다.

학습에서 처리 속도가 빨라지자 기억력이 향상되었다. 대뇌피질은 운동, 감각, 의식 등의 고차적인 기능을 담당한다. 대뇌피질은 6층으로 되어 있다. 뇌는 3차원으로 해석하려 한다. 인간이 식별할 수 있는 색의 수는 700만 가지라고 한다. 기억이 애매하다는 것은 응용이라는 관점에서 매우 중요하다. 몸 전체의 세포는 60조 개 정도인데 빠른 속도로 교체되어 두세 달이면 대부분의 세포가 새로운 세포로 교체된다. 뇌 속에는 신경세포가 1천억 개가 있고 대뇌피질에만 140억 개가 있다.

뛰어난 컴퓨터라도 직관이 부족

아무리 뛰어난 컴퓨터라도 직관이 부족하다. 생명체 속에서 발견된 질서는 뚜렷한 질서를 보여주는 사실이며 선택이 생물학에서의 유일한 원천이라는 세계관에 강타를 친다. 뇌는 다양한 능력, 적응력이 있고 상황에 관계된다. 그리고 종합하는 엄청난 능력을 가진다. 컴퓨터와는 다르게 뇌는 자체로 형성된다. 어떤 두 개의 신경세포도 같지 않다.

뇌는 사물이 무엇을 의미하는지, 어떤 기능을 하는지 이해하고 의미에 민감하다. 뇌에는 약10^{15} 정도의 시냅스들이 있다. 수십억 개의 신경세포들이 병렬로 동시에 작용한다. 직렬식 컴퓨터는 단지 한 번에 한 단계씩만 한다. 최첨단 컴퓨터도 뇌의 병용에는 근처에도 가지 못한다. 뇌는 엄청나게 많은 병렬 회로를 만들며 굉장한 보완장치를 가지며 잘못을 견뎌낸다는 사실이다. 뇌는 신경회로 그물들이 자체적으로 프로그램을 하고 있다.

한 사람이 피카소에게 "왜 실제 있는 대로 그리지 않는가?"라고 질문했다. 그 사람은 자기 부인의 스냅 사진을 꺼내었는데 피카소는 "그 여자는 매우 작고 얇지 않습니까?"라고 응답했다. 과학적 방법은 영감과 엄밀함의 적절한 섞음이다. 귀납법은 특별한 상황으로부터 일반적 상황을 이끌어내는 것이다. 연역법은 일반 상황으로부터 특별한 상황을 논의하는 것이다.

일반상대성이론은 리만의 휘어진 사차원 공간의 수학과 추상적 불변원리들을 이용했다. 과학적 설명들은 검증가능하여야 하며 시험가능한 것을 필요로 한다. 포퍼는 과학적 가정들의 반증 가능성의 개념을 제기했다, '직접 손'으로 접근방법이 현대과학에서 성공의 열쇠다. 배움은 감정적 요소가 개입될 때 격렬하고 효과적이다.

장기기억은 용량 제한 거의 없다

명사 위주로 밑줄을 긋는 일이 중요하며 밑줄을 긋는 경우 밑줄 그은 단어 위주로 읽는다. 뇌는 사용하면 할수록 기능이 더 향상된다. **빨리 읽으면**

잡념이 줄어든다. 빠르게 읽으면 집중력이 높아진다. 꼭 밑줄을 긋고 여백에 메모하는 것이 중요하다. 시스템학습법이 바로 이 원리를 활용한다. 두뇌 과학에 근거하기에 시스템학습법이 학습효과가 나게 된다는 사실이다.

단기 기억은 많은 인지 작업을 수행하기 때문에 작업 기억이라고도 한다. 장기 기억은 용량의 제한이 거의 없다. **뇌는 문장보다 핵심 단어 위주로 생각할 때 더 잘 기억한다.** 뇌는 정보를 범주로 묶어서 분류하는 경향이 있다. 시스템학습법과 똑같다!

두뇌 기능

생각하는 기능

수학, 논리학, 철학 등은 뇌와 관련이 있다. 물리학이나 화학은 그것을 실증하는 것이다. 심리학도 뇌의 과학이다. 25세 정도가 되며 뇌 형성이 완료된다. 기억하는 과거는 신뢰할 만한 기록이 아니며 재구성의 산물이다.

인간은 주관적인 느낌을 가질 수 있다. 뇌 뉴런들이 수조 개의 연결을 형성하고 재형성하면서 독특한 패턴을 이룬다. 우리의 눈은 데이터를 모아서 두뇌에 공급할 따름이다. 뇌가 학습을 통해 소화할 수 있는 한계가 있는지 우리는 모른다. 전형적인 뇌의 뉴런 각각은 연결선을 형성해 연결선 수천조 개가 이룬 패턴에 의해 당신은 이루어진다.

인간 뇌 하나의 고해상도 구조를 저장하려면 제타바이트(10의 21제곱 바이트)의 용량이 필요할 것이다. 이 양은 현재 지구에 존재하는 디지털 데이터의 총량과 같다. 생각, 느낌, 의식의 연금술은 매초 뇌세포들 사이에서 일어나는 수천 조 회의 상호작용에서 비롯된다.

사람들은 기억하는 모든 대상의 가장 대표적인 형태를 기억한다. 모든 감각들은 강하게 대비될 때에 가장 정확하게 지각된다. 대뇌피질은 운동과 관련된 의식적인 경험에 중요한 영역이다. 슈퍼스타와 초보자의 차이점이 무의식적으로 수행되는 불수의적 운동에 있다는 사실이다. 많은 훈련을 하면 필요한 동작들이 통합되는 자동프로그램을 만든다. 소뇌는 근육의 긴장상태, 자세잡기, 눈과 손 운동의 협조를 책임진다.

뇌는 몸무게의 2%에 불과한데 에너지는 20%를 소비한다. 뇌 무게가 작은 프랑스의 소설가 아나톨 프랑스는 1,017g이었는데 뇌 기능은 뛰어났다. 뇌 기능을 과학적으로 연구하게 된 것은 19세기에 접어들면서부터였다.

두뇌에서 작업기억은 컴퓨터의 램과 비슷한 역할을 하여 소량의 정보만을 갖는다. 두뇌의 무의식적 능력이 지각과 행동 덕분이라는 사실이다. 의식적 능력과 무의식적 능력이 함께 작동하는 방식은 아직 밝혀지지 않았다. 소뇌는 육체적 움직임을 관장한다. 전두엽은 학습하고 습관을 정립하고 운동과 정신적 기능을 처리한다.

학습과 기억과 생각은 이전에 익힌 지식을 조작하는 것이다. 육체적 움직임은 배우고, 생각하고 기억하는 능력에 직접 영향을 미친다. 육체 활동은 학문적 능력을 강화한다. 놀이는 학습과 사회적 관계를 돕는다. 기억은 학습, 이해, 의식을 한데 모으는 구심력이다. 억제는 학습의 중요한 일부이다. 일상적인 기능과 학습의 상당 부분은 외현기억을 내현기억으로 바꾼 결과이다.

뇌를 훈련하는 가장 손쉽고 빠른 방법이 학습

나이가 들어도 지식과 말하는 능력은 저하되지 않는다. 본능적인 동기부여는 기본적 욕구의 충동에서 발생하며 행동에 대한 압력이다. **뇌를 훈련하는 가장 손쉽고 빠른 방법 하나가 학습이다.** 학습을 하면 나이가 들어도 정신 기능은 결코 후퇴하지 않는다. 기억은 반복에 의해 강화된다. 자율신경은 본래 부교감신경에 의해 조절된다. 긴장을 주는 것이 교감신경의 역할이다. **완벽주의는 스트레스의 원인으로 뇌에 좋지 않다.**

생각과 동작은 대뇌와 소뇌 간의 상호작용을 통해 통합된다. 변연계는 해마와 편도체가 핵심부속물이다. 정보는 뉴런과 뉴런에게 전달되는데, 정보를 수상돌기에서 받아들이며 축색돌기가 정보를 전달한다. **배우기를 멈추면 정신 능력과 수행력이 감퇴한다.** 창의력은 독창적인 연결 능력이라고 할 수 있다.

두뇌에는 순서 처리 즉 연쇄적인 정보를 조작해 정확하고 적절한 순서를 유지하고 정보를 나중에 처리하기 위해 재조직하는 능력이 있다. 또한 주의를 기울이고 집중할 수 있는 능력이 있다. 움직임을 상상하는 것만으로도 두뇌는 활성화된다. 필요한 동작을 상상하는 것만으로도 수행력을 향상하는 데 도움이 될 수 있다. 이는 운동에서 상상을 통해 연습하는 것이 가능하다는 것이다.

숙련된 기술을 익히거나 배우면 기억을 견고하게 굳히는 데 시간이 필요하다. 기억력이 향상되면 기본 사고력도 향상된다. 기억 장애를 막는 최선의 대비책은 두뇌의 기억장치를 훈련하는 것이다. 이는 기억 회로를 강화하는 것이다. 머릿속으로 영상을 그려보는 것은 기억에 도움이 된다. 그 영상을 '인출 단서'로 사용할 필요가 있다.

두뇌 훈련에서 연습을 하면 긴장하고 집중할 필요성이 점점 줄어든다. 두뇌는 신기함을 바탕으로 성장한다. 새롭고 도전적인 과제는 도움이 된다. 윌리엄 제임스를 비롯한 정신의학자들은 '가장 중요한 지침은 자신의 감정에 지나치게 연연하지 말라'는 것이다. 행동은 감정의 결과로 나타나는 것처럼 보이지만 실제로는 행동과 감정이 함께 나타난다. 두뇌를 활기차게 하고 끊임없이 자극하며 새로운 것에 대한 호기심을 잃지 않는 것이 중요하다.

컴퓨터, 전자우편, 이동전화 등은 만나는 사람들에게 충분히 신경을 쓰지 못하게 만들 수 있다. 기술이 세상을 주의력결핍장애 환자들로 넘치게 만들고 주의지속을 단축시키고 주의산만을 조장한다. 이는 두뇌 힘을 약화시킨다. 인간을 다른 피조물과 구별해주는 가장 큰 차이점은 언어 사용과 손놀림이다. 손과 두뇌 사이에는 피드백이 일어난다. 손놀림, 기술, 지식 간에는 긴밀한 상호 작용이 있다. 손가락과 손의 운동신경 민첩성을 개선함으로써 두뇌의 능력을 향상시킬 수 있다.

의식과 무의식

행동들이 자동화하면 무의식화되어 몰입상태가 되어 활동이 감소하는 것처럼 보인다.

걷기에 필요한 팔다리의 협응은 매우 경이로운 것이다. 슈퍼컴퓨터는 엄청난 에너지를 소비하지만 뇌의 에너지 소비량은 대략 20와트로 놀라운 효율을 자랑한다. 뇌는 평생 스스로 자신을 변화시킨다.

우리 뇌의 무의식적 장치는 항상 작동하지만 그 작동이 워낙 원활하기 때문에 우리는 그것을 알아채지 못한다. 우리가 순간 복잡한 동작들을 해낼 수 있는 것은 세계와 우리의 근육들로부터 받은 되먹임 덕분이다.

두뇌의 작용을 실행하는 데 필요한 계산 성능을 확보하려면 세계에서 가장 빠른 슈퍼컴퓨터 수십 대가 필요할 것이다.

일상적인 행위를 기억하는 능력을 '절차적 기억'이라 하며 이는 암묵 기억 중 하나다. 외현 기억이란 특정 사건을 기억한다고 스스로 의식하는 기억이다. 우리는 의식하지 못하는 기억과 의식하는 기억으로 기억을 나눌 수 있다. 의식보다 무의식적인 뇌가 먼저 사물을 포착한다. 뇌는 자동화됨에 따라 에너지를 덜 쓰는 에너지 효율성이 생기고 에너지를 최소화한다.

현실은 주관적이다. 과학자 마빈 민스키는 "우리는 우리 마음이 가장 잘하는 게 무엇인지 거의 인식하지 못 한다"고 말했다. 뇌에는 무의식 시스템과 의식 시스템 두 개로 이루어져 있다. 어느 연구자는 이 두 시스템을 '정서 시스템'과 '이성 시스템'이라고 부르기도 한다. 정서 시스템은 내부 상태를 모니터하고, 이성 시스템은 외부 세상을 분석한다.

의식은 판단할 필요가 있을 때 개입한다. 뇌는 엄청나게 복잡하기 때문에 현실적으로 아무것도 예측가능하지 않다. 뇌는 반사적으로 결정하기도 한다. 컴퓨터와 달리 뇌는 다양한 가능성들 사이의 분쟁을 기반으로 작동한다. **감정은 강력하며 이성은 견제 받는다.** 감정은 결정과정에 숨어 있는 비밀이다. 모든 신체적 작용은 의식적 자각보다 훨씬 더 낮은 층 즉 무의식 위에서 일어난다.

우리 뇌는 감각 능력으로 세계를 비추는 것이다. 위협적인 상황에서 편도체는 활발히 작동하여 주의를 집중하게 만든다. 의식적 경험이란 실은 즉각 기억일 따름이다. 한 사건을 여러 사람이 경험할 경우 목격자들의 뇌들은 제각각 다른 주관적 경험을 한다. 의식적인 당신은 뇌 활동에서 극히 작은 부분에 불과함을 발견한다.

뇌에서 출력이 이루어질 때 근육운동인 행동이 된다. 신경채널의 가장 단순한 기능은 '반사'이다. 지각 입력과 운동이라는 출력 사이에 뇌가 존재한다. 사람의 지각 입력은 궁극적으로 뇌에서 처리되는 것이다. 공부하는 것도 지각으로 입력하는 것이다. 현실은 사람에 따라서 각기 다른 것이다.

수의(隨意)운동은 의지에 따른 운동이며 주관적인 생각에 의한다. 뇌는 합목적성을 추구한다. 인간의 행동은 시행착오와 합목적성의 결합으로 이루어져 있다는 사실이다. 의식이란 "말을 사용할 수 있는 상태"라고 할 수 있다. 좌뇌는 언어뇌이고, 우뇌는 음악뇌, 회화뇌이다. 의식은 뇌의 산물이다.

의식은 주관적이다. 즉 객관성이 결여되어 있다. 과학은 뇌 속에서 성립한다. '리만 기하학'은 어떤 직선 위의 한 점을 통해 그 직선과 평행하는 직선은 무수히 많다는 이론이다. 유클리드 기하학에서는 그것은 하나밖에 없다고 한다. 결국 실증이라는 것은 뇌 속의 규칙과 바깥 세계의 규칙을 대응시키는 행위다.

반복된 패턴은 두뇌에서 신경 연결을 강화시킨다. 연습은 완벽을 만든다. 복잡한 시스템은 인간의 두뇌다. 정신 운동은 두뇌를 유연하고 탄력 있게 만들며 신경연결을 강화한다. 정신적인 삶에서 대부분의 일들은 무의식의 지배를 받는다.

우뇌와 좌뇌

뇌의 우반구는 전반적인 집중을, 좌반구는 구체적인 집중을 관장한다. 학습은 언어를 듣거나 올바른 이미지를 형성한다. 추상적 사고, 직감은 우뇌에 있다. 계산 기능은 좌반구, 영상화하는 것은 우뇌가 한다.

운동신경은 모두 뇌의 작용이다. 우뇌는 공간 인식, 감성 기능을 담당한다. 지성, 감정, 의지를 지배하고 조절하는 것은 뇌다. 뇌는 마음의 출발점이다. 워킹 메모리는 특정 목적이나 작업을 위해 기억을 한다.

우리는 우뇌 활동에 의해 자신의 감정을 표현하고 다른 사람의 감정을 읽을 수 있다는 사실이다. 독서는 두뇌 영역을 활성화한다. 스페리에 의하면, 좌뇌는 사물을 잘게 쪼개려는 경향이 있고 공통점보다 차이점에 주목한다. 우뇌는 전체적인 그림을 인식하며 여러 동작들을 동시에 진행하는 병렬처리를 담당한다. 우리 두뇌는 양쪽 반구를 연결하여 작동한다.

말하는 것은 좌뇌의 기능이다. 최근에 새로 형성된 뉴런들을 발견했다. 이는 **살아 있는 마지막 순간까지 뉴런들이 생성된다는 증거이다**. 정신을 자극하는 활동을 더 많이 할수록 알츠하이머나 치매에 걸릴 가능성이 낮아진다.

현악기를 연주하는 음악가는 연습을 많이 할수록 왼손의 뇌 지도가 더 커지고, 현의 음색에 반응하는 뉴런과 지도도 늘어난다. **책을 읽으면 자신의 뇌의 미시적 구조가 변화한다.** 예일대학교 출신의 정신과 의사이자 연구자인 웩글러는 자신의 책 '뇌와 문화'에서 "우리가 보는 문화적 갈등의 많은 부분이 상대적인 가소성 감소의 산물"이라고 말한다. 이는 우리가 노화하면서 가소성이 상대적으로 약해진다는 것이다.

좌뇌는 정보를 순차적으로, 우뇌는 동시적 처리를 한다. 스페리 교수는 좌뇌는 언어로 생각하고 우뇌는 이미지로 생각한다고 발표했다. 우뇌는 무의식으로 일하는 머리이며 우뇌는 동시적 병렬처리를 한다. 좌뇌는 의식의 머리로 분석하고 순차적 직렬적 정보처리를 한다. 어학을 잘하는 사람은 대체로 우뇌 학습을 하는 사람이다.

좌뇌는 비판적이고 저속 학습이며, 우뇌는 긍정적이고 고속학습이다. 우뇌학습은 외우려하지 않는다. 패러데이, 아인슈타인, 테슬라, 다 빈치 등이 우뇌적 사고방식의 학자들이다. 프랑스의 천재적 수학자 푸앵카레는 책읽기 속도가 매우 빨랐고 우수한 기억력으로 유명했다.

독서를 하되 중요한 단어에 표시하거나 메모를 하면서 학습하면 효과가 좋다.

대뇌피질

감정적 인지적 내용이 모두 대뇌피질로 전달되어 두정엽과 측두엽에 있는 통합피질에서 처리된다. 뇌는 기본적으로 똑같은 것을 감지하는데 감지한 정보 중 중요한 부분과 중요하지 않은 부분을 안다. 아이디어와 행동을 만드는 부분은 앞쪽(전두피질)에 있다. 앞과 뒤 사이로 신호를 전달하는 데 네 개의 중요한 신경다발이 있다. 대뇌피질은 신피질이라고 한다. 변연피질은 감정과 강력한 관계가 있다.

대뇌피질은 주의를 집중하는 방식에 결정적으로 중요한 역할을 담당한다. 뇌간은 심장박동과 호흡을 조절하고 각성 상태를 통제한다. 변연계는 기본적인 추동과 정서를 관장한다. 편도체는 즉각적인 생존반응에 관여한다. 해마는 지각과 기억에 관여한다. 전두피질은 생각에 대한 생각할 수 있게 해주며 아이디어와 통찰을 가능하게 한다.

전전두 영역에서 시간, 자아감, 도덕판단 등을 관장한다. 후두엽은 시각 지각을 관장하고 중앙 전전두 영역은 모든 것을 연결해준다. 전전두 영역은 신체적 조절, 의사소통, 정서적 균형, 반응 유연성, 두려움 조절, 공감, 통찰, 도덕의식, 직관 등의 기능을 한다. 인간 정신활동의 핵심은 성찰인데 성찰은 개방성, 관찰, 객관성 3요소를 기반으로 한다.

개방성은 모든 것에 수용적인 태도를 취하는 것이다. 관찰은 자신을 지각할 수 있는 능력이다. 객관성은 분별력이다. 학습은 생물학과 관련된 것이다. 학습은 뇌의 변화이다. 인지과학의 중요한 발견 세 가지는 -정신은 통합되어 있다 -생각은 대부분 무의식이다 -추상적인 개념들은 상당 부분 은유이다 등이다.

대뇌를 둘러싸고 있는 것이 대뇌피질이다. 대뇌피질의 세 가지 기능은 감각, 통합, 운동이다. 감각기능은 신호를 받아들이는 것이다. 통합은 개별적인 신호들을 한데 모아 총합으로 인식하는 것이다. 운동기능은 계획과 생각을 몸으로 실행하는 것이다. 학습은 경험, 성찰, 추상화 과정을 통해 이루어지며 각각 뇌의 다른 영역에서 이루어진다.

감정의 기능

긍정적인 사고와 태도를 받아들일 때 두뇌에 이로운 변화를 가져온다. 르두의 연구에서, '감정을 중재하는 두뇌 영역들은 의식적인 인식과 관계없이 자동적으로 작동하기 때문에 긍정적인 태도가 두뇌를 활성화할 수 있다'는 것이다. **책을 반복해서 읽다 보면 깊이 생각하고, 율동적으로 독서할 수 있게 된다.** 또한 의미의 미묘한 차이와 이해하기 어려운 부분들도 감상할 수 있고 다시 읽을 때마다 반응도 달라진다는 것이다.

'정서'는 의사결정을 좌우하는 주된 요소가 된다. 우뇌는 왼손을 통제하고, 좌뇌는 오른손을 통제한다. 좌뇌는 끊임없이 사건의 순서와 이유를 추구한다. 마음은 패턴을 추구하고 어떤 구조를 찾으려 든다는 것이다. $1mm^3$의 뇌 조직에만 뉴런들의 시냅스 연결이 1억 개에 달한다. 삶은 매우 복잡하기 때문에 미래를 예측하기는 불가능하다. 신경과학자들은 인간의 '의식'이 행동이라는 것을 조종할 수 없음을 증명했다.

우리는 체득한 이해력을 기초로 체험의 영역을 확립한다. 되도록 **많은 양의 독서를 통해 척척 해치우는 습관을 들이는 것이 매우 중요하다. 독서는 정신건강이나 신경학적으로 유익하다.** 독서를 많이 하면 생각하거나 지각하는 데 사용하는 언어도 세련되고 정교해진다.

감정이나 정서는 전형적인 뇌의 기능이다. 감정이 없으면 이성적 사고를 할 수 없다. 합리적 사고에 느낌이 필수적이라는 것이다. 문제해결에 필요한 정보를 작업기억 또는 단기기억이라고 한다. 암묵기억은 내재된 기억이다. 외현기억은 의미기억과 일화기억으로 나뉜다. 의미기억은 구체적인 것이며 일화기억은 줄거리가 있는 기억이다.

해독과 해석에는 주관적인 판단이나 강조가 개입된다. 뇌는 세상을 자기 나름대로 해석하고 이해한다. 뇌는 어떤 정보를 전달받든지 그 정보에 대하여 제대로 반응한다. 적응성은 훨씬 더 다양하게 확장될 수 있다. 뇌는 평생 동안 엄청난 적응성을 발휘한다. 상상력 훈련은 뇌의 특정영역을 활성화시키는 좋은 사례이다. 뇌는 듣기와 읽기에 대해 서로 다른 메시지를 구성한다. 뇌는 정상적인 변이의 과정을 겪는다.

우리가 '성격'이라고 부르는 것도 그 사람의 뇌의 습관에 따라 나타나는 개인의 '차이'인 듯하다. 뇌가 손상되면 그 사람의 성격도 바뀌는 수가 있다. 마음도 뇌의 기능에 의한 것이다. 분명한 것은 '마음이 존재하기 위해서는 반드시 뇌의 활동이 필요하다'는 것이다.

입력에는 비중 즉 중요도가 다르다. 감정은 의식이 그 비중을 장악하고 있다. 플라톤과 아리스토텔레스의 차이를 생각하면 실은 그 차이가 논리의 차이가 아니라 비중의 차이임을 알 수 있다. 가장 일상적인 비중은 오감인 입력이다. 센트 제르지는 헝가리 학자였는데 근육세포에서 떼어낸 단백질에 조건을 만들어 '분자를 결합시키는 생물물리학'이라고 주장했고 이것으로 노벨상을 받았다.

신경세포

시애틀의 워싱턴대학교의 언어학자 패트리샤 쿨은 "아기는 언어가 무엇이든 배울 수 있다"고 말한다. **반복과 지속성은 학습에 매우 중요하다.** 켄터키대학교 데이비드 스노든 교수는 "나이가 들어도 지적 도전은 신경 연결을 증가시키고 수상돌기의 성장을 자극한다"고 말했다. 학구적인 도전은 노년기의 유연한 두뇌를 만든다는 이론을 노인학자 데이스 에번스에 의해 보강되었다. 연습이 새로운 두뇌를 만들고, 두뇌는 항상 잡음으로 가득하다.

운동은 뇌 구조를 개선하고 발달시킨다. 직접 하지 못하는 운동을 상상하는 것만으로도 운동 효과가 있다. 두뇌와 신경세포가 자극을 형성할 수 있는 상황을 조성해야 한다는 것이 핵심이다. 뇌의 발달은 계속하여 반복될 때 이루어진다. 학습에서 진정으로 중요한 것은 '학습자인 학생이 과연 무엇을 학습하는가'이다. 교사의 '가르침'을 학습자의 '배움'으로 전환해야 한다.

기억은 재조합되는 것이다. 심리학자 오스벨은 "학습은 이미 알고 있는 지식을 출발점으로 한다"고 단언한다. 사전 지식은 새로운 지식의 출발점이다. 이미 알고 있는 것과 아무 관련도 없는 것을 이해할 수 있는 사람은 없다. 우리가 아는 사실, 이해할 수 있는 모든 생각, 모든 움직임이 뇌에 신경세포망으로 형성되어 있다.

뇌는 무한하게 나뉘어 있고 동시에 무한하게 연결되어 있는 구조이다. 파악이 불가능할 정도로 복잡한 신경세포망에서 엄청난 양의 뇌가 동시에 활동할 수도 있다. 연결의 변화는 시냅스의 변화를 의미한다. 우리의 능력과 이해의 신장이 뇌의 물리적 성장과 변화의 결과라는 것이다.

두뇌는 원상회복이 빠르며 기억장치는 평생을 간다. 두뇌 무게가 증가하는 것은 시냅스의 수가 증가하기 때문이다. 두뇌는 천억 개의 신경세포 즉 뉴런과 그 사이에 펴져 있는 그보다 많은 수의 비신경세포인 글리아로 구성되어 있다. 두뇌 내에 있을 수 있는 신경단위 연결(회로)의 수만 생각한다면 10의 백만 승이라는 놀라운 수를 얻게 된다. 엄청난 것이다. 뉴런의 열 배도 넘는 글리아 역시 소통 능력이 있다고 추정된다.

개별 신경세포 자체가 엄청나게 복잡한 존재

개별 신경세포 자체가 엄청나게 복잡한 존재이다. 인간의 막강한 지능은 학습의 결과이다. 신경망, 유전 알고리즘, 풀림 등을 흉내 내는 방법은 모두 대규모 병렬 계산을 수행하는 방법이다. 인간 두뇌는 스스로를 가르치고 경험을 바탕으로 학습하며 자기조직화하는 컴퓨터처럼 보인다. 원시적인 단세포 유기체는 엄청나게 복잡한 계산을 수행하곤 한다.

신경세포에는 미세소관이 특히 풍부하다. 미세소관은 순식간에 스스로 조립했다 해체했다 하는 역동적인 존재이다. 신경세포 속의 미세소관은 두뇌의 거시적인 신경망을 엮어내는 데 핵심적인 역할을 한다. 미세소관의 구조를 살펴보면 실제로 놀라울 만큼 조직적인 구조이다.

미세소관끼리 어떻게 엮어져 있는지를 연구해보면 놀랄 만큼 조화로운 질서가 드러나고 연결고리 노릇을 하는 미세섬유들이 자리 잡은 간격은 꽤 규칙적이다. 인간은 기계적 결정론에서 벗어날 능력을 지녔다는 사실이다. 천연 알부민의 접힘 패턴은 매우 복잡하고 정밀하다. 두뇌의 경우 구조는 순환반복적이고 기능은 혼동성을 띈다는 증거가 있다.

뇌는 20와트 정도의 저전력량으로 1천억 개의 뉴런을 작동시킨다.

피드백에는 억제성 브레이크가 꼭 필요하다. '베키의 법칙'이란 무질서가 아닌 직선과 같은 질서적인 법칙이다. '동기 발화'라는 것은 복수의 뉴런이 보조를 맞추어 동시에 발화하는 것이다. 주의를 집중하면 뇌 영역의 성장이 자극된다. 최근 20년간 과학적 발견을 통해 '주의를 집중하는 방식이 뇌의 구조를 형성한다'는 점에 기초를 두고 있다.

두뇌 세포는 학습과 기억을 담당하는 핵심부인 해마에서 끊임없이 증식한다. 유연성은 두뇌작용의 기본 원칙들 중 하나이다. **독서를 하면 두뇌 영역이 확대된다.** 두뇌는 평생 변화할 수 있다. 제2언어를 배우면 새로운 회로가 형성되고, 제3, 제4 언어를 배우는 것은 더욱 쉬워진다는 것이 사실이다.

인간의 **뇌는 자극을 준다면 신경회로가 만들어져 늙지 않으며 가소성이 있다.** 시냅스를 많이 만들고 유지하게 해주는 것은 자극과 영양을 보급해주는 글리아 세포이다. 글리아 세포는 신경세포를 연결하는 신경회로망을 형성한다. 신경세포 하나가 1,000개-200,000개의 시냅스를 만들어내 그 하나하나가 신경기능의 기본이 되는데 이것을 '뉴런'이라는 신경단위로 부른다.

모노아민 즉 세로토닌, 도파민, 아드레날린 등은 뉴런에서 생산된다. 도파민은 두뇌 활성제이자 쾌락 물질이다. 스트레스와 긴장과 관련된 노르아드레날린은 창반 세포에서 만들어진다. 한 가지 모노아민에 여러 가지 수용체가 존재하기도 하는데 세로토닌의 경우 12가지도 더 되는 각기 다른 수용체 단백질이 확인되었다.

개별적으로 작용하는 모노아민은 없으며 도파민, 노르아드레날린, 세로토닌은 서로 엄청난 대화를 주고받는다. 핵심의식은 감각 정보로부터 장면을 형성하는 능력이다. 고차의식은 내가 본 세계상에 나 자신을 통합하는 의식의 한 부분이며 자의식을 유지하는 과정이다. 핵심의식과 고차 의식의 통합은 우리가 현재를 기억하게 한다.

거울 뉴런

1996년 이탈리아의 연구 그룹이 보고한 '거울 뉴런'의 발견에서, "타인이 행동하는 것을 보고 있을 때에도 활동하는 신경세포가 발견되었다"는 것이다. 상대방의 마음을 읽는 능력을 '마음의 이론'이라고 한다. 창조적인 천재란 세간 지식을 익히고도 아이와 같은 점을 계속 간직할 수 있는 사람이라고 규정해도 좋다.

'거울 효과'란 자신이 보는 표정을 흉내 내는 현상이다. 부부가 서로의 표정을 흉내내다보니 패턴이 비슷해지는 것이다. 타인에게 공감한다는 것은 타인의 통증을 느낀다는 것이다. 인간으로서 배우는 가장 중요한 것들 하나는 관점의 전환이다. 우리는 현재를 더 높이 평가하는 경향이 있다. 인간은 상황이 바뀌면 평가도 바뀐다. 빈약한 충동 통제력은 문제다. 의사결정은 모든 것의 핵심이다.

측두엽

측두엽은 언어 이해와 처리, 기억, 단어의 인출, 정서적 안정성, 시각과 청각적 처리와 관련된다. 측두엽은 소리와 글을 의미 있는 정보로 처리하도록 도와준다. 정서적 안정은 측두엽에 크게 영향 받는다.

후두엽

정보를 받아들이고 기억하는 부분은 대뇌의 뒤쪽(후두피질)에 있다. 시각중추가 후두엽에 있다.

신경전달물질

신경전달물질이 53가지나 밝혀졌다. 두뇌는 가소성과 탄력성을 동시에 갖고 있으며 항상 배우려고 한다. 하나의 뉴런이 10만 개의 시냅스들과 교차하여 의사소통한다. 사고 패턴의 변화는 두뇌 구조를 변화시킨다.

자연적 내인성 아편제는 신체 내에 18가지 이상 종류가 있다. 스트레스는 신체적 심리적 부담을 주는 상황이나 활동이다. 운동이나 경쟁에서 스트레스가 적절한 각성을 일으키도록 조절하는 것이 필요하다. 기억형성에 해마는 중요한 역할을 한다. 편도체는 정서적 요소를 지닌 기억에 중요하다.

인공 두뇌

로드니 브룩스는 인공지능과 로봇공학으로 박사학위를 받았고 MIT인공지능연구소 교수로 있다. 브룩스는 “우리 인간은 로봇보다 앞서 나갈 것이므로 로봇들에게 정복당할 걱정을 할 필요가 없을 것”이하고 말했다. 지능이란 새로운 상황을 이해하고 지식을 적용하여 환경을 조작하는 능력이다.

1950년대 과학자 아이작 아시모프는 “1. 로봇은 인간을 해치거나 행동하지 않는다. 2. 로봇은 인간이 내린 명령에 복종한다. 3. 로봇은 자신을 보호해야만 한다” 등의 아시모프 3법칙을 발표했다.

우리 인간은 3법칙들을 지킬 만큼 감수성이 풍부하고 똑똑한 로봇을 만드는 방법을 모른다. 로봇이 ‘지각’하는 일은 매우 어렵다. 컴퓨터 시각이 어렵다는 사실은 인공지능 연구가들에게 큰 놀라움이었다. 우리는 세계체스 챔피언을 이길 수 있는 컴퓨터들을 보유하고 있지만 아주 잘 보는 컴퓨터는 갖고 있지 못하다. 인공지능의 진짜배기 문제는 '사고' 같은 것이다. 즉 생각하는 일이다.

인간의 눈은 디지털 컴퓨터와 같지 않다. 인간의 눈은 수평으로 160도 시야를 갖는다. 망막은 약1억 개의 밝기 감각기관과 원추라는 색깔 감각기관을 갖고 있다. 우리 눈의 운동은 단속적 운동으로 알려져 있다. 우리의 지각과 감지 시스템은 같은 것이 아니다. 우리에게는 전정 시각 반사작용이 있고 입체 시각이 있다.

인간은 주어진 과제와 유관한 정보를 능동적으로 찾고 또 저장한다. 인간의 시각 시스템은 문제들을 해결하도록 복잡하게 배열되어 있다. 그 시스템은 카메라를 훨씬 능가한다. 사람처럼 작동하는 시각 시스템을 갖게 하는 것이 필요하다. 인간의 두뇌가 어떻게 이미지를 처리하는가를 우리는 모른다. 어떻게 명암도의 패턴을 이해할 수 있는 알고리즘을 만들 것인지가 문제이고 어려운 일이다.

핵심적 진실은 어떤 것이 컵인지 빗인지 컴퓨터 스크린인지를 잘 알아내는 시각 시스템을 우리가 아직 갖지 못했다는 점이다. 우리 인간에게서 시각이 조직되는 방식의 어떤 근본적인 것을 우리가 빠트리고 있는 것이 분명하다. 컴퓨터 시각 영역에 이런 두통거리들이 존재한다.

언어의 번역과 이해는 인공지능의 일부에 지나지 않는다. 3차원적 시각 시스템은 35년의 연구에도 부분적 성공을 거두었을 따름이다. 로봇이 주행거리를 기록할 수 없다는 점이다. 청소용 로봇이 특정 지점을 청소하리라는 확실성이 전혀 없다. 잔디 깎기 로봇은 스스로 길을 찾아 운행할 수 없다. GPS시스템을 활용하더라도 지형을 잘 다루는 시각 알고리즘을 갖지 못했다는 것이 문제다.

컴퓨터들은 심원한 통찰 없고 사유도 없다.

컴퓨터들은 사람들보다 대수학을 더 잘한다. 그러나 컴퓨터들은 심원한 통찰을 할 수 없고 다양한 영역에서 사유할 수도 없다. 인간의 이성은 감성에 의해 지배받는다. 작가 메리 셸리는 '프랑켄슈타인'을 썼고 로봇이 우리에게 해를 끼칠 수 있음을 암시했다. 우리는 아직 자기복제 지능 로봇을 만들어내기에 충분할 만큼 똑똑하지 못하다. 인공망막은 인공와우각보다 훨씬 더 복잡하다.

인공지능과 딥러닝'의 저자 마쓰오 유타카는 도쿄대학 준교수로 인공지능을 연구하고 있다. 마빈 민스키는 인공지능 연구 분야의 대가이다. 인공지능의 정의는 전문가 사이에서도 확실하게 정해져 있지 않은 상태이다. 인공지능은 문자 인식, 문자 식별, 자연어처리(번역 등), 게임, 검색엔진 등에 사용되고 있다.

인공지능의 레벨1은 '인공지능' 즉 'AI' fk라고 지칭하는 것이다. 레빌2는 고전적인 인공지능으로 행동의 패턴이 다채로운 경우의 지능을 말한다. 레벨3은 기계학습을 받아들인 인공지능으로 검색엔진, 빅데이터를 바탕으로 자동적으로 판단하는 인공지능이다. 레벨4는 딥러닝을 받아들인 인공지능으로 입력값의 특징을 학습하는 수준이다. 요약하면 레벨1은 제어하는 기능이고 레벨2는 탐색 추론, 지식을 사용하고 레벨3은 기계학습을 하며, 레벨4는 특징표현을 학습하는 수준이다.

인공지능은 상관관계를 과거의 빅데이터에서 찾아내고 그것에 의해 다음 수를 둘 때 정밀도가 향상되었댜. 인공지능은 '개념'을 '노드'로 표시하고 노드끼리 링크로 맺어 네트워크화해서 표현한다. 단순한 1개의 문장을 번역하는 것도 일반 상식이 없으면 번역을 잘 할 수 없다는 사실이다. 인공지능에 있어 프레임 문제도 어려운 문제의 하나다.

기계학습에서 학습의 근간을 두는 것은 '분류한다'는 처리이다. 기계학습은 '지도학습'과 '비지도학습'으로 나눌 수 있다. '지도학습'은 '입력'과 올바른 출력(분류 결과)'이 세트가 된 훈련 데이터를 미리 준비하고, 어떤 입력이 주어졌을 때 올바른 출력(분류 결과)이 나오도록 컴퓨터에 학습을 시킨다. '비지도학습'은 입력용 데이터만 주고 라벨링 없이 데이터에 내재하는 구조를 파악하기 위해서 이용할 수 있다. 데이터 속에 있는 일정 패턴이나 틀을 추출하는 것이 목적이다.

딥러닝은 여러 개의 과정을 거친 후 출력층에 도달하기도 한다. 데이터의 가중치는 뉴런까지 연결하는 선의 굵기다. 컴퓨터는 기계학습에 의해 분류 방법이나 '선 긋기 방법'을 스스로 찾는 것이다. 특징이라는 것은 대상의 특징을 정량적으로 나타낸다. 특징을 무엇으로 할지가 예측 정밀도에 결정적인 의미를 가진다.

기계학습에서 특징은 인간이 정한다

특징을 어떻게 만들지가 기계학습에 있어서의 본질적인 문제이다. 인간은 특징을 잡는 데 능력이 있다. 기계학습에서 무엇을 특징으로 할지는 인간이 정하지 않으면 안 된다. 언어철학자 소쉬르는 기호란 개념(시니피에)과 이름(시니피앙)이 표리일체라고 말한다. 시니피에는 기호 내용, 시니피앙은 기호 표현이라고도 말한다. 주어진 데이터로 중요한 특징을 생성하는 방법을 가능하게 한다.

휴리스틱 기법은 중요하다. 딥러닝은 심층학습이다. 딥러닝은 데이터를 바탕으로 컴퓨터가 스스로 특징을 만들어낸다. 컴퓨터가 스스로 특징표현을 만들어내는 것은 큰 비약이다. 딥러닝은 '특징표현 학습'을 하는 것이다. 딥러닝은 '특징표현'을 컴퓨터 스스로 획득한다는 문제에 하나의 답을 제시했다. 딥러닝은 종래의 기계학습과는 다른 두 가지가 있다. 하나는 한층 씩 계층마다 학습해 가는 점이고 다른 하나는 '정보 압축기'를 사용했다는 점이다.

상관이 있는 것을 한 묶음으로 해서 특징을 꺼내고 그것을 이용해서 더 높은 차원의 특징을 꺼낸다. '비지도학습'을 통해 특징을 만들고 마지막에 지도학습의 결합을 통해 라벨과 연관을 지음으로써 개념이 학습되는 것이다. 인간은 라벨된 데이터가 그리 많지 않아도 잘 학습할 수 있는 것에 비해 컴퓨터는 그것을 필요로 하는 정도가 완전히 다른 것이다. 사실 딥러닝에서 하고 있는 것은 주성분 분석을 비선형으로 여러 층으로 한 것뿐이다. 즉 데이터 안에 특징이나 개념을 찾고 그 덩어리를 사용하고, 더 큰 덩어리를 찾는 것이다.

결국 얻을 수 있는 특징이나 개념의 강건성에 연결된다. 입력 신호에 노이즈를 첨가하는 것이다. 노이즈를 더할수록 나오는 개념은 여간해서는 흔들리지 않는다. 딥러닝에서는 과거의 데이터를 많이 만들어 그것을 사용한 후, 학습하는 것으로 '절대로 틀리지 않았다'는 특징을 찾아낸다. 딥러닝의 등장은 '데이터를 바탕으로 무엇을 특징표현해야 할까'를 컴퓨터가 자동적으로 획득할 수 있다는 가능성을 나타내고 있다.

딥러닝은 특징표현 학습의 한 종류이다. 이미지를 보고 특징을 추측해서 분별한다는 것은 인간의 시각에 가깝다. 세상의 특징이라고 불리는 것에는 '일련의 행동 결과로서 꺼내지는 특징'도 많다. 언어학자 노암 촘스키는 "인간은 선천적인 문법을 구비하고 있다"라고 말했다. 개념의 획득 혹은 특징의 획득은 창조성이다. 뇌 속에서 행해지는 혹은 딥러닝이 가고 있는 추상화는 부호화(인코딩)와 복호화(디코딩)로 실현되고 있다.

인공지능이 인간 정복하는 걱정 필요 없다

'싱귤래리티'라는 것은 인공지능이 자신의 능력을 넘는 인공지능을 스스로 만들어낼 수 있게 되는 시점을 가리킨다. 즉 기술적 특이점이다. 인간은 지능과 생명이 결합된 존재이다. 연구결과, 인공지능이 인간을 정복하는 걱정을 할 필요가 없다고 결론을 내리고 있다. 회계나 세무는 이미 변화가 진행되고 있다. 교육은 데이터 분석으로 인해 더욱 발전될 분야가 될 수 있다.

인간형 로봇 '아이컵'이 제작되었는데 아이컵의 오류는 인공지능 제작이 얼마나 어려운지 보여준다. 아이컵은 지각 능력과 의식을 가진 존재가 아니라는 사실이 뚜렷해졌다. 아이컵은 자신이 무엇을 하는지 전혀 이해하지 못하는 채로 기호들을 처리할 뿐이다.

창조성

창조성의 최고 형태의 하나는 자기 자신이 변하는 것이다. 일상의 연속적인 흐름 속에서 나 자신의 변화야말로 가장 아름다운 창조인 것이다. 뇌 신경세포의 활동은 노이즈로 가득차 있다. 두뇌 과학자 리처드 레스택은 "인지는 두뇌가 주의를 기울이고 사물을 식별하며 행동하는 능력이다"라고 말한다. 인지력은 많이 사용하면 두뇌 능력을 향상된다는 것이 원칙이다.

뇌는 차이를 통해서 가장 많은 학습을 한다. 컴퓨터에는 기본적으로 외부성이 존재하지 않는다. 다양한 노이즈와 차이를 접해야만 인간은 창조성에 필요한 자극을 얻을 수 있다. 뇌는 열린 시스템이다. 19세기 프랑스 수학자 푸앵카레는 "우연은 그것을 받아들이는 준비가 된 정신에 찾아온다."라고 말했다.

인간 사고능력은 나이가 이르거나 늦는다는 기준이 없이 두뇌 능력을 향상시킬 수 있다. 뇌는 신경가소성이 있어 변화 가능성이 자신에게 크게 달려 있다. 상황에 적응하는 복잡한 정신적 능력을 유도지능이라 부른다. 유동지능은 유연한 사고 추상적 추론, 참신한 문제해결 능력을 특징으로 한다.

컴퓨터가 하지 못하는 것은 인간의 창조성

컴퓨터가 하지 못하는 것은 인간의 창조성이다. 수학적인 능력은 인간에게만 있는 특별한 능력이다. 언어를 구사하는 것은 창조적인 영역이다. 창조적인 능력에는 직관의 역할이 크다. 뇌의 신경세포가 자발적인 활동을 하는 것은 창조성의 전제조건이다. 심리학자 다니엘 카너먼은 "인간의 경제 행동을 이해하는 데에는 그 본질이 불확실성에 있다."고 주장했다.

두뇌는 젊을수록 창조적이라는 견해는 버려야 한다. 정보를 판단하고 사고하는 능력을 갖추는 것이 필수적이기 때문이다. 모스크바 대학의 피요트르 아노크힌은 1968년, "평균적인 뇌가 만들어낼 수 있는 잠재적인 사고패턴의 최소 숫자가 1 다음에 0을 타자로 1천5십만 킬로미터를 친 숫자임을 나타내는 연구"로 과학계를 뒤흔들어 놓았다. 만약, 평생 동안 매일 1천개의 뇌세포를 잃는다고 해도 그 양은 총량의 1%에도 미치지 않으며 그 1%도 우리가 사용하고 있는 뇌세포를 잃는 것이 아니라는 것이다.

창조는 전두피질에서 일어난다. 전두피질에서 중요한 것은 노력과 행동이다. 전두통합피질의 중요 기능 하나는 작업 기억이다. 새로운 아이디어를 창조하는 데에도 작업기억(단기기억)을 사용한다. 실행 뇌의 사용은 '생각'이라는 것의 본질에 해당한다. 실행 뇌는 전두피질의 한 영역이다. 변화에는 더 많은 운동 뇌가 필요하다. 언어는 아이디어를 행동으로 바꾸는 중요한 방법이다. 로저 생크는 학습과 지능의 개념에 있어 이야기가 갖는 중요성을 설명했다. 학습이란 삶과 관련된 것이다.

정신 문제

알츠하이머

정신질환은 생각, 행동, 감정의 이상이다. '정신질환'과 '정신적으로 정상적'인 것의 경계는 매우 모호하고 불분명하다. 알츠하이머 진단을 받은 사람들 중에 노인뿐만 아니라 20대-30대 초반의 알츠하이머 환자들도 나타난다. 평생 정신적 습관을 기르면 치매를 최대한 예방할 수 있다는 것이다.

노인 치매가 발생되는 비율은 85세 이상에서 20%정도이다. **두뇌는 운동과 정신적 활력을 유지해야 치매에 걸릴 확률이 줄어든다.** 알츠하이머라는 병명은 1906년 발견한 병명으로 치매의 한 종류이다. 치매는 뇌혈관이 막혀 신경세포가 죽어 생기는 경우와 질병으로 생기는 알츠하이머 두 종류가 있다.

알츠하이머는 노망의 약 절반을 차지한다. 미국 인구의 50%는 평생 한 번은 일종의 정신질환을 겪는다. 알츠하이머병 환자는 과거사는 썩 잘 기억하고 있다. 기억하려 하지 말고 메모를 해두면 쉽게 생각난다. 스트레스는 뇌를 손상시킬 수 있다. 과음으로 악화되지 않는 병이란 없다. 과음, 흡연, 마약, 도박, 과식은 문제다.

기억장애는 측두엽 장애의 하나로 노인성 치매인 알츠하이머는 가장 흔한 기억 장애의 하나다. 러시아 작가 도스토예프스키는 '측두엽 발작'을 경험했다. 기억이 통합되는 과정과 기능, 뇌 속 접합과정 등은 아직 명확하게 밝혀지지 않았다. 알츠하이머는 기억, 언어, 동작 등의 정신적 능력을 상실하기 때문에 치매를 일으킨다. 기억장애는 알츠하이머의 전조가 된다.

알츠하이머는 뇌체계가 퇴화할 때 일어나는 것이다. 알츠하이머병에 걸린 사람은 사람들이 자기 물건을 훔친다고 의심하는 경우가 많다. 뇌의 혈관이 손상될 때 오는 혈관 치매가 있다. 알츠하이머병에 대한 가장 유력한 이론은 아밀로이드 가설이었는데 이 이론은 죽었다. 다른 이론은 몸에 염증을 일으키는 사이토카인 때문이라는 것이다.

정신분열증(조현병)

정신분열증의 원인은 아직 완전히 밝혀지지 않았다. 정신분열증은 망상, 심각한 정신적 혼란이 특징인데 어떻게 정신분열증이 발병하는지는 미스터리로 남아 있다. 정신분열증은 환각, 실제로 존재하지 않는 목소리 등을 호소한다. 좌우 대뇌반구 사이에 있는 송과선은 쌍을 이루지 않고 있는 유일한 뇌구조물이다. 송과선은 멜라토닌을 분비해 수면에 관여한다.

정신분열증은 감정, 지식, 의지, 행위에서 분열이 일어난다. 100명 중 1명꼴로 이 질환에 걸리는 위험이 있는데 류머티즘 관절염 발병률과 비슷하다. 정신분열증을 나타내는 객관적인 징후는 존재하지 않는다. 뇌는 감각에서 얻은 신호와 사전 기대를 결합하여 물리적 세계에 대한 모형을 만들며 내가 자각하는 것은 이 모형이다.

내가 물리적 세계와 직접 접촉한다고 생각하지만 이는 착각이다. 우리는 정보가 없는 상황에서 추측하는데 이를 선입관이라 하며 고정관념에서 비롯된다. 인간은 모방을 통해 배운다. 인간의 행동은 믿음에 따라 좌우된다. 자폐증과 정반대 증상을 보이는 이는 과대망상 정신분열증 환자다. 1997년 '변화맹시 현상'이 발견되었다. 변화맹시는 환경에 변화가 있었음에도 그것을 지각하지 못하는 현상이다.

뇌졸중

뇌졸중은 뇌에 주어진 충격이다. 이반 파블로프는 "뇌가 가소적"이라는 주장을 했다.

뇌는 적절한 입력이 주어지면 스스로를 재조직하고 새로운 길을 찾아내어 잃어버린 기능을 수행할 수 있다. 뇌 가소적 변화는 매우 광범위하다. 단 2주 동안 엄청난 양의 훈련을 집중하는 '집중학습'은 가소적 변화를 유발하여 뇌의 재배선을 돕는다.

뇌졸중은 두 가지로 나뉜다. 허혈성 뇌졸중은 색전(혈액 덩어리) 때문에 발생하는 경우가 많다. 출혈성 뇌졸중은 동맥이 약해지거나 변형을 일으켜 파열될 때 발생한다. 뇌에 있는 기능영역의 크기와 형태 구조가 얼마나 다양한지, 이러한 다양성이 어떻게 전개되며 무엇을 의미하는지 우리는 아직 알 수 없다. 뇌중풍은 환자에게 심한 절망감을 일으킨다. 뇌중풍은 언어구사능력을 방해하고 균형감각과 조정능력까지 빼앗아가기도 한다.

전체 뇌 크기와 지능 사이에는 상관관계가 없다. 아인슈타인의 뇌 무게는 평균인보다 약13% 작은 1.2kg이었다. 뇌졸중은 뇌에 혈액이 충분히 공급되지 않을 때 발생한다. 또는 대뇌색전이 혈관을 막아서 생길 수 있다.

간질

간질은 200명 중 1명꼴로 나타나는 질병이다.

실인증

얼굴 영역을 인지하는 부위가 손상되면 보던 얼굴이 누구인지 인지하지 못하는 증상을 '실인증'이라고 부른다.

우울증

우울증은 해마를 위축시킬 수 있으며, 우울증 환자들의 기억력이 감퇴되는 이유 중의 하나가 이 때문이다. 대인 공포증은 또 다른 장애이다. 약물효과가 점차 사라지게 되면 배웠던 내용을 기억하지 못하게 되는데 이를 '상태의존 학습'이라고 부른다.

우리는 우울증의 원인을 아직 잘 모른다. 우울증에 빠진 사람은 부정적인 자극에 더 많은 주의를 기울인다. 신경쇠약 증상은 사람마다 매우 다르다. 전전두엽의 활동 감소는 정신분열증, 주요 우울증 등 인지적 어려움을 갖는 사람들에게 나타나는 증상이다.

우리의 정신력을 얼마나 보존하는가는 정신적, 육체적 활동과 관리감각에 달려 있다. 피아니스트 루빈슈타인은 나이 90대에 연주했고, 첼리스트 파브르 카잘스도 그러했다. 육체적으로 활발하고, 정신적으로 활발하며 환경에 효율적 감각을 유지하는 것 등은 노인들의 건강에 큰 영향을 미친다.

참 · 고 · 자 · 료

다음 저자 저서와 연구자료를 참고하였고 그외 자료도 참고했음.
심리학자 도널드 헵
정신과 의사 웩글러
모스크바 대학 피오트르 아노크힌
요로 다케시 도쿄대학 교수
리처드 레스탁 조지워싱턴 대학교 의과대학 교수
앤더스 에릭슨 플로리다주립대학교 심리학교수
'뇌와 창조성' 저자 모기 겐이치로
노먼 도이지 정신과의사이자 토론토대학교 교수
라마찬드란 신경학의학박사이며 심리학 박사
이케가야 유지 컬럼비아대학원 생물학 박사연구원
오시마 기요시 교토대학 교수
하인즈 페이겔스 이론물리학 교수
아마모토 다이스케 와세다대학 교수
맥칸 존스홉킨스의과대학 신경과학 교수
앨버트 하버드의과대학 정신신경과학 교수
시찌다 마코토 뉴포트대학 교수이며 교육학박사
존 레이티 하버드의과대학의 정신의학과 임상교수
데이비드 이글먼 베일러 의대 신경과학자
윈 웽거 교육가로 '두뇌와 심리발달' 등 48권 저술
마크 티글러 뇌과학 학자
스티븐 코슬린 스탠퍼드대학교 심리학 교수
다니엘 에이멘 신경과학자
로드니 브룩스 MIT인공지능연구소 교수
존 메디나 워싱턴대학교 교수
인공지능과 딥러닝' 저자 마쓰오 유타카
크리스 프리스 신경심리학자
섀넌 모페트 스탠포드대학교 의학자
하기와라 잇페이 프린스턴대학 대학원 컴퓨터 사이언스, 뇌과학 연구
리처드 니스벳 미시간대학교 심리학과 교수
앨런 배들리 인간 기억과 뇌 손상 연구
딘 버넷 카디프대학교 교수
제임스 줄 케이스웨스턴리저브대학 생화학 교수
퍼듀대학교 심리학자 대니얼 므로첵
제프리 새티노버 예일대의 정신과 교수
대니얼 시겔 UCLA정신과교수

7장. 아날로그 : 디지털

학습 관련 발언 등 모음

- 현대의 컴퓨터는 인간의 지능 수준과는 한참 동떨어진 기계다
- 디지털적인 조작은 좌뇌가 담당하고 아날로그적인 활동은 우뇌
- 논리적으로 생각하는 디지털 좌뇌, 무한이야기하는 것은 아날로그 우뇌
- 디지털과 아날로그의 차이는 사실 정도의 차이일 뿐
- 괴델의 정리는 어떤 컴퓨터도 문제의 모든 경우를 풀 수는 없다는 것
- 컴퓨터는 순차적 한 단계씩, 연못 시스템은 많은 것을 한 번에 처리
- 황금률은 "사전계획과 준비가 형편없는 성과를 예방한다"는 법칙
- 시스템학습법은 독자에게 가장 똑똑한 학습법임을 깨달아야
- 아날로그가 저급함을 의미하지 않는다.
- 아직도 인류는 아날로그을 완전히 이해하지 못하고 있다.
- 사고를 통해 깊이를 더했기 때문에 위대한 특성
- 디지털 기술은 인간의 창조적 사고를 방해한다
- 디지털 기술 자체가 분주함을 조장한다
- 아날로그는 현실이고 원본이지만 디지털은 현실이 아니다.
- 인간은 아날로그 존재들이다.
- 아날로그 방식은 즐거움이 있고 깊은 방식으로 연결시켜준다.

아날로그가 저급함 아니며 아날로그를 완전 이해 못해

필자는 외환은행에서 전산자료를 토대로 업무분석, 업무평가 등의 업무를 오랜 기간 담당했다. 외환은행은 온라인 업무를 국내 처음으로 개시해 은행 컴퓨터화에 선두주자가 되었었다. 외환은행의 온라인 업무는 모든 은행에 충격을 주었다. 당시 서울에서 부산으로 송금하려면 전신환이나 우편송금 두 가지 방법이 있었다. 전신환은 당일에 송금이 가능하지만 우편송금은 며칠 후가 되어야 부산에 있는 사람이 돈을 찾을 수 있었다. 아날로그가 저급함을 의미하지 않으며 인류는 아날로그를 완전히 이해하지 못하고 있다는 상황에 있다.

업무도 번거로웠고 시간도 걸렸으며 전신수수료, 우편수수료 등의 수수료가 있어 고객들은 비용을 부담해야 했다. 온라인 예금은 서울에서 해당 예금계좌에 입금하면 즉시 부산에서 돈을 찾을 수 있었다. 시간이 전신환보다 훨씬 빨랐고 송금수수료도 없었다. 고객들은 놀랐다. 이렇게 빠르고 놀라운 컴퓨터화가 이루어졌다니!

필자는 외환은행에서 29년 근무하면서 컴퓨터화의 변화를 보았다. 업무가 매우 빨라지는 상황, 부정을 방지하는 여러 조치들, 불필요한 수작업을 생략할 수 있는 수고 절감, 필요 없는 비용 감소 등의 이익이 보였다. 이러한 컴퓨터화의 변화 과정에서 아날로그와 디지털의 두 가지 요소가 있었다.

우리 속담에 “광주 생원 첫 서울”이라는 말이 있다. 이는 경기도 광주 출신이 서울에 와서 처음 대하는 일이라 신기하고 정신이 얼떨떨함을 이르는 말이다. 다른 속담도 있다. “알아야 면장하지”라는 말이다. 이는 무슨 일을 하려면, 특히 윗사람이 되려면, 학식과 실력이 있어야 한다는 말이다. 이는 디지털과 아날로그에 관해 알고서 판단해야 한다는 것에도 적용될 수 있다.

많은 사람들은 디지털은 '좋은 것", 아날로그는 '나쁜 것"이라는 생각을 하는 경우가 있었다. 필자는 지금도 컴퓨터로 업무를 많이 이용하고 있다. 필자는 아날로그와 디지털의 장단점을 여러 전문적 저서들을 섭렵하면서 검토했다. 독자인 시스템학습법 실천하시는 분들은 디지털과 아날로그에 대하여 얼마나 깊은 성찰을 하여 왔는가? 그 점에 대하여 이 장에서는 생각해 볼 것이다.

'디지털'은 '수치적' 뜻, 아날로그는 '연속적' 뜻

'디지털'이란 말의 의미는 '수치적'이라는 뜻이다. 아날로그는 '연속적'이란 뜻이다. 상상을 하는 것은 모두 연속적인 사유나 직관에 의해 행해진다. 아날로그가 디지털보다 훨씬 친근한 표현방식이 된다. 흔히 디지털이 정밀하고 아날로그가 정밀하지 못한 것으로 이해하고 있는데 이론적으로는 그 반대이다. 변환과 역변환과정을 거치면서 정보의 상실이 존재하기 때문이다. 디지털이 '수치적' 표현이라면 아날로그는 '원형적' 표시방식이다.

디지털 공간은 수치적인 영역이고 인간의 직관으로는 실감할 수 없는 공간이지만, 감성 현실은 아날로그로 재현되어 피부촉감으로 느낌이 오는 공간이다. 디지털 기술의 핵심은 오차를 최소로 줄여야 한다. 1845년 모스부호가 실용화에 들어갔다. 전자계산기를 '셈틀'이라고 부른다. 1645년에 파스칼의 덧셈기, 1822년에 배비지의 뺄셈기가 있었다. '비트'란 수학적으로 2진수의 지수이다. **현대의 컴퓨터는 인간의 지능 수준과는 한참 동떨어진 기계다.**

한글의 경우는 말과 글이 일치하기에 일본이 컴퓨터 보급에서 한국보다 뒤지는 이유이다. 세종은 1443년 훈민정음을 창제하였다. 한글과 일본 문자를 비교하면 일본 문자는 조어능력이 현저히 감소되어 한자를 쓰지 않을 수 없다. 한글은 가변조합형의 형태를 가지고 있다.

1885년 처음으로 전신선이 개통되었고 한성정보총국이 담당기관이었다. 음성은 가장 편리한 통신수단이지만 도달거리가 짧다는 약점이 있다. 그레이엄 벨은 1847년 태어나 26세에 보스턴대학의 발성생리학 교수가 되었다. 벨은 1876년2월 특허신청을 했고 간발의 차이로 그레이보다 먼저 특허를 취득했다. 에디슨은 송화기에 탄소를 사용하여 개량했다.

1905년 러시아와 일본의 해전은 무선 전보가 승패를 좌우했다. 일본의 제독 도오고는 해전 후 "내가 넬슨보다 위대하다는 점은 수긍하지만 이순신 장군보다 위대하다는 점은 수용할 수 없다. 이순신 장군은 국가 지원 없이 승리했기 때문이다"라고 말했다.

1864년 물리학자 맥스웰은 전자기장의 수학적 이론을 통해 전파의 존재를 예언했다. 1888년 헤르츠는 전파가 공간을 통해 전달된다는 것을 증명하였고 1895년 마르코니에 의해 무선통신으로 이용되었다. 우리나라에서 1927년 첫 라디오방송국 전파가 발사되었고 1956년 최초의 텔레비전 방송국이 개국하였다. 본격적 텔레비전 방송은 1961년 서울텔레비전방송국(현KBS 전신)이 설립되어 시작되었다. 1979년에는 광통신 실용화 실험을 개시하여 1983년 광통신이 개통하였다.

디지털은 숫자적 불연속, 아날로그는 전체 연속

1992년 www이 등장했다. 디지털 회로가 숫자적 불연속상태라면 아날로그는 연속상태를 말한다. 1948년 윌리엄 쇼클레이, 존 바딘, 월터 브래튼이 트랜지스터를 발명했다. 집적회로IC는 1958년 킬비가 발명했다.

처리기능을 칩 안에 내장한 것을 마이크로 프로세서라고 하며 1971년 인텔사의 테드 호프가 개발했다. 소프트웨어는 하드웨어와 통합되는 펌웨어 기술로 발전하게 될 것이다.

세상은 색, 운동, 감정, 그리고 생각이다. 수학은 순수한 패턴에 대한 연구이며 우주의 모든 것은 곧 패턴이다. 수학의 패턴은 수, 공간, 논리, 무한, 정보라는 다섯 개의 원형으로 구분될 수 있다. 수와 공간은 상보적인 현실의 국면들이다. '상보성'은 양자물리학자 닐스 보어가 제안한 개념인데 그는 하나의 전자는 어떤 면에서 입자(수)이고 어떤 면에서는 파동(공간)이라는 것이다.

개별적인 정보 덩어리들을 조작함으로써 작동되는 컴퓨터를 '디지털'컴퓨터라고 한다. 반대로, 물리적 힘들간의 연속적인 상호작용에 의해 작동되는 컴퓨터를 '아날로그'컴퓨터라고 한다. 산수는 디지털 활동이며, 음악에 맞춰 노래를 부르는 것은 아날로그 활동이다. 연속적으로 변화하는 음악에 맞추기 위해 발성기관 역시 연속적으로 조정된다. 사진의 장면을 인식하는 것도 두뇌의 아날로그 활동이다.

디지털 조작은 좌뇌, 아날로그 활동은 우뇌

디지털적인 조작은 좌뇌가 담당하고 아날로그적인 활동은 우뇌가 맡는다. 좌뇌는 수의 관점에서 생각하고 우뇌는 공간의 관점에서 생각한다. 신체의 오른쪽에 위치하는 근육은 좌뇌에 의해 조절되고, 종합적인 우뇌는 신체의 왼쪽을 지배한다.

개별적이고 분리된 조각으로 이루어져 있다면 그 패턴은 불연속적이라고 말한다. 어떤 패턴의 부분들이 하나의 분할할 수 없는 전체로 융합되어 있다면 그 패턴은 연속적이라고 말한다. 대수학은 연속과 불연속을 연결하는 한 방법을 제시한다. 논리는 종합하고 무한은 분석한다. 미적분학은 무한을 항상 사용한다. 기울기를 정의하는 것을 '미분'이라고 한다. 적분은 면적을 알고자 할 때 무한히 작은 직사각형으로 나눔으로써 면적을 계산한다.

개별 분리 불연속 디지털, 전체 연속 아날로그

논리적으로 생각하는 것은 디지털이며 좌뇌의 활동이고, 무한에 대하 이야기하는 것은 아날로그이며 우뇌의 작용이다. 1930년대에 쿠르트 괴델은 어떤 유한 논리계도 무한 자연수 집합의 모든 사실을 증명할 수 없다는 것을 밝힘으로써 논리는 결코 무한의 풍부함을 모두 다룰 수 없다는 것을 증명하였다. 수학에서 '원형'이란 인간의 사고에서 되풀이해서 나타나는 형태를 말한다. 정보는 '메시지의 길이', '복잡성', '이해의 수준'이라는 세 가지의 기본적인 수준에서 논의될 수 있다.

셈을 하는 방식 중 가장 간단한 것은 '계수법'이다. 모든 진보된 문명은 십진법을 사용한다. 디지털 컴퓨터는 이진법 또는 2를 기수로 한 기수법을 사용한다. 켜짐을 1, 꺼짐을 0으로 하는 것이다. 정보 이론의 창시자 클로드 섀넌은 정보를 "불확실성의 감소"라는 관점에서 생각했다. 메시지의 길이가 길면 길수록 그 내용에 대한 당신의 불확실성도 더욱 커질 것이다. 하루가 86,400초라고 할 때 어떤 사람이 1초에 두 개의 숫자를 말하는 속도로 6일 동안 쉬지 않고 수를 센다면 약 1백만까지 셀 수 있다.

자연계에서 발견되는 간단한 곡선에는 6가지 주요한 종류가 있다고 알려져 있다. 다각형, 원, 파동, 소용돌이선, 나선, 분지선 등이다. 정규다각형이란 모든 변의 길이가 같고, 모든 각의 크기가 같은 다각형을 말한다. 완전히 균일한 쪽 맞추기는 삼각형, 사각형, 육각형 세 가지밖에 없다. 육각 쪽 맞추기는 가장 적은 수의 직선을 사용하여 주어진 면적을 덮을 수 있는 반복 패턴이다.

디지털 정보의 기본 단위를 디지털 비트 즉 0과1 사이의 선택이다. 1차 방정식에서 독립적인 매개변수는 단 두 개뿐이다. 모든 2차방정식의 그래프는 원뿔 곡선이다. AM 즉 진폭 변조방식의 라디오파는 주파수가 고정되고 진폭이 변하는 사인파이다. FM 즉 주파수 변조방식의 라디오파는 진폭이 고정되고 주파수가 변화하는 사인파이다. 사인 파동은 원과 직선의 결합이다. 사인 곡선과 마찬가지로 지수 곡선도 초월적이다. 즉 어떻게도 유한한 대수 공식으로는 나타낼 수 없다는 것이다. 나선은 원형 운동과 직선 운동의 결합이다.

수학은 형태의 과학이다. 우리가 보는 공간 형태들의 복잡성을 증가시키는 한 가지 방법은 더욱 많은 변수들을 포함시키는 것이다. 1950–1060년대에 베노이 만델브로트는 무한히 복잡한 형태들을 보는 새로운 방식을 개발했는데 이러한 형태들을 '프랙탈'이라고 불렀다.

프랙탈은 '분수적' '분열적' '비슷한' 구조

원은 다각형보다 간단하다. 나무의 가지는 전체 나무에 대한 작은 규모의 모형 역할을 한다. '프랙탈'이라 불리는 무한히 세밀하고 완전히 자신을 닮은 형태들을 얻을 수 있다. '프랙탈'이라는 용어가 사용된 것은 '분수적인' 차수와 그 곡선의 '분열적인' 형태 때문이었다. 간단히 말해서, 비슷하게 보이는 구조를 가지고 있으면 그것을 프랙탈이라고 부른다.

노래를 부르는 것은 아날로그적이다. 모르스 부호는 디지털적이다. 온-오프 스위치는 디지털적이다. 문자판이 있는 시계는 아날로그적이고, 작은 숫자 표시가 있는 시계는 디지털적이다. **디지털과 아날로그의**

차이는 사실 정도의 차이일 뿐이다. 디지털 통신에서 이해가 가능한 정보의 최소 덩어리는 몇 개의 정보 암호화 비트만을 필요로 하는 반면, 의미를 갖는 가장 작은 아날로그 통신 조작은 각 조각마다 꽤 많은 비트를 필요로 한다. 말로써 이루어지는 통신은 아날로그적인 면이 두드러진다.

기원전322년 아리스토텔레스가 죽은 뒤, 그의 논리학 저서들은 '논리학'이라는 책으로 엮어졌다. 여기에서 논리학'organon'이란 '과학의 도구'를 의미한다. '드모르간의 법칙'이란 '어떤 명제가 참도 아니고 거짓도 아니라면, 그 명제는 참인 동시에 거짓이다'라는 풀이가 된다.

믿기로 결정한 어떤 명제를 보통 '공리'라고 한다. 수학자 힐버트는 '수학에 대한 공리들의 올바른 집합은 모순이 없어야 한다'라는 점을 지적했다. 공리들의 올바른 집합이 가져야 하는 또 하나의 성질은 '완전함'이다. 수학의 이상적인 이론M은 세 가지의 성질을 가져야만 한다. M은 유한하게 기술될 수 있어야 하고, 모순이 없어야 하며, 완전해야 한다. 이러한 주장에 대하여 1930년 24살의 대학원생 쿠르트 괴델은 그런 이론이 존재하지 않는다는 것을 증명했다.

괴델의 불완전성 정리는 "모든 수학의 어떤 이론도 1. 유한하게 기술이 가능하고 2. 모순이 없으며 3. 완전한 것은 없다."는 것이다. 괴델은 이러한 정리를 '거짓말의 역설'에 대해 생각함으로 얻게 되었다고 한다. 괴델의 불완전성 정리는 진실이 어떤 합리적인 정의를 가지지 않는다는 것을 보이는 것 이외에도 많은 일을 하였다.

괴델 정리는 컴퓨터도 모든 경우 풀 수 없다는 뜻

IBM의 정보 이론가 그레고리 카이틴은 "20파운드의 정리를 10파운드의 이론으로 증명할 수는 없다"라고 말하였다. 괴델의 정리는 인간의 사고가 사람들이 믿고 있었던 것보다 더 복잡하고 덜 기계적이라는 것을 보였다. **괴델의 정리는 어떤 컴퓨터도 문제의 모든 경우를 풀 수는 없다는 것을 의미**한다.

괴델의 정리는, 어떤 논리적인 프로그램도 궁극까지 추구한다 할지라도, 모든 문제들에 대해 대답하는 것을 바라서는 안 된다는 두 번째의 사실에 대한 구체적인 예이다. 하나의 유한한 논리적인 그물로 모든 진실을 잡겠다는 오래된 꿈은 완전히 파괴된 것으로 볼 수 있다. 괴델의 정리는 어떤 프로그램적인 방법도 모든 진실을 만들어 낼 수는 없다는 것을 의미한다.

어떤 메시지의 복잡성은 어떤 수신자 '김'이 그 메시지의 전체 의미를 추측하는 데에 필요한 최소한의 정보의 비트 수이다. 아주 간단한 이론은 낮은 복잡성을 가질 것이고, 정교한 이론은 높은 복잡성을 가질 것이다. 어떤 이론도 모든 것을 증명할 수는 없다는 사실에 대해 괴델의 정리로 설명하였다.

컴퓨터는 순차적, 연못 시스템은 한 번에

CD는 레이저 광선으로 읽혀지는 비트들을 사용하여 디지털적으로 소리를 저장한다. 30분 길이의 음악은 CD의 30억 비트를 필요로 한다. 괜찮은 크기의 컴퓨터는 1초에 1백만 번 정도의 연산을 수행한다. 연못과 컴퓨터의 차이점 중 하나는, **컴퓨터는 순차적으로 한 번에 한 단계씩 처리하는 방식으로 작동하지만, 연못과 같은 시스템은 많은 것을 한 번에 처리되는 것처럼 보인다는 점이다.**

어느 환자는 의사로부터 "허리는 복잡한 기관이어서 제대로 치료하려면 시간이 걸리고 인내심이 필요하다"는 말을 들었다. 제대로 하는 것이 중요하다. 임시변통의 손쉬운 해결책을 '퀵픽스'라고 부른다. 그 반대는 슬로픽스다. 우리 모두 즉각적인 효과를 기대하는 경향에 중독되어 있다. 경영학 교수 간돌피는 30년에 걸친 연구에서 "전체적으로 다운사이징의 금전적 효과는 마이너스다"라고 말했다.

도요타는 안돈 루프 당기기를 중단하고 세계1위 자동차 생산을 하자 1천만 대가 넘은 리콜 사태를 초래했다. 1992년 이래 영국의 프로축구 감독의 평균재임기간은 3.5년에서 1.5년으로 짧아졌다. **황금률은 "사전계획과 준비가 형편없는 성과를 예방한다"는 법칙**인데 이를 위반하면 결과가 좋지 못하다. 퀵픽스는 증상을 다스리고 슬로픽스는 원인을 다스린다.

"언 발에 오줌누기"라는 속담이 퀵픽스를 표현한다. BP의 시추선 사고, NASA의 우주선 사고 등은 퀵픽스로 인한 것이다. 헨리 포드는 "생각하는 것은 일 중에서도 가장 힘든 일"이라고 말했다. 낙관주의 편향, 익숙한 해결책을 좋아하는 '아인슈텔룽 효과', 변화를 싫어하는 성향, 현상유지 편향, 실수를 인정하기 싫어하는 성향, 터널시야, 확증편향 등은 퀵픽스를 부추기는 요인들이다.

심리학자 대니얼 카너먼은 "우리는 직관을 따르는 지도자를 선호하는 성향이 있다"고 말했다. 대중은 빠른 결정을 선호한다. 자기계발서는 대부분 빠른 해결책을 제시하는데 거의 효과가 없다. 항공기 사고에서 "내 탓이오"라는 태도는 드물다. 실수를 명백하게 밝히는 것은 어려운 일이지만 제대로 하는 첫걸음이다. 소송 위협, 책임을 지지 않으려는 성향 등이 "내 탓이오"라는 태도를 막는다. 강한 기업도 큰 실수 하나로 비틀거릴 수 있다. 도미노 피자는 회사의 캠페인이 큰 폐해를 가져온다는 것을 시인하였고 결국 고객과의 관계가 다시 회복되었다. 사과, 자기책임을 인정하는 것은 중요하다.

논리적인 수직사고, 수평사고는 여러 생각

1918년 노벨물리학상을 받은 막스 플랑크는 “창의적인 과학자에게는 예술적 상상력이 필요하다”라고 말했다. 에드워드 드 보노의 ‘수평사고’는 논리적 사고를 하는 수직사고에 대비되는 것으로 여러 아이디어를 생각해내는 개념이다. 우리는 개별행위자의 역할을 지나치게 강조하고 상황은 충분히 강조하지 않는 경향 즉 근본적 귀속오류의 경향이 있다. ‘T형 학습모델’이란 한두 분야에 깊이 들어가면서 다른 많은 분야들도 폭넓게 검토하는 연구방식이다.

크라우드소싱은 많은 사람들의 의견을 모아 해결책을 추리는 방식이다. 1714년 영국에서 ‘경도를 계산하는 실용적인 방법을 발명하는 사람에게 상금 2만 파운드를 지급한다’는 법을 시행했다. 50년 뒤 존 해리슨이 정확한 시계를 발명하여 우승을 차지했다. 목수 아들이었던 해리슨은 독학으로 시계제작법을 배워 해결책을 제시한 것이다.

최상의 해결책들은 종종 전문분야들의 경계나 외부에서 활동하는 사람들에게서 나온다. 개인 각자의 가능성도 무시할 수 없다. 피카소는 “위대한 고독이 없이는 어떤 진지한 작업도 가능하지 않다”라고 말했다. 개인의 아이디어가 매우 중요하며 균형이 필요하다. 작은 부분을 꼼꼼히 챙기는 태도와 전체론적이고 장기적인 사고가 슬로씽킹의 필수요소라는 사실이다.

스칸디나비아항공의 얀 칼슨은 1981년 최고경영자가 되어 직원들에게 스스로 알아서 문제를 처리할 권한을 부여했고 그 효과는 회사가 최고의 기업으로 나아가는 동력이 되었다. 사람들은 퀵픽스를 찾도록 조건

화되어 있다. 이 경향을 타파할 아이디어가 필요하다. 문제해결에 참여하는 사람들에게 참여감을 느끼게 하는 것, 정서적 인정욕구를 충족시키는 것은 중요하다. 충분한 시간을 확보하여 더 많이 경청하는 것이 필요하다.

사람들의 마음을 움직여 어떤 일을 하게 하는 것이 슬로픽스의 핵심이다. 놀이는 좋아하는 인간의 성향을 이용하는 것도 한 방법이다. 게임은 타성을 극복하는 데도 도움이 된다. 아인슈타인은 "창의성을 자극하려면 아이같이 유희를 좋아하는 심성을 길러야 한다"고 말했다. 구글은 20% 법칙으로 근무시간의 20%를 오로지 직감을 추구하고 사적인 프로젝트에 몰두하도록 권한다. 계속 굴리고 굴려서 임계점을 통과할 때 좋은 아이디어가 나온다.

디지털 빠른 속도보다 여유롭게 생각하는 아날로그

핵물리학의 아버지 어니스트 러더퍼드는 "돈이 없으니 생각을 해야만 한다"라고 말했다. 슬로씽킹은 항상 똑똑한 투자다. 슬로씽킹에 숙달되기 위해서는 좀더 합리적인 속도로 살아야 한다. 디지털의 빠른 속도가 필요한가? 약간 여유를 가지고 생각하는 아날로그도 필요하다는 사실이다.

시스템학습법은 기본이 10회 학습인데 어떤 독자는 "이 바쁜 세상에 책을 왜 10번이나 학습합니까? 좀더 간단하고 빨리 끝내는 것이 좋은 것 아닌가요?"라고 묻는 일도 있었다. 학습을 통해 지식과 깨달음을 얻어 그 확실한 지식을 오래 자신의 실력으로 간직하고 싶은 분들이 바로 시스템학습자들이다. 핵물리학의 아버지 어니스트 러더퍼드는 "슬로씽킹은 항상 똑똑한 투자다"라고 말했다. **시스템학습법은 독자에게 가장 똑똑한 학습법임을 깨달아야** 한다.

디지털적 사고는 매우 초보적인 단계에 있다. 아날로그 혁명을 준비할 때이다. 추상적인 개념의 대표적인 것이 수이다. 뉴턴과 라이프니츠는 미분적분법을 발견하였다. 인도의 사원에는 876년 영과 십진법을 사용했다는 기록이 분명히 있다. 기원825년 페르시아의 수학자 알 콰리즈미는 대수학 책을 썼고 그의 이름은 '알고리즘'으로 전해졌다. 1202년 이탈리아의 피보나치는 '산법서'를 저술했다.

이진법은 라이프니츠가 제안하였고 영국의 조지 불이 1854년 '생각의 법칙'이라는 책을 통해 이진법의 논리 대수학을 개발했다. 1585년 플랑드르의 수학자 스테빈은 십진법을 이용하여 수학적 시도를 하였다. 미국의 토머스 제퍼슨은 십진법을 도입하고자 하였으나 의회에서 한 표 차이로 부결되었다. 고대 바빌로니아는 60진법을 사용했다.

31.14는 자연수가 아닌 소숫점을 사용한 소수이다. 소素수는 진약수가 1뿐이다. 그리스에서 기원전581년 태어난 피타고라스는 질서와 조화와 진리를 추구했다. 유클리드(기원전330-275)는 '기하학 원론'을 저술했다. 그리스에서 자유교양과목은 기초3학이 문법, 논리, 수사이었고, 상급4과목이 산술, 기하, 천문, 음악이었다. 플라톤은 아카데미를 세워 "기하학을 모르는 이는 들어오지 말라"고 입구에 써놓았다.

중국의 '구장산술'에서 빗변을 현, 짧은 변을 구, 긴 변을 고라고 하였다. 구고는 직각삼각형을 뜻하기도 했다. 르네 데카르트(1596-1650)는 1637년 '방법서설'을 저술하고 평면에 좌표계를 도입하여 기하학에 중대한 진전을 이루었다. 수학은 공통으로 들어있는 변화하지 않는 성질, 그 바탕에 깔려있는 정신이 순수하다는 것이다.

주파수를 귀로 받아들인 것을 음고라고 하고 음들의 차이를 음정이라 한다. 음악이란 반복과 변화의 어울림이다. 기준 음의 주파수를 1이라

하면, 한 옥타브 높은 음의 주파수는 2이고, 반음정 높은 음의 주파수는 $2^{1/12}$, 온음정 높은 음의 주파수는 $2^{1/6}$이다. 이와 같이 음고를 정한 것을 평균율이라 한다.

로그함수란 곱셈을 덧셈으로 바꾸는 함수를 뜻하며 빛의 밝기, 소리 크기 등을 로그함수로 표현한다. 네이피어가 로그함수를 발견했다. 사인곡선은 파도가 너울거리는 것이나 현이 진동하는 모습이라 볼 수 있다. 프랑스의 푸리에는 주기적으로 반복하는 함수는 삼각함수의 합으로 나타남을 발견했다.

아날로그가 저급함이 아니고 이해하지 못하고 있다

아날로그가 저급함을 의미하지 않는다. 아직도 인류는 아날로그를 완전히 이해하지 못하고 있다. 진동의 전달은 공명의 과정이다. 물체는 고유의 진동 즉 스펙트럼을 가지고 있다. 수학은 '생각하는 사람', '깨친 사람'이 되는 방법이다.

두 팀이 짝을 지어 이긴 팀을 정하고 이긴 팀들끼리 둘 씩 짝을 지어 다시 이긴 팀을 가리는 방법으로 결승전까지 가는 방법을 토너먼트라고 한다. 합리적이라는 것에 대한 견해는 사람마다 너무나 다르다. 마르크스는 "능력에 따라 일하고, 필요에 따라 분배받는다"는 말을 했는데 이를 실천하기는 쉽지 않다.

수학에서 어떤 개념을 정의할 때는 매우 조심스럽다. 선택법을 적용할 때 '랜덤 프로세스'는 기독교에서 '주님의 뜻대로'라고 하는 방식이다. 독일군 암호를 영국의 튜링이 풀어서 2차세계대전에서 승리했다. 일본은 1937년부터 퍼플암호기를 사용하였는데 미국의 윌리엄 프리드먼이 암호해독법을 적용해 일본 암호를 1940년에 해독하였고 미국이 승전하는 공을 세웠다.

디지털 단점은 우리가 접속 연결된다는 점

디지털 세상에서 삶이 갈수록 바빠진다는 사실이다. 디지털 도구는 유용하며 삶을 풍요롭게 한다. 디지털의 단점은 우리가 접속하고 연결된다는 점에 있다. 더 올바르고 행복한 삶은 과거에 있다는 것이다.

많은 사람들이 스크린에서 눈을 떼지 못한다. 깊이는 체험하고 지각, 감정, 이해의 폭이다. 깊이 있는 경험이 중요하다. 아인슈타인, 디킨슨, 루서 킹 등 뛰어난 사람들은 재능에 깊이를 부여했다. 그들은 **사고를 통해 깊이를 더했기 때문에 위대한 특성**을 보여주었다. 디지털 기술은 사람들을 더 바쁘게 만드는 원인이다. 스크린은 연속적인 집중력을 방해한다.

우리는 휴대폰에 저장된 엄마와 아들의 사진을 보면서 느낌을 얻는다. 디지털 도구는 활용도가 높아지고 있다. 네트워크는 끊어지지 않아야 한다는 근거 없는 믿음으로 우리는 시간의 공백이 가진 중요성을 간과하고 있다. 시간의 공백은 마법의 핵심이다. 한국이 전세계 1위의 인터넷 보급률을 자랑하는 것은 온라인 게임에 많은 사람이 빠져 있기 때문이다.

지금 우리가 보여주는 기술에 관한 철학은 "커넥팅은 좋으며 디스커넥팅은 나쁘다"라는 문장으로 요약된다. 우리는 모두 디지털 맥시멀리스트들이 되었는데 문제가 없는가? 어느 사람이 휴대폰이 침수되어 못쓰게 되었는데 그것이 '번거로운 동맹'에서 해방되는 기쁨을 주었다. 혼자 있는 것을 견디지 못하는 사람은 자신이 성인이 되었다는 것을 모르는 사람이다.

1980년대 후반 디지털 시대가 시작되었다. 디지털 중독은 첫째, 개인의 내적인 삶 둘째, 개인의 인간관계 셋째, 집중하는 못하는 조직의 문제로 나타난다. 디지털 기술은 과도한 정보 홍수, 심리질환이나 행동장애를 유발하는 부작용을 가져왔다.

창조성은 시간과 정신 여유가 있을 때 발휘

정신과 의사 에드워드 할로웰은 '주의력결핍장애'를 디지털 기술이 가져왔다고 말한다. 이는 산만함, 초조함, 재촉, 충동적인 의사결정 등으로 나타난다. 컴퓨터와 달리 인간의 마음은 의식의 전환에 시간이 오래 걸린다. **디지털 기술은 인간의 창조적 사고를 방해한다.** 인간의 뛰어난 창조성은 시간과 정신적 여유가 있을 때에만 발휘된다. 효율성, 생산성을 높이기 위해 개발된 디지털 도구가 반대 결과를 초래하고 있다. 리서치 기업 '바섹'의 한 연구는 "직원들이 입무에 방해되는 요소를 처리하느라 하루의 1/4 이상을 허비한다"고 밝혔다.

언론도 정보의 범람을 조장한다. 집중력이 일단 흐트러지면 다시 업무에 복귀하는 데 대략 30분이 걸린다. 디지털 도구로 노동력을 줄이겠다는 가정 자체가 잘못되었다는 점이다. 해결책의 공통적 목표는 분별 있는 일과 생활이며 분주함은 문제를 초래한다. 문제를 일으키고 있는 것은 스크린이다. 구글의 최고경영자 슈미트는 "공백을 창조해야 한다"고 조언한다. 이 공백은 스크린을 꺼야만 얻을 수 있다.

소크라테스는 대화만이 지혜와 행복에 닿을 수 있는 유일한 방법이라고 확신했다. 그보다 40세 정도 젊은 제자 플라톤은 물리적 거리를 두는 방법을 제안했다. 플라톤은 군중과 물리적 거리를 둠으로써 많은 것을 얻을 수 있다고 생각했다. 소크라테스는 "어리석은 자는 다른 사람을 앞지

르기 위해 무질서하게 돌진한다"고 말했다.

디지털 기술 자체가 분주함을 조장

디지털 기술 자체가 분주함을 조장한다. 인간에게는 일, 가족, 우정, 사고, 독서 등이 중요하다. 로마의 철학자 세네카는 로마 시민들의 "이 책에서 저 책으로 대충 훑어보기만 하는 독서는 아무 도움이 되지 않는다"고 생각했다. 이는 분주함에 굴복하고 피상적인 것만으로 삶을 채우는 것이었다. 분주함은 디지털 도구의 맥시멀리즘의 결함을 드러내는 것이다.

1455년 구텐베르크는 최초로 성경을 인쇄했다. 오늘날 전자책은 텍스트와 디지털 세상을 왔다 갔다 할 수 있어 집중력을 분산시킨다. 종이수첩은 디지털 세상과 연결되어 있지 않다는 점이 장점으로 혼란스러운 세상을 통제하는 수단이다. '월스트리트' 저널은 "직원들은 하루라도 이메일을 확인하지 않는 것을 못견뎌했다"라고 보도했다. 디지털 기술이 직장을 전쟁터로 만들었다는 것이다.

벤저민 프랭클린은 13가지 덕목을 끊임없이 실천하고자 하였고 그것이 그의 건강과 재정적 성공에 큰 기여를 했다. 프랭클린의 힘은 마음의 평정으로부터 나왔다. 오늘날 확신의 중요성을 경시하는 태도는 문제다. 긍정적인 제도와 규칙은 내적 신념을 기초로 한다. 1845년 27세의 소로는 친구이자 멘토인 왈도 에머슨 소유의 월든으로 거처를 옮겼다. 소로는 자연주의자였고 기술에 관심이 많아 새로운 기술을 개발하기도 했다.

캐나다 출신 영문학자 맥루한은 디지털 시대가 도래할 것을 예언했다. 그는 디지털 시대는 주의력 결핍, 인터넷 중독이 성행할 것임을 알았다. 혼자 있는 법을 배우는 것은 중요하다. 물리적 실체가 있는 신문은 의식을 고요히 가라앉혀 준다. 고요하고 차분하게 생각할 수 있는 것은 매우 중요하다.

디지털 음악은 편리함과 압도적인 우수성이 있다. 아날로그인 레코드판으로 듣는 음악은 더 큰 만족감을 준다. 하나의 레코드판을 찍어내는 데 약30초가 걸린다. 전체의 약20%는 불합격 판정을 받는다. 그 공정은 표준화가 불가능하다. 디지털화는 편리함의 극치이고 LP는 경험의 극치이다. LP레코드판에는 많은 결점 즉 스크래치, 보관공간 필요, 햇볕에 휘어짐 등의 결점이 있다.

소니는 1979년 워크맨을 출시하였고 4년 뒤에는 CD를 출시했다. 1978년 레코드판은 미국에서 3억4천만 장이 팔려 최고기록을 세웠다. 2006년 LP레코드판은 전 세계적으로 총300만 장이 팔리고 미국에서는 90만 장이 팔렸다. 2007년에 디지털 사운드의 불법 다운로드가 성행하였고 LP앨범은 99만 장에서 2015년 1,200만 정으로 증가했다. MP3의 능장으로 CD가 타격을 입었다.

그 사이 레코드판의 단점들이 이제는 매력 요인이 되었다. 현재 전 세계적으로 40개 이상의 레코드 공장이 풀가동 중이다. 전 세계에서 턴테이블 판매량은 연간500만 개 정도로 추산된다. LP는 가격이 도매가가 10-12달러인데, CD는 6달러다. 레코드판 구입자들은 가격에 민감하지 않다.

스트리밍 서비스로 동전을 번다면 LP로는 지폐를 버는 셈이다. 스트리밍 서비스업체인 알디오가 이익을 내지 못해 파산했다. 디지털 뮤직은 아날로그 사운드의 웨이브를 디지털 방식으로 변환하며 그 과정에서 많은 정보와 사운드를 희생한다. 2000년대 초에 디지털로 녹음한 음악은 업계 표준이 되었다.

즉흥적인 연주는 아날로그에서만 가능

자생적이고 즉흥적인 연주는 오로지 아날로그 스튜디오에서만 가능하다. 기타 솔로를 59번이나 연속적으로 연주시켜 잘 나온 부분들을 짜깁기하여 디지털 음악이 완성되었는데 위대한 가수들의 목소리가 오토톤으로 바뀌었다. 2015년 최고로 꼽은 두 장의 앨범도 모두 아날로그로 녹음된 것이다. 뛰어난 밴드의 라이브가 번갯불이라면 아이팟은 반딧불이다.

종이노트는 아날로그적인 물건이다. 종이는 아날로그 기술이다. 종이수첩업체인 몰스킨 노트 회사는 수익성 있는 회사다. 디지털 기술은 표준화를 요구하고 아날로그 기술은 상상력, 창의성이 요구된다. 노트는 부팅시간, 프로그램 지정, 동기화, 저장된 파일복구 등이 필요 없이 즉시 노트에 기록하면 된다. 아날로그 산업에 혁신과 이윤 창출의 엄청난 잠재력이 있다는 사실이다. 아날로그 명함이 성공하는 이유는 불필요한 소음을 제거하기 때문이다.

폴라로이드는 2002년, 페라니아는 2003년, 아그파는 2005년, 코닥은 2012년에 파산신청을 했다. 전 세계적인 35밀리 필름이 시장 규모는 매년 1억 통 정도로 안정되어 있고 시장은 10억 달러 규모이다. 정서와 관련된 모든 단어는 아날로그 영역에 있다. 디지털 영역은 모두 완벽하게 속도에 관한 단어들이다.

아날로그 카메라는 사는 사람들은 셔터 소리를 들어보고 매력을 느낀다. 어느 기자는 디지털 카메라로 1만5천 장 이상 찍었는데 인화한 것은 극히 일부였다. 디지털 카메라로 사진을 찍는 것은 간단하지만 그 후 편집을 하고, 포맷을 정하고, 사진들을 골라내고, 싸게 인화할 곳을 찾고, 레이아웃을 결정하고, 또다시 포맷을 정하고, 또다시 편집을 하는 일 등 엄청난 일들이 수반된다.

즉석사진은 디지털과 아날로그의 장점을 모두 갖는다. 폴라로이드는 1분 내에 26가지 요소가 빛에 노출되면 화학현상을 일으킨다. 디지털로 깔끔하게 현실을 재현할 수 있지만 그런 재현이 우리가 원하는 바는 아니라는 것이다. 인스탁스는 1998년 일본에서 후지필름과 폴라로이드 간에 제휴하여 만든 즉석카메라로 사업을 시작했다. 인스탁스는 매출이 감소하였다가 호전되면서 2007년 이후 계속 성장하고 있다. 2015년에도 성장할 것이 예상된다. 후지필름의 디지털카메라 매출이 스마트폰 때문에 급감했는데 인스탁스 덕분에 흑자로 전환했다.

보드게임과 카드게임은 디지털 때문에 망하지는 않았다. 테이블 게임은 디지털 세상과는 동떨어진 고유한 사회적 공간을 만들어낸다. 아날로그 게임은 다층적 인지 수준에서 벌어지기 때문에 좀더 풍부한 경험으로 이어진다.

디지털 간행물보다 인쇄 간행물을 제작하고 유통하는 비용이 비싸다. 온라인 제품보다 인쇄 제품이 더 빨리 사람들에게 알려지고 눈에 띈다. 디지털이 배포에는 유리하지만 수익 모델은 불확실하다. 디지털 미디어들은 버는 돈보다 쓰는 돈이 더 많다. 인쇄 광고는 디지털 광고보다 높은 신뢰도가 있고 디지털 광고보다 인쇄 광고를 더 오랫동안 보게 된다.

잡지 광고가 1달러라면 디지털 광고는 20센트이다. 대부분의 인쇄 미디어들은 몇 달러에 사야 하지만 디지털 미디어들은 공짜다. 종이로 읽는 것은 자연스러운 행동이다. 인쇄된 종이에는 낭만이 있고 촉감이 느껴지고 아름답다. 뉴욕타임스의 종이 독자들은 디지털 독자보다 신문을 더 오래 읽었다. 종이에 인쇄된 것을 읽고 소화하는 경험과 디지털에서 읽는 경험은 비교할 수가 없다.

지난 20년 동안 미국에서는 수천 개의 서점이 문을 닫았다. 인터넷 서점 아마존 때문이다. 2009년에 서점들의 숫자가 다시 늘러났다. 편리함과 가격은 온라인 유통의 경쟁력이다. 경험을 전달하는 것은 오프라인 매장의 강점이다. 홀푸즈 매장은 사람들로 가득하다. 오프라인 매장은 둘러보기 위한 외출이다. 가장 단순한 구멍가게조차 어떤 웹사이트보다도 풍부한 브라우징 경험을 선사한다. 전자상거래로 이윤을 내는 것은 엄청나게 어렵다.

매장에서 쇼핑하는 사람들이 온라인 쇼핑객보다 많은 시간과 돈을 소비한다. 반송은 매장 구매보다 온라인 구매에서 더 빈번하다. 배송은 온라인 매장의 문제점이다. 매장은 상거래 장소라기보다 시간을 보내는 곳이다. 전자상거래의 판매상은 구매자와 개인적인 깊은 관계를 맺을 수 없다.

아날로그인 인간 유연 정신력, 숙련 실력은 큰 가치

디지털 경제는 범위가 넓고 몹시 불완전한 용어다. 실리콘밸리에는 주택가격이 비싸 노숙자가 많다. 경기 대침체의 가장 직접적인 원인은 악성 부채였다. 산업계의 자동화, 기계화는 노동자의 기술을 발전시키지 못하고 고용율도 저하시킨다. 인간의 유연한 정신력, 숙련된 실력은 큰 가치로 나타날 수 있다. 디지털 기술은 일자리 창출에는 선택적으로 작은 역할만 했을 뿐이다. 컴퓨터는 적은 수의 사람들만으로도 일을 가능하게 한다.

디지털 경제가 일자리 창출에 실패하는 가장 중요한 이유는 노동력을 최소화하는 것이 목표이기 때문이다. 디지털 기술은 특화된 직업과 숙련도 낮은 일자리 두 가지 분야에만 일자리 창출을 한다. 디지털로 무장하고 성장 중인 온디맨드 경제는 약간의 단편적인 일자리를 제공한다. 아날로그 산업은 일자리를 늘리며 고객의 정서적 부분을 만족시킨다. 아날로그는 현명한 비즈니스가 된다.

디지털로 인한 일자리 붕괴를 해결해줄 방법은 거의 없다. 오프라인 학교는 깊은 사회적 유대를 형성할 수 있다. 디지털에 근거한 교육은 성과를 내지 못했다. 아날로그 교육은 체험과 정서적 교감에 근거하기에 인간에게 맞는 교육이다. 디지털에 근거한 교육은 수학과 읽기, 쓰기 성적을 향상시키는 데 효과를 내지 못했고 학업 성취도에 도움이 되지 않았다.

디지털은 시간과 에너지 소모, 아날로그는 변화 가능성

학교에 테크놀러지를 도입하려면 많은 부담이 따르면 그 설비를 유지하고 보수하고 대체하는 데에 계속 비용이 들어간다. 디지털 기술은 시간과 에너지를 소모시킨다. 아날로그적 사고와 도구들이 변화를 가져올 가능성이 훨씬 크다. 디지털 기자재보다 더욱 중요한 것은 교사의 교수법이다.

창의력, 독창적 사고는 디지털과 관계가 없다. 아날로그 방식은 공감, 감성적 접근을 더 훌륭하게 이룰 수 있다. 학급 관점에서 최종 결과물은 글쓰기와 의사소통 기술로 수렴하며 가장 좋은 것은 아날로그다. 인공지능에 의거한 시도는 성과를 내기 어렵다. 인공지능 과정을 온라인으로 교육하는 과정도 결국 참여율과 성과가 저조했다. 가르침과 배움은 교사와 학생 사이의 관계이며 이는 아날로그이다.

스티브 잡스는 자녀들이 아이패드를 갖고 놀지 못하게 했다. '와이어드' 저자 크리스 앤더슨은 아이들의 테크놀로지 이용 시간에 제한을 두었다. 아날로그 관계란 진짜 관계로 맺어진 강력하고 인간적인 관계이다. 디지털 직장은 마찰 없는 공간, 아날로그 세상은 모든 것이 마찰로 이루어진다. 많은 디자이너들이 아이디어가 있을 때 메모지만큼 우수한 것이 없다고 말했다. 디지털은 침입에 취약하다. 보안은 아날로그 방식이 더 뛰어나다.

아날로그는 현실 원본, 디지털은 현실 아니다

디지털 방식은 명확하다. 아날로그 방식은 근삿값 계산에 의지하며 에너지 소모가 적고 복잡한 미래 기술이다. **아날로그는 현실이고 원본이지만 디지털은 현실이 아니다. 인간은 아날로그 존재들이다. 아날로그 방식은 즐거움이 있고 이윤이 높으며 훨씬 깊은 방식으로 사람들을 연결시켜준다.**

로봇공학 등의 발전으로 많은 직종의 인간 노동이 위협을 받는 상황이 있다. 컴퓨터는 자율주행차를 운행하고 IBM의 컴퓨터 왓슨은 인간 체스 챔피언을 이겼다. 인간의 가장 중요한 역할은 사회적인 부분으로 공감은 중요한 요소이다. 타인과 교감하고 공감하는 능력은 인간에게만 있다. 의사가 환자와 대화하고 공감하는 것이 중요한 능력이다. 다른 사람의 기분을 파악하는 능력도 중요하다.

텔레비전도 공감 능력의 쇠퇴에 일조한다. 공감은 컴퓨터의 본성이 아니다. 인간은 공감에 굶주려 있다. 공감은 모든 문제의 답이 된다. 인간적인 상호작용의 놀라운 효과였다. 사회적인 요인이 훨씬 영향력이 컸다는 것이다. 사회적 민감성은 큰 의미가 있는 요인이었다. 유능한 집단을 만드는 가장 중요한 요인은 깊이 있는 인간의 상호작용 기술이라는 것이다.

사회성 기술은 '아이디어 흐름'을 활성화한다. 인간은 '흉내내기' 본능이 있으며 공감과 신뢰를 쌓으면 엄청나게 큰 영향을 받는다. 사회적 신호들 대부분은 디지털을 활용한 의사소통에서는 얻을 수가 없다. 놀라운 변화를 만드는 건 우리가 늘 관계 맺어온 실제 세계에서 나온다.

연구에 의하면 남에게 베푸는 행동은 높은 생산성과 효율, 수익, 낮은 비용, 높은 고객만족을 가져온다는 것이다. 사회적 유대는 팀의 수행능력을 향상시키는데 주요한 요인은 사회적 민감성이었다. 협조적인 자세와 관용, 이타적으로 대하는 의지는 사회적인 성향을 촉진한다. 모든 사회가 이야기를 활용한다. 직접 전달하는 이야기가 가장 효과적이다. 이야기를 듣게 되면 뉴런의 일치 현상이 일어나고 공감이 일어난다. 이야기를 전달하는 것은 창조적인 활동이다. 가치 높은 창작 활동은 인간의 영역이다.

항공회사 사우스웨스트는 40여 년 동안 흑자를 기록해 왔는데 회사 안팎에서의 인간적인 상호작용이 활발했기 때문이다. 구글도 인간적인 상호작용을 중시한다. 비판적 사고, 명확한 의사소통, 복잡한 문제해결 능력은 고급 인문학에서 배우는 기술들이다. 가치가 높은 인력은 기술적인 지식에 인문학 교육을 바탕으로 쌓은 능력과 감성을 더한 사람이다.

참·고·자·료

다음 저자 저서와 연구자료를 참고하였고 그외 자료도 참고했음.
루디 러커 산호세주립대학 수학과 컴퓨터과학 교수
칼 오너리 기자
김홍종 서울대학교 수리과학부 교수
윌리엄 파워스 하버드대학교에서 역사 전공
데이비드 색스 캐나다 저널리스트
제프 콜빈 포춘 편집장
IBM 정보 이론가 그레고리 카이틴

8장. 다양하고 유연한 학습 현장

학습 관련 발언 등 모음

- 프로젝트 책임자는 우선 박학다식해야
- 창조적인 돌파구는 직관적인 비약에 의해 이루어지는 일이 많다
- 우뇌는 부정적, 감정적, 좌뇌는 긍정적, 논리적, 두 관점을 모두 고려해야
- 새로운 것은 2개의 이질적인 것을 통합함으로써 생긴다
- 융통성은 창조적인 사고에서 결정적인 역할
- 사고란 결국 기억한 심상을 가공하여 다시 배열하는 작업
- 불명확한 사회에서 지혜, 용기, 능력이 있더라도 예기치 않게 실패할 수.
- 퍼지성은 2진법이 아니라 회색의 농도인 아날로그를 의미한다
- 두뇌는 퍼지 집합들로 가득 차 있다
- 모든 인간의 두뇌는 능력 차이가 없다는 것이다.
- 성공지능은 분석적, 창조적, 실천적이라는 3측면
- 학습을 통해 의미와 핵심 개념을 깨닫고 활용하는 것이 학습의 가치
- 성공지능인은 합당한 모험만 강행하는 것
- '성장 마인드'는 시스템학습에 몰두하는 모두에게 해당되는 것
- 재능도 중요하지만 노력은 그 두 배로 중요하다는 사실
- 교토기업인들은 '반골정신'과 '비판적 정신'이 두드러진다.
- 교세라, 호리바제작소 등은 실력과 정신력 향상을 가치 있게 생각한다.
- 그 수단으로 학습을 중시하는 것이다.
- 학습 자체를 여유를 가지고 즐기는 자세가 시스템학습

- 더 중요한 것은 적당히 마음을 여는 것
- 냉정함을 되찾을 수 있을 때 마음이 안정
- 결과지향적으로만 사고하면 인생 즐거움이 사라진다
- “목적이라는 것은 과정에서 전개되고 반영되어야 한다”라고 말했다
- 시스템학습법은 비교하거나 경쟁 않고 자기 향상에 전념
- 성과란 학습에 달려 있는 것이고, 학습은 내적 동기에 영향 받는다.
- 학습은 내적 힘을 갖게 해주고 삶을 유연하게 해준다.
- 수많은 업적들은 조용하고 이지적인 사람들에게서 탄생했다
- 뛰어난 사람들 공통점은 ‘혼자 연습하기’를 매우 좋아했다는 것
- 가장 성과가 좋은 투자자들은 감정적으로 안정된 내향적인 사람들
- 워렌 버핏은 “투자에서 성공은 충동을 억제하는 기질이다”라고 말했다

이 장에서는 다양한 상황에서 유연한 학습이 필요하다는 점을 강조하고자 한다. 기원 2–3세기에 있었던 중국 삼국시대에 조조는 '간웅' 또는 '간적'으로, 한편으로는 '영웅'으로 평가받았다. 조조는 '교활함', '지혜로움'을 다 갖고 있었다. 조조는 '인재를 볼 줄 아는 안목'이 높았다고 평가된다. 그는 실천력이 강했고 역사서를 비롯한 많은 책을 읽은 사람으로 소양과 문학적 깊이가 촉의 유비나 오의 손권보다 높게 평가받는다. 조조는 기개와 도량이 있었다. 조조는 정치적, 군사적, 문학적 재능이 탁월했다.

유비는 백성과 군사를 편안하게 다스렸고 인의를 베풀었다. 조조는 유비를 영웅으로 생각했고 용기와 담력이 있다고 평가했다. 유비는 책략가로 평가되었고 군사재능도 있었다. 유비는 '삼국지연의'를 지은 나관중의 호의를 받았다. 유비는 책읽기를 그리 좋아하기 않았다. 유비는 교활하고 뒷심이 부족했다고 평가되었다.

위, 촉, 오나라는 조조, 유비, 손권이 통치했다. 역사가 진수는 '삼국지'를 썼는데 소설가 나관중보다 객관적이었다. 진수의 '삼국지'에서 조조를 "통치자로 도량이 크고 관대하다"고 높게 평가했다. 나관중의 '삼국지연의'에 쓴 글은 상당수가 정사에 없는 내용이다. 진수는 조조를 "비상한 사람이고 웅걸이다"라고 평가한다.

조조와 유비 두 사람만 보더라도 다양한 평가

조조와 유비 두 사람만 보더라도 다양한 평가가 나온다. 각자 장점과 단점이 있다는 사실이다. 이들의 장점과 단점에서 우리가 유념해야 할 점을 취사선택해서 우리의 교훈으로 삼아야 할 것이다. "100% 부정"이나 "100% 긍정" 둘 다 문제가 있다.

이 장에서 제시되는 내용들은 유연한 관점으로 보고 다양한 관점이 있을 수 있다는 점도 고려해야 한다. 우리 시대는 불명확한 사회 즉 퍼지적 사회이고 혼란함도 있는 세상이다. 학습하는 사람은 학습하면 할수록 시야가 넓어지고 삶의 깊이가 깊어지기 때문에 삶에 여유를 갖게 된다. "독단적, 편협적, 도 또는 모"라는 방식은 타당성이 적은 방식이다. 독자에게 삶의 여유와 유익이 되기를 바란다.

모든 인간은 불완전하며 실패에 직면하고 있다. 내가 시스템학습법을 중학1학년 때에 실천하기 시작했을 때 이론도 없이 단순한 시스템학습법의 원시 형태이었을 때 실패할 가능성이 분명 높았다. 실패한다면 어떤 결과를 볼 것인가? 큰 손해가 초래할 것인가? 쪽박을 찰 것인가?

프로젝트 98% 실패, 2% 성공

이토가와 히데오는 전투기설계사, 로켓연구, 우주과학기술과 조직공학연구소를 설립해 운용했다. 그는 도쿄대학에서 26년간 교수직에 있었다. 히데오의 창조성 공학은 논리적인 면 외에도 정서적인 면을 중시한다. 새로운 것을 창출할 경우 무엇보다도 현재 팔리고 있는 것, 현재 사용되고 있는 것의 분석이 이뤄져야 한다. 신기술개발에서 이 실패연구가 빠져 있었다. '냉철한 이상가'가 되는 것이 중요하다. 과학적인 분석이 있다는 것이 히데오가 주장한 창조성 공학의 특징이다.

히데오는 "대부분의 프로젝트에서 98%는 실패, 2%가 성공했다"고 단언했다. **프로젝트 책임자는 우선 박학다식해야** 한다. 냉철한 이상가가 되어야 한다. 요점만 잡아서 쓰는 능력, 요점을 말하는 능력이 필요하다는 것이다. 프로젝트는 혼자서 생각하는 것보다 둘이서 생각하는 것이 좋다. 서로 간에 다른 생각을 교환하면서 좋은 결과가 될 수 있다는 것이다.

성공만을 강조하는 것은 실패가능성을 높여주는 요인이며 사기꾼의 특징인 것이다. 히데오는 30장의 슬라이드를 준비하여 한 장당 1분씩 설명시간을 갖고 실패할 가능성에 대한 30항목을 이야기했다. 그는 실패할 경우를 대비하여 대책을 세워둔다. 실패예측을 정확히 할 수 있는 사람은 그만큼 가치 있는 사람이므로 성공할 수 있다.

히데오는 선배들의 실패담을 전부 모아서 성공한 좋은 사례를 보여주었다. **창조적인 돌파구는 직관적인 비약에 의해 이루어지는 일이 많다.** 감정적인 행동의 대부분은 우뇌의 제어하에 있다. **우뇌는 사물을 부정적, 감정적으로 보는 경향이 있고 좌뇌는 보다 긍정적, 논리적으로 본다. 두 관점을 모두 고려해야 한다**는 것이다. 히데오는 그의 독특한 방식을 적용해 결국 전투기설계사, 로켓연구에서 큰 성공을 거두었다,

히데오는 도쿄대 교수였는데 자신감에 차 있었지만 현실을 잘 알고 있었다. 그는 현실에서 성공보다 실패가 더 많다는 사실, 인간의 불완전함으로 인한 실패의 가능성이 높다는 것을 알고 있었다. 인간은 학습이 불완전하기 때문에 이를 감안하여 10회를 학습하는 것이 시스템학습법이다. 학습 실패에 대비하는 지혜인 것이다.

필자가 직장 명예퇴직 후 구입한 책이 4,500권쯤 되는데 단 한 권도 10회를 읽지 않은 것이 없었다는 사실이다. 나는 자신의 불완전함을 잘 알고 있기에 10회 학습하기 전에는 그 책을 "읽었다!"고 말하지 않는다. 그렇게 우직한 것만이 성공의 지름길이라고 확신하기 때문이다.

새로운 것은 이질적인 것 통합함으로

미국의 랜드연구소의 자랑거리는 바로 올터너티브였다. 여러 아이디어를 집합시켜 그 중에서 선택할 것을 고르는 방식이다. 가장 강력한 올터

너티브는 다른 사람의 아이디어이다. **'새로운 것은 2개의 이질적인 것을 통합함으로써 생긴다'**는 것이 푸앵카레의 법칙이다. '꿈을 좇지 않는다'는 사실이 신기술개발에 있어서 가장 중요한 요점이 된다. 모든 실패가능원인을 체크해 두면 성공할 수 있다.

융통성은 창조적인 사고에서 결정적인 역할을 하는 요소이다. 시각적 사고와 언어적 사고는 각각 독립되어 있다는 것을 캐나다 맥매스터 대학의 리 블룩스는 증명했다. 대부분의 사람들은 창조적인 사고를 하는 순간에는 언어를 사용하지 않으며 시각적인 영상과 비슷한 것을 활용한다는 사실이다.

정확성을 존중하는 수학 분야에도 시각적인 사고에 크게 의존하고 있다. 아인슈타인은 "내 사고의 구성요소는 부호와 같은 것으로 이 무의식에 부호와 논리를 대응시키려는 시도가 창조적인 사고의 본질이라고 나는 생각한다"고 말했다.

형식논리학의 시조 아리스토텔레스도 "마음속에 그림이 없다면 생각할 수도 없다"고 말했다. 양자역학의 아버지 막스 프랑크는 창조적인 과학자가 구비해야 할 자질에 대해 "생생한 직관에 의거한 공상력"이라고 말했다. 모차르트는 "많은 악상이 내 머리에 솟아나고 ... 콧노래를 불러보면 자연히 악상이 솟아난다"고 말했다.

사고란 결국 기억한 심상을 가공하여 다시 배열하는 작업이다. 시각은 오감 중에서 가장 정보가 풍부한 감각이므로 시각적인 사고는 매우 중요하다. 세상에서 크게 성공한 사람들은 직관이 뛰어난 사람들이다. 직관력은 의사결정을 내리는 데 중요한 요소이다. 천부적인 영업 센스도 직관과 관련된다. 천부적 감각, 직관은 우뇌의 영역이다.

예일대학 도널드 테일러의 실험결과에 의하면, 논리적 문제에는 좌뇌를, 공간적인 문제에 대해서는 우뇌를 사용하고 있다는 사실이다. 천부적인 창조성이 있는 사람들은 문제에 적합한 쪽의 뇌를 골라 사용하고 있다는 것이다. 고도의 지적 학문인 수학에서는 직관적 사고도 언어사고와의 충분한 상호작용이 있어야 한다.

컴퓨터는 기본적으로 좌뇌의 역할을 한다. 우뇌에는 논리의 비약을 보충하는 창조성과 직관적인 돌파구를 열 능력이 있다. 좌뇌는 한 단씩 쌓아올리는 직렬적인 방법으로 생각하는 경향이 있고, 우뇌는 병렬적인 방법을 사용한다. 우뇌는 감정적인 것을 지배한다.

인간사회는 퍼지적 사회

퍼지적인 것은 회색적이다. 아인슈타인도 역시 회색적인 것에 대해 깊이 생각했었다. 아인슈타인의 말은 과학과 수학의 흑-백 세계에 구멍을 뚫었다. 세상은 다치적이며 회색적이고 퍼지적이다. 과학의 진리는 정도의 문제이다. 인간사회는 퍼지적 사회다. **불명확한 사회 즉 퍼지적 사회에서 아무리 지혜가 많아도, 용기가 높아도, 능력이 있더라도 예기치 않은 일이 닥치면 실패할 수 있다는 현실을 알아야 한다.**

수학자들은 '기회'와 '무작위성'의 수학적 이론인 확률론을 덧붙였다. **퍼지성은 2진법이 아니라 회색의 농도인 아날로그를 의미한다.** 버트런드 러셀은 '다치성'을 '애매한'이란 뜻으로 사용했다. 1965년 캘리포니아 대학 전기공학과 학과장 로토피 자데는 '퍼지 집합들'이란 논문을 발표했다. 퍼지성 또는 다치성은 양쪽 구석 사이의 모든 곳에 위치한다. 퍼지 원리는 성인(adult)을 퍼지 개념으로 보고 직선이 아니라 곡선으로 그것을 그린다. 아름다움은 퍼지적이며 상대적이다.

모든 아이디어는 다른 아이디어들로부터 나온다. 러셀의 새로운 논리와 하이젠베르크의 새로운 양자 역학이 과학을 뒤흔들었으며 퍼지성을 받아들이는 것은 그들이 세계관을 뒤엎어야 한다는 것을 의미했다. 정확성은 정도의 문제이다. 논리학자 러셀이 현대 수학에서 그리스 패러독스들을 재발견했고 물리학자 베르너 하이젠베르크가 양자 물리학의 불확정성의 원리를 발견하였다.

생각이란 집합의 유희

우리 **두뇌는 퍼지 집합들로 가득 차 있다.** 생각이란 집합의 유희이다. 즉 퍼지 집합으로 추론하는 것이다. 엔트로피는 불확실성 또는 무질서를 의미한다. 애매함은 퍼지fuzzy라는 이름으로 바뀐다. 자데는 시스템이 점점 더 복잡해질수록 정확한 명제는 의미가 더 적다는 것을 알았다. 인간의 두뇌를 이용하는 어느 곳에서나 퍼지 시스템을 이용할 수 있다. 원리들은 애매하고 추상적이며 예외들로 가득 차 있다.

컴퓨터는 규칙집에 의해 직설적으로 한다. 캐논은 이러한 퍼지 시스템의 초점 조절능력이 그들이 시험하고 사용해 왔던 다른 어떤 제어 장치들보다 두 배나 더 뛰어나다고 주장한다. 1930년대에 수학자인 노이만은 '게임 이론'에 관한 정리를 발표했다. 결국 학습에 의해 좌우된다는 것이다. 학습하는 것은 변화하는 것이다.

생명이라는 용어는 퍼지하다. 나노는 십억분의 1이다. 인간의 원리는 선들을 걸러 내거나 가지를 정리하고 어리석은 것들을 미연에 방지한다. 수백 년 동안 혼돈 현상을 잡음으로 무시해 왔다. 결국 퍼지 논리는 지금까지 탐색해 온 진리에 대해 약간 더 나은 근사화만을 제공해 준다.

퍼지 논리를 설명하면서 필자는 시스템학습법의 원리와 일맥상통함을 느낀다. 뭔가 혼돈스럽고 애매한 학습을 조금이나마 명료하게 보려는 시도가 바로 10회 학습 시스템학습법이라는 점이다. 학습이 7회에 도달할 때보다 10회 도달했을 때의 상쾌함과 명료함에서 나오는 경쾌함은 학습하는 자만이 느끼는 뿌듯함일 것이다.

의학박사로 두뇌 연구자인 '나카마츠 요시로는 **"모든 인간의 두뇌는 능력 차이가 없다는 것이다.** 머리가 좋아지면 창조적인 인생을 보낼 수 있다는 것"이 나카마츠의 결론이다. 정보는 정보일 뿐 지식이 아니고 기발한 발상과 사고가 필요하다고 한다.

IQ가 곧 인생의 성공지표라는 개념은 정말 잘못된 것이다. 성공지능은 어떤 관점에서 사업적 감각이다. 성공지능이란 장점과 단점을 잘 파악하여 장점을 활용하고 지능이란 경험에서 배우는 능력이고 적응하는 능력이다. 똑똑한 사람은 실수로부터 배워 실수를 되풀이하지 않는 사람이다.

성공지능은 분석적, 창조적, 실천적 3측면

성공지능은 분석적, 창조적, 실천적이라는 3측면이다. 생물학자 제임스 왓슨은 자신의 IQ가 낮다고 말했지만 DNA분자의 구조를 공동으로 발견했고 노벨상을 받았다. 탄력적인 태도는 창조적이고 실천적인 지능의 도움을 받는다. 성공을 거두려면 창조적 능력과 실천적 능력이 반드시 필요하다. 실생활은 성공지능을 필요로 하며 실천적 지능은 실생활에 뛰어난 감각이다.

예일대학 교수 스턴버그가 '성공지능'을 분석적, 창조적, 실천적 3측면으로 정의한 것은 의미가 있는 것이다. 보통 '지능'은 학문적 능력을 빨리 습득하여 활용하는 것을 강조한다. 스턴버그가 보다 깊은 성찰로 분석적, 창조적, 실천적 지능으로 정의한 것을 필자는 뛰어난 평가라고 생각한다.

시스템학습법이 추구하는 바가 그것과 다르지 않다. 단지 지식을 많이 쌓는 것이 학습의 목적이 아니다. **학습을 통해 의미와 핵심 개념을 깨닫고 이를 삶에서 활용하는 것이 학습의 가치**라고 할 수 있다. 시스템학습을 통해 분석, 창조, 실천에서 강력한 지적 힘을 발휘하는 것이 우리의 목적임을 감안하여야 한다.

실천적 지능의 한 부분인 비언어적 의사전달 방식은 협상에서도 중요한 역할을 한다. 성공한 기업은 계속적인 교육을 강조한다. 이들 기업은 평생교육을 소중하게 여기고 유용한 기술과 능력의 개발을 강조한다. 즉 실천적 지능을 높이 평가하는 것이다. 성공 지능인은 자신의 분야가 무엇인가를 알고 그 분야에서 전력투구를 한다는 것이다.

'기능적 고착'이란 어떤 특별한 용도로 쓰이는 것을 다른 용도에도 쓰일 수 있음을 거부하는 태도이다. 성공지능인은 문제를 해결하기 위해 특정한 생각을 고집하거나 집착하지 않고 창조적인 전략을 구사한다.

인간이 늘 이성적인 것이 아니다.

인간이 늘 이성적인 결정만을 내리는 것이 아니다. 인간은 비이성적이지는 않지만 제한된 이성을 드러낸다는 견해가 '만족시키기'라는 것이다. 인간은 여러 선택안 중에서 만족스럽다고 생각되는 선택안을 결정한다. 사람들은 자기 자신의 능력, 지식, 판단을 너무 믿는 자만의 경향이 있다. 성공지능인은 이성의 한계를 잘 알고, 자기 자신도 잘못된 사고방식의 함정에 빠질 수 있다는 것을 안다.

창조성은 결국 하나의 능력이며 인생을 대하는 태도이다. 학교제도는 지적 순응을 강요하며 창조성을 억압한다. 창조성은 새로운 아이디어를 만들어내는 능력이다. 창조성은 분석적 지능, 실천적 지능을 결합해야 한다. 균형감각은 창조적 능력을 활용하는 데 중요하다. 성공지능인은 싸움에 앞서 대단히 신중한 선택을 한다.

실제로 능력도 개발된다

실제로 능력도 개발된다. 창조적 생각은 "왜?"라는 질문으로부터 시작된다. **성공지능인은 합당한 모험만 강행하는 것**이다. 라이너스 폴링은 모호함을 오랫동안 수용할 여유가 없었기 때문에 DNA구조를 발견할 기회를 놓쳤다. 후일에 프랜시스 크릭과 제임스 왓슨이 보완작업을 해서 빠져 있던 부분을 발견하고 완성된 구조를 파악해 냈다.

창조적인 작가들은 애매모호한 상태를 참고 견딜 줄 안다. 소설가 로버트 펜 워렌은 "내가 강조하고 싶은 것은 불확정의 상태에서 일을 꾸려나갔다는 것이다"고 말했다. 잠재력을 최대한 활용하려면 이러한 불편을 참고 견디는 능력이 있어야 한다. 성공을 이끌어내는 데에는 창조적 지능은 필수적이다.

실천적 지능은 실생활의 문제를 해결하게 해준다. 유동지능의 문제해결능력은 20-30세 사이에 발달한다. 일상생활의 문제해결능력과 결정지능은 70세까지 꾸준히 발달한다. 단어나 상식에 의해 측정되는 결정지능보다 실천적 지능이 문제해결에 훨씬 도움이 된다. 포장 근로자의 작업 성취도는 학업 성취도와는 전혀 관계가 없었다.

우수 관리자는 전문적인 암묵적 지식을 충분히 갖추고 있었고 그것이 성공과 관련이 있었다. 암묵적 지식을 잘 습득하고 활용하는 사람이 전 분야에 걸쳐 유능하다는 것이 드러났다. 암묵적 지식은 환경에 적응케 하는 성공지능의 한 측면이다. 성공지능인은 끈기가 있지만 진전이 불가능하다고 인정될 때 과감히 떠날 줄도 안다.

성공지능인은 열정과 결단을 보여주며 대인관계의 진전을 두려워하지 않는다. 성공지능인은 일을 뒤로 미루지 않는다. 성공지능인은 시간계획을 잘 짜고 중요한 일을 사전에 처리하는 사람이다. 성공지능인은 즉시 상황을 개선시키려고 노력한다. 성공지능인은 독립심이 강해 독립적으로 일하고, 스스로 생각하려는 경향이 강하다.

성공지능인은 인생에서 위기가 있게 마련이라고 생각한다. 성공지능인은 사소한 것과 중요한 것을 구분할 줄 안다. 그는 상당한 자신감을 갖되 자만심을 피하는 적절한 균형이 중요하다. 그는 분석적, 창조적, 실천적 사고방식을 종합한다. 지능연구의 최종 목표는 지적 잠재력을 최대한으로 실현시키는 것이다. 시스템학습의 목적과 같다.

성장 마인드세트와 고착 마인드세트

캐롤 드웩은 스탠포드대학 심리학 교수이다. 드웩은 "인간에는 성장 마인드세트를 가진 사람들과 고착된 마인드세트를 가진 '사람들이 있다"고 주장한다. 성장 마인드세트는 노력을 하면 지능과 능력이 성장할 수 있다는 것이고 고착된 마인드세트는 지능과 능력은 천부적으로 고정된 것이라는 생각이다.

드웩의 '성장 마인드'는 시스템학습에 몰두하는 모두에게 해당되는 것이 아닐까? 성장 마인드가 없는 사람이라면 시스템학습을 할 필요가 없기 때문이다. 필자가 나이가 70대임에도 새벽 2시까지 학습하는 이유 무엇일까? 무언가 성장하는 생각, 포용력, 자신감으로 "성장하는 삶"을 추구하기 때문이다. 캐롤 드웩의 '성장 마인드'는 시스템학습을 행하는 이에게 호응하는 메시지를 보내는 것이다.

AOL의 스티브 케이스와 타임워너의 제리 레빈은 각각 최고의 지능을 자랑하는 사람들이었다. 이 두 명의 천재들 때문에 AOL타임워너는 2002년 거의 1,000억 달러의 손실을 기록하였다. 이들은 경쟁자와 비판자를 밟아 뭉개고, 약한 사람들을 쥐어짰다. 성장 마인드세트의 지도자들은 사람들의 잠재력과 발달에 대한 믿음을 가지고 격려하여 발전하고 노력하도록 인도한다. 잭 웰치, IBM의 루 거스너, 제록스의 앤 멀카히 등과 같은 지도자들이 성장 마인드세트를 가진 사람들이다.

성장 마인드세트 사람들은 잠재력 믿음

성장 마인드세트를 가진 지도자들은 감사의 마음으로 충만했다. 고착된 마인드세트의 사람들은 능력은 주어진 것이기 때문에 노력을 중시하지 않는다. 성장 마인드세트를 가진 사람들은 실수와 피드백에서 많은 것을 배운다. 베이브 루스는 타고난 선수도 훌륭한 타자도 아니었다. 그는 신체를 단련하는 일에 자신을 바쳤고 그 노력은 결실을 맺었다. 그는 본래 투수였다. 끈질기게 집착하는 루스의 노력에 결과가 나타난 것이다.

위대한 여자 육상선수 재키 조이너-커시는 "나 자신이 향상되어 가고 있는 모습을 지켜보는 행위에는 나를 자극하고 흥분시키는 뭔가가 있다"라고 말했다. 타이거 우즈는 운동 프로그램에 충실하고 맹렬한 연습을 한 덕분에 뛰어난 기량을 발휘할 수 있었다.

스포츠 분야도 연습과 향상, 마음과 성적 사이에 상관관계가 있다는 사실이다. 벤저민 블룸이 세계적 수준의 피아니스트와 조각가, 운동선수, 수학자와 신경학자 120명을 연구하였는데 놀라운 결과가 하나 나왔다. 훌륭한 선생은 무엇보다 학생들과 함께 계속해서 배우는 사람들이다. 위대한 선생은 어린이에 대한 성장 마인드세트에서부터 시작하며 어린이들은 모두가 배울 수 있다는 생각을 한다는 사실이다.

스콧 배리 코프먼은 어릴 때 학습 지진아로 여겨졌다. 그는 끊임없이 도전했고 첼로를 배웠는데 음악에서 심리학으로 전공을 바꾸었고 결국 미국 최우수상인 '파이 베타 카파' 상을 받고 졸업했다. **재능도 중요하지만 노력은 그 두 배로 중요하다는 사실**이다. 사회학자 댄 챔블리스는 "최상급 기량은 주의 깊은 연습을 통해 습관으로 만들고 작은 기술들이 종합해서 나온 결과물이다"라고 말한다.

고착된 마인드세트에서는 "지금 당장 완벽한 것이 중요하다"고 생각한다. 성장 마인드세트를 가졌던 농구황제 마이클 조던은 자신의 능력을 계발하기 위해 많은 땀을 쏟았다. 1960년에 정신과의사인 아론 벡은 고객들을 치료하다가 그들의 문제를 야기하고 있는 것이 그들의 신념이라는 사실을 깨달았다. 그 유명한 '인지치료'가 탄생하게 되었다.

마인드세트를 바꾸는 일은 노력을 쏟는 것을 즐기기 시작하고, 배움의 차원으로 받아들이기까지는 많은 시간이 필요하다. 성장 마인드세트를 갖게 되면 자신이 하는 일을 즐길 수 있게 하고 그것을 서서히 배운다. 바로 시스템학습자들의 열정은 성장으로 모아지게 된다.

교토식 기업들

필자가 일본에서 연수를 받을 때 자주 갔던 교토는 8세기경부터 1200년간 일본의 수도였다. 교토의 상인들을 가리켜 '아킨토'라 한다. 이는 최고의 상인이라는 의미가 담겨 있다. 도쿠가와 이에야스가 실질적인 수도 기능을 옮기기 전까지 교토는 일본의 중심이었다.

교토식 기업들에는 교세라, 롬ROHM, 일본전산, 무라타제작소, 호리바제작소, 옴론OMROM, 도세, 니티콘, 일본전지, 삼코인터내셔널 등이 있다. 이들 교토식 기업들은 일반 기업들과는 색다른 특징을 갖추고 있다. 뛰어난 경쟁력을 보여주고 있다는 점에서 특출함의 사례이며 다양하고 유연한 학습 현장이다.

교토식 기업들은 평균적인 일본기업들에 비해 매출성장률, 이익, 이익률 등에서 경이로운 차이를 보이고 있다. 교토의 일부 우량기업들을 '교토식 기업'이라고 부르기로 한다. 교토식 기업은 자금효율이 높고 IT기술을 활용한 최첨단 내용을 받아들여 잘 진행시키고 있으며 인재 활용이 매우 효과적이다.

교토식 기업들 색다른 특징과 뛰어난 경쟁력

무라타제작소는 세계적으로 세라믹필터 점유율이 80%, 세라믹공명기 점유율 80%, 적층세라믹콘덴서 점유율이 50%를 차지하고 있다. 호리바제작소는 계측기 세계 시장점유율 80%이고 반도체제조용 가스제어장치 점유율 35%, 그밖의 계측기계 분야에서 세계적인 점유율을 차지하고 있다. 일본전산은 하드디스크용 스핀들모터 전세계 점유율이 70%, 소형모터도 높은 점유율을 가지고 있다. 롬은 주문형LSI에서 세계 점유율 67%를 차지한다.

교세라는 파인세라믹스에서 일본시장 점유율 1위이며 다수 제품에서 세계적으로 높은 점유율을 보이고 있다. 일본전지는 납전지에서 일본시장의 90%를 차지하고 리튬이온 전지부분에서 일본최고의 점유율을 가지고 있다. 옴론은 제어시스템 분야에서 일본시장 최고 점유율을 차지하고 있다. 도세는 외주 게임개발 시장에서 일본에서 독점적 지위를 확립했고 삼코는 반도체 박막제조장치에서 세계 최고의 메이커이다. 니치콘은 차입금이 전혀 없이 우수한 현금흐름을 보이고 있다.

이밖에 재일동포가 설립한 MK택시는 모든 차량에 GPS를 설치하여 본부가 직접 차량을 효율적으로 관리하며 기사의 친절하고 정중한 접객은 정평이 나 있다. 교토식 기업의 공통점은 개성적인 기업주가 있고 이들은 절대적인 자신감, 이념, 전략 등에서 뛰어나다는 점이다. 이들은 합리적 경영, 활력이 넘치며 고된 업무를 감당하고 있다. 이들은 새 것에 대한 호기심, 스스로의 판단에 대한 자신감이 특출하다.

실력과 정신력 향상 생각해 학습 중시

교토식 기업들은 계열사 관계를 거부하고 독립노선을 기조로 하여 자기자본비율이 높다. 하나의 기술에 집중하고 특화하였다. 교토식 기업의 공통점이자 중요한 특징 하나는 '개방적 수평분업 전략'이다. 이는 많은 기업과 거래관계를 맺는 것을 의미한다. 교토기업은 사업을 특화하고, 세계시장을 상대로 하며, 고객 중시를 지향한다. 이들은 독립성을 추구하고, 재무구조가 튼튼하며, 이익을 중시하여 비용의식이 철저하다. 이들은 정보기술의 중요성을 인식하고 제품에 대한 열정과 대정부 의존도가 낮다.

교토기업인들은 '반골정신'과 '비판적 정신'이 두드러진다. 이들은 실력을 중시하여 학습을 매우 중시하는 기업들이다. 교세라, 호리바제작소를 비롯하여 이들은 실력과 정신력 향상을 매우 가치 있게 생각한다. 그 수단으로 학습을 중시하는 것이다.

교토대학에 노벨상 수상자가 많다는 것이 특징이다. 교토시의 인구는 약 120만 명이다. 교토식 기업들은 개방적인 관계를 추구한다. 교토식 기업은 전사적으로 책임과 역할을 명확하게 하는 경향이 있고 적확한 관리회계로 상황을 제대로 파악한다.

긍정적 사고 : 부정적 사고

모가미 유는 정신과 의사로 현대 정신요법의 1인자다. 치료와 대학에서 강의도 한다.

그에 의하면 “긍정적 사고는 좋으나 한편에는 큰 함정이 있다”는 것이다. 부정적인 사람은 깊이와 현실감이 있다. 스스로 긍정적이라고 말하는 사람일수록 의외로 여유가 없고 남에게 자상하지도 못하다는 사실이다. 긍정적 사고가 지나치면 정신의료의 큰 함정이 된다.

시스템학습자들은 “빨리 이해하고 빨리 외워서 높은 점수를 얻는 것”을 목표로 하지 않는다. **학습 자체를 여유를 가지고 즐기는 자세가 시스템학습**이다. 필자가 명퇴 이후에 실업자 상황에서 당장의 금전적 수입을 목표로 했다면 낭패의 길을 가지 않았을까? 나는 시스템학습법의 근거 이론과 실제 학습 효과에 확신을 갖고 있었다.

많은 계발서에서 “낙관적!‘ ”돌진하라!“ ”올인하라!“ ”좋아하는 일을 하라!“ 등의 말들을 하고 있었다. 나는 그런 ”긍정적 사고“가 매우 큰 함정이 있다고 직감하고 있었다. 긍정적 사고와 부정적 사고를 제대로 균형 있게 갖는 것이 내 삶에 얼마나 중요했는지 현재 돌이켜 볼 때 필자는 다행스러운 길을 걸어왔다고 생각한다.

현실적인 긍정과 현실도피적인 긍정은 종이 한 장의 차이이다. 지나친 긍정은 인생을 고통스럽게 만든다. 왜곡된 긍정도 문제이다. 긍정적이고 적극적이기만 하면 된다는 것은 각성제 의존상태를 인정하는 것이나 마찬가지다. 최근에 긍정적 사고가 지나친 사람은 우울증 등 마음의 병에 걸리기 쉽다는 사실이 밝혀졌다. 지나친 긍정만으로는 현실에 적응하기가 어렵기 때문이다.

더 중요한 것은 적당히 마음 여는 것

더 중요한 것은 적당히 마음을 여는 것이다. 그 이유는 약간 부정적인 시각을 가짐으로 현실을 직시할 수 있기 때문이다. 긍정과 부정 양쪽의 관점을 균형있게 유지하는 것이 중요하다. 적응력이 뛰어난 사람은 현실에 잘 적응하는 것이며 이는 창의력이나 돌파력이 없다는 증거이기도 하다.

부정적 사고는 현실을 직시하고 필요한 대책을 세우는 데 아주 중요하다. 부정적인 사람은 사업에서 고객이 품고 있는 부정적인 부분을 빨리 알아차리고 대처할 수 있는 유리한 위치에 있게 된다. 지나친 긍정적 사고나 지나친 부정적 사고 모두 현실도피라고 할 수 있다. 부정적 사고가 강한 사람은 해결책으로 근거에 집중하여 사실관계를 살펴본다. 자신에게 반론하여 근거와 반증을 균형 있게 제시하여 '정말 그런가?'라고 자문한다.

우리는 **냉정함을 되찾을 수 있을 때 마음이 안정**된다. 긍정적 사고란 무언가를 획득하려는 심리와 관련이 있고, 부정적 사고는 상실하는 심리와 관련이 있다. 마음의 병을 앓기 쉬운 사람은 본래 긍정적이고 자아실현에 대한 소망이 강한 사람이다. 쉽게 사기를 당하는 사람의 공통점은 "잠시 생각해 보겠다"는 말을 잘 못한다는 것이다.

인간관계에서 강약을 조절하는 것은 도움이 된다. 실패를 너무 두려워하지 말아야 한다. 유연하게 살아가려면 '작은 실패'도 필요하다. 실패의 원인은 너무 높은 목표를 세우는 데 있다. 스스로 제어할 수 있는 부분에 주목하는 것이 중요하다. 도를 지나치는 것은 주의해야 한다.

유연성 발휘하고 적응 능력 높다

앨렌 랑거는 예일대학교에서 하버드대학교 심리학과 교수이다. 아무 생각이 없이 틀에 박힌 행동을 하는 것은 마음놓음 상태이고 그 반대는 마음챙김이다. 대부분의 교육은 목표 자체에 맞춰진다. 이는 결과지향적 태도를 지향하는 것이다. 과정지향적 태도를 가진 사람은 “어떻게 할 것인가?”를 생각한다. 이는 상황에 바뀌었을 때 유연성을 발휘하고 적응 능력이 높다.

이혼연구에서, 실패를 전 배우자 탓으로 돌리는 사람은 더 오래 고통을 겪는다는 사실이다. 우리는 처음에 받아들인 본보기를 계속해서 경직되게 사용하려는 경향이 있다. 변화의 가능성에 대해 더 유연한 시각을 가질 수 있어야 한다. 새로운 측면을 찾는다면 학습된 무기력을 예방할 수 있다.

나폴레옹은 러시아를 침공하면서 점령이 곧 승리라는 관점을 가졌는데 러시아의 장군 쿠투조프는 후퇴가 패배가 아니라는 관점을 가져 결국 나폴레옹이 참패했다. 마음놓음 상태에 있는 사람은 기존의 범주에 의지하고, 마음챙김 상태의 사람은 계속해서 새로운 범주를 만들어낸다. 마음챙김의 상태는 새로운 정보에 개방적이라는 의미이다.

순전히 **결과지향적으로만 사고하면 인생의 즐거움이 사라진다.** 게임에서 중요한 것은 과정이라는 것이다. 마음챙김의 증진은 노령과 관련된 우울증을 완화하는 효과가 있는 듯하다. 더 많은 결정과 통제력을 행사하는 사람은 덜 우울하고 더 자립적이고 자신감이 있고 더 기민하다.

페르난도 노터봄의 연구에 의하면, 성인기에도 뇌가 발달한 가능성이 있다는 것이 증명되었다. 정신작용은 실제 뇌 조직을 성장시킬 수 있다.

새로운 정보를 받아들이고 여러 가지 관점과 맥락을 시도하며 결과보다 과정에 집중할 수 있는 사람은 창의적인 사람일 가능성이 높다.

열린 마음을 가지고 있는 사람은 작업을 조정하고 재평가할 것이다. 새로운 맥락에서 새로운 에너지가 생기는 현상이 있다. 손 하나 까딱할 수 없을 만큼 녹초가 되어 있던 한 학생은 친구가 농구를 하자고 제안하자 벌떡 일어나 네 시간 동안 농구를 하러 나갔다.

다양한 관점을 받아들이는 것 중요

맥락을 바꾸면 새로운 에너지뿐 아니라 상상력과 창의력도 깨어난다. 맥락 바꾸기는 혁신으로 가는 길 중 하나이다. 다양한 관점을 개방적으로 받아들이는 것이 중요하다.

혁신과 진취성을 이끌어내는 관리자의 덕목은 불확실성에 대한 허용일 수 있다. 불확실성을 허용하면 더 많은 정보탐색이 가능하고 더 많은 선택 여지가 생길 수 있다.

경영 사상의 선구자인 메리 파커 폴렛은 1920년대에 "목적을 미리 정하고 그것을 중심으로 세워진 조직은 이미 죽은 조직이다. **목적이라는 것은 과정에서 전개되고 반영되어야 한다"라고 말했다.** 다양한 관점의 존재를 깨닫는 것이 필요하다. 마음을 잘 챙기는 사람은 독창적인 생각을 하기 쉽다.

사람들이 가진 특성은 상대적인 것이며, 어떤 특성이 장애인지 아닌지는 맥락에 따라 다르다는 사실이다. 정서를 유발하는 자극도 대부분 학습된 것이다. 정서는 선입견에 의존한다. 연구에 의하면, 태도가 면역체계에 영향을 미친다는 것이다. 플라세보 효과는 생각보다 강력할 수 있다.

유능한 사람은 언제 어디에서 마음챙김을 할 것인지 잘 선택함으로써 주의력을 현명하게 배분한다. 경직되게 하는 경영자보다 열린 마음의 능동적인 경영자가 유연하게 대처할 수 있다. 열린 마음의 새로운 관점을 가지는 편이 매우 효과적이다. 이는 통제감을 증진시킨다.

경쟁은 본성?

'경쟁에 반대한다'의 저자 알피 콘은 교육심리학자로 많은 저술을 하였고, 미국에서 저명한 교육자로 인정받고 있다. 그는 경쟁이란 본래 바람직한 것이 아니며 '건전한 경쟁'이라는 용어 자체가 모순이라는 것을 확신하게 되었다. 표트르 크로프트는 자신의 논문에서 "동물 간의 경쟁은 예외적인 기간에 한정적으로 일어난다"고 말하고 있다. 경쟁보다 압도적인 특징은 협력이다. 경쟁보다 협력이 좀더 생존율을 높여준다는 점이다.

시스템학습법은 남과 비교하거나 경쟁하지 않고 자기의 능력향상에 전념한다. 필자는 자신의 잠재능력을 향상시켜 자기, 가정, 사회에 능숙함과 지혜를 갖춘 인재가 되는 것은 학습이 막강한 역할을 한다는 것을 확신한다. 그것이 자유로운 삶을 살고 경제적 자유, 건전한 자존심을 갖고 사는 삶이다. 남들과 경쟁하지 않고 묵묵히 자신의 길을 가는 사람은 스트레스가 없이 평화롭고 여유를 가질 수 있다.

경쟁은 학습되는 현상이다. 경쟁은 본성이 아니다. 원시시대에는 협력에 의해 생존이 이루어져왔다. 경쟁과 성공은 전혀 같은 것이 아니다. 협력이 경쟁보다 더 생산적이다. 연구결과에 의하면, 경쟁의 좋지 않은 결과들을 보여주고 있다. 경쟁심은 부정적 영향력을 발휘한다. 경쟁심과 성취 사이에 부정적인 관계가 있다는 것이다.

시스템학습은 비교 경쟁 않고 자기 향상 전념

남에게 이기는 것과 일을 잘하는 것은 서로 다르다는 사실이다. 어떤 일이든 가장 잘할 수 있는 방법은 그 일 자체를 즐기는 것이다. **성과란 기본적으로 학습에 달려 있는 것이고, 학습은 내적 동기에 의해 영향 받는다.** 장기적으로 경쟁은 일의 성과를 떨어뜨린다. 경쟁은 결과적으로 학습 능력을 떨어뜨린다. 가장 강력한 동기가 되는 것은 책임감이다. 경쟁은 협력에 비해 자원을 비효율적으로 낭비하게 만든다.

자본주의는 우리 사회에 만연한 경쟁심의 핵심이다. 희소성과 부족함의 문제는 사실상 분배의 문제다. 탐욕과 경쟁심의 결과로 인한 것이다. 불공정은 잘못된 경쟁 때문이 아니라, 경쟁 그 자체가 필연적으로 불러오는 결과이다. 경쟁은 품질과 안전성에도 문제를 일으킨다. 오락 활동에서 즐거움은 경쟁이 불필요하다는 사실이다. 스포츠클럽에 참여했던 아이들 중 80-90%가 15세 이전에 탈퇴해 버린다. 경쟁 때문에 스포츠에서 멀어진다는 것이다.

자존심은 다른 사람의 인정을 필요로 하지 않는다. 인성의 형성에 있어 자존심은 중대한 역할을 한다. 무엇을 잘하는 것과 남을 이기는 것은 서로 다르다. 실제 능력과 자존심은 사실 별 관계가 없다. 심리학자 매슬로는 동기를 '존재'와 '결핍'으로 나누었는데, '결핍'에서 '존재'로 나아가는 것을 심리적인 성장이라고 할 수 있다. 경쟁은 자존심을 회복시켜주기보다 저해하는 반대의 결과를 낳는다.

경쟁은 자존심을 저해하는 반대 결과

협력은 정서적 성숙, 좋은 인간관계, 신뢰와 낙관 등 심리적 건강함을 나타내는 영향을 미친다. 협력은 서로의 능력을 공유함으로써 보다 생산성을 높인다. 경쟁이 성과와 인간관계에 불행한 심리적 결과를 초래한다는 것을 알 수 있다. 대부분의 경쟁자들은 패배하기 때문이다.

승리로 도취감을 줄 수는 있지만 자존심의 부족을 근원적으로 치료하지는 못한다. 승리와 성공은 다른 것이다. 금메달을 7개나 따낸 수영선수 마크 스피츠는 "나는 그렇게 높은 곳까지 올라간 후, 이렇게 깊은 곳으로 떨어진다는 것을 전혀 알지 못했다"고 말했다. 자존심이란 일시적인 도취감이 아니다.

많은 사람들은 경쟁을 하면서 심리적 안전감이 위협받는다고 느낀다. 경쟁에서 불안과 걱정을 느끼는 이유는 첫째, 패배에 대한 두려움 때문이다. 둘째, 승리에 대한 두려움 때문이다. 이는 타인을 이기는 것에 죄의식을 느끼고 상대방이 자신을 적대시할 가능성을 느끼는 것이다. 경쟁은 타인과의 관계를 악화시키고 불안을 느끼게 한다.

경쟁은 결과 지향적이다. 경쟁은 양자택일의 사고를 초래한다. 경쟁은 획일성을 초래하고 현실 순응적이 되게 만든다. 경쟁은 모험적인 새로운 시도를 억제한다. 경쟁행위는 인간관계를 깨뜨리고 그 발전을 가로막는 경향이 있다. 경쟁의 본질이 상호 배타적인 목표달성을 추구하기 때문이다. 가장 극단적인 경쟁은 전쟁이다.

공감능력이 이타주의를 조장하는 반면, 경쟁은 공감능력을 저해한다. 경쟁은 일종의 공격이다. 경쟁의 결과 패배자는 좌절감을 느낀다. 경쟁은 인간관계를 깨뜨리고 협력은 서로 더욱 친밀하게 만든다. 집단 간의 경쟁은 증오로 발전되기 쉽다. 승리를 위한 반칙과 부정이 많다는 사실이다. 경쟁에서 발생하는 폐단의 근본적인 원인은 경쟁 그 자체에 있다. 승리만을 중요시하는 사회적인 압박도 문제이다.

자신의 가치를 입증하기 위해 타인을 이기려 한다는 것은 결국 헛된 노력일 뿐이다. 경쟁을 줄이는 것은 결국 사회구조를 변화시켜야 하는데 구조의 변화는 엄청난 저항을 불러일으킨다. 벤야민 바버는 "적대적인 정치 행태와 개인주의가 민주주의를 위협한다"고 주장했다. 해결책은 협력이다. 협력은 경쟁처럼 인간관계를 해치지 않고 경쟁의 진정한 대안이 될 수 있다.

시스템학습법은 남과 비교하거나 경쟁하지 않고 자기 능력향상에 전념하는 것이다. '이해되든 말든, 외워지는 말든'은 스트레스를 없애주며 평화로운 학습을 가능하게 해준다. 결과적으로 강력한 학습 능력을 발휘하는 것이다.

내향성 ; 외향성

'콰이어트'의 저자 수전 케인은 하버드법대를 우등생으로 졸업하고 변호사가 되었고 수년간의 연구 끝에 컨설팅회사를 차렸고 작가가 되었다. 그에 의하면 "전형적인 외향인은 숙고보다 행동, 의심보다 확신, 조심보다 모험을 무릅쓰며 빠른 판단을 선호한다"는 것이다.

시스템학습법을 통해서 많은 학습을 하게 되면 어떤 사람은 조금 생각이 깊어지고, 어떤 사람은 배운 것을 남에게 말하고 싶어 할 수 있다. 필자의 경험에 의하면 학습이 거듭될수록 중용의 길로 나아가게 된다는 것이다. 말이 너무 과묵한 사람은 약간의 재치, 유머를 구사할 수 있게 되고 말이 많던 사람은 침묵도 할 수 있게 된다.

우리 삶에서 내향성, 외향성 표현은 잘못 인식하고 있는 경우가 있음을 필자는 보아왔다. 우리가 편향된 경향이 아니라 융통성 있고 중용으로 가는 길을 선택할 수 있다는 것은 큰 자산이다. 필요할 때 필요한 역할을 할 수 있기 때문이다. 학습은 그러한 변화를 가능하게 해준다. **학습은 내적 힘을 갖게 해주고 삶을 유연하게 해준다.**

많은 업적들은 조용한 사람들에게서 탄생

수많은 업적들은 조용하고 이지적인 사람들에게서 탄생했다. 케인은 10년 이상 다양한 부류의 사람들에게 협상기법을 훈련시켰다. 1921년 심리학자 칼 융은 '심리 유형'이라는 책을 출간했다. 그 책은 '외향적인 사람', '내향적인 사람'이라는 용어를 사용했다. 내향적인 사람은 훨씬 적은 자극에 반응하고 자극이 과하지 않은 환경을 좋아하고, 외향적인 사람은 더 강렬한 자극을 즐긴다. 내향적인 사람은 좀더 느리고 신중하며 집중하기를 좋아한다.

데일 카네기는 1908년 대학을 떠나 뉴욕 YMCA야간학교에서 첫 강의를 시작했다. 그의 강의는 돌풍을 일으켰고 데일 카네기 연구소를 설립하여 1913년 첫 책인 '데일 카네기 성공대화론'을 출간했다. 광고업계는 "호감 가는 첫 인상은 성공에 가장 중요한 요인이다"라고 주장한다. 1920년대 빈의 심리학자 알프레드 아들러는 '열등의식' 개념을 소개하고 "인간은 열등의식을 극복하려고 목표를 추구하는 방향으로 나아간다"고 주장했다.

토니 로빈스는 '실용적 심리학'을 강의하면서 많은 수입을 올리고 있다. 그는 "행동이 결합되지 않으면 지식이 쓸모가 없다"고 주장한다. 2006년 포춘 50대 기업의 최고관리자 중 20%가 하버드 경영대학원 출신이었다. 하버드 경영대학원 교육의 핵심은 지도자들이 자신감 있게 행동해야 하고 불완전한 정보를 토대로 결정해야 한다는 것이다. 이는 재앙의 원인이 될 수 있다. 그 학교는 학생들을 말이 많고 주장이 강한 학생으로 변화시키려고 한다.

잡담 능력과 재능은 혼동하기 쉽다

하버드 경영대학원에서조차 조용하고 느린 의사결정보다 빠르고 독단적인 해법을 중시하는 리더십 방식이 잘못될 수 있다는 증후들이 있다. 지도자들의 목소리가 커야 한다고 주장하는 견해는 결국 '승자의 저주'로 이어질 수 있다. 잡담 능력과 재능은 혼동하기 쉽다. 겸허하고 강력한 프로의식을 갖춘 경영자들이 뛰어난 업적을 올리는 사례들이 많다. 외향성과 리더십의 상관관계는 미미하다. 내향적인 지도자들은 능동성이라는 선순환을 만들어내고, 외향적 지도자들은 사람들이 수동성에 빠져들도록 할 소지가 있다.

성경에 모세는 끔찍할 정도로 소심했고 의사표현 능력이 부족했다. 그는 "온순하다"고 묘사되어 있다. 모세는 사려 깊었다. 실리콘밸리의 전설인 가이 가와사키는 "나는 내향적이며 혼자 지내기를 좋아한다"고 말한다. 스티브 워즈니악은 잡스와 함께 애플 컴퓨터를 창업했다. 워즈니악은 늘 혼자였다. 그의 회고록에는 "엔지니어나 발명가들은 대부분 나처럼 수줍음을 타고 생각이 많고 혼자 일할 때가 많다"고 쓰여 있다.

뛰어난 사람 공통점은 '혼자 연습하기'

심리학자 한스 아이젱크는 "내향성은 일에 집중하게 한다"고 말한다. 심리학자 앤더스 에릭슨은 음악에서 **뛰어난 사람들을 연구하였는데 공통점은 '혼자 연습하기'를 매우 좋아했다는 것**이다. 그의 '의도적 연습'은 '혼자 있을 때 가장 잘할 수 있다'는 것이다. 집중력이 필요하기 때문이다. 방해받는 것, 과도한 자극은 학습을 저해한다. 동료들의 압력에서 자유로워지는 것은 집중력과 창의성에 필수적이다.

연구에 의하면, 집단으로 했을 때보다 혼자 했을 때 아이디어를 더 많이 냈다. 집단 브레인스토밍은 '사회적 태만', '생산 봉쇄', '평가 불안'이라는 세 가지 부작용을 산출한다. 심리학자 솔로몬 애쉬의 실험에 의하면 집단에서는 '동조의 힘'이 작용하여 창의성과 개성을 억압하는 것으로 나타났다.

심리학자 제롬 케이건은 20세기의 위대한 발달심리학자 중 한 명이다. 케이건은 '고 반응'과 '저 반응'이라는 개념을 창안했다. '고 반응'은 내향성, '저 반응'은 외향성으로 연결된다. 특별히 자극을 잘 받는 편도체가 있는 아이들은 적은 자극에도 반응하는 '고 반응'이며 내향적 기질이다. 조용한 아기들은 신경계가 새로운 것이 별 감흥이 없기에 '저 반응'이며 외향적 기질이다.

반응성이 높은 아이는 좀더 깊이 생각하고 느끼며 세세하게 구분하는 경향을 보인다. 어떤 아이들은 민들레처럼 어떤 환경에서나 잘 자라날 수 있는데 '저 반응'이다. 우리는 성격을 개조할 수는 있지만 타고한 기질이 여전히 영향을 미친다. 내향적인 사람은 사무실 문을 닫고 일에 몰두하기를 좋아하고, 외향적인 사람은 팀 빌딩, 워크숍을 좋아한다. 내향적인 사람과 외향적인 사람이 최고의 성과를 내기 위해 필요한 자극 수준이 매우 다르다는 사실이다. 과다각성은 주의집중을 방해한다.

엘리너 루스벨트는 앤더슨이 링컨기념관에서 노래할 수 있도록 도와주었다. 그녀의 공감능력은 뛰어났고, 남편 프랭클린 루스벨트의 장점은 허세였다. 두 사람은 1905년에 결혼하여 자녀를 6명 두었다.

가장 죄책감을 느끼는 아이를 가장 섬세하고, 가장 반응성 높고, 가장 내향적으로 되기 쉬운 아이라고 할 수 있을 것이다. '쿨함'은 선글라스와 태연한 태도, 이완된 신체 반응과 통한다. 쿨함은 낮은 반응성이다. 당혹감은 도덕적 감정이며 겸손함과 겸허함을 보여준다. '보상 민감성이 높은'

사람은 보상을 찾는 데 매우 의욕적이다. 보상 민감성은 목표를 극대화하는 원동력이다. 외향적인 사람들은 보상에 좀더 민감해지기 쉬운 반면, 내향적인 사람들은 경고 신호에 좀더 주의를 기울이는 경향을 보인다.

계산 않고, 위험 못봤다는 2008 주식 붕괴

계산도 하지 않고, 위험을 감수하고 위협을 보지 못했다는 점이 2008년 주식시장 붕괴의 주요인이었다. 내향성 및 섬세함은 재정적 위험을 감수한 확률을 낮춘다. **가장 성과가 좋은 투자자들은 감정적으로 안정된 내향적인 사람들이었다.** 라이스대학교 경영대학원 교수이며 엔론사의 연구책임자로 일한 빈센트 카민스키는 "과도하게 위험에 뛰어드는 사람들이 조심스럽고 내향적인 사람들보다 상대적으로 너무 높은 지위를 누리는 기업문화가 많다"고 지적했다.

외향적인 사람들은 생각은 적게 하고 행동은 빨리하는 경향이 있다. 내향적인 사람들은 숫자9에 버튼을 눌러서 자기가 점수를 잃었다는 점을 알면, 다른 숫자로 넘어가기 전에 속도를 늦춘다. 외향적인 사람들은 반대로 속도를 높인다. 이는 결정적인 과오가 될 수 있다. 피드백을 만났을 때 교훈을 얻으려면 잠시 멈추는 것이 필요하다. 내향적인 사람들은 새로운 정보를 자신의 기대치와 비교해보는 경향도 있다.

내향적인 사람들의 돌진을 기피하는 성향은 비판적 사고, 자기반성에서 뛰어나게 한다. 마치 외향적인 사람은 '지금 상태'를 보는 반면, 내향적인 사람은 '만약…한다면'이라고 묻는 것과 같다. 내향적인 사람은 인내력이 필요한 부문에서 뛰어난 결과를 낸다. 아인슈타인은 "내가 아주 똑똑해서가 아니라 문제를 오래 물고 늘어져서다"라고 말했다.

투자 성공은 충동을 억제하는 기질

요지는 우리가 '열광'을 과대평가하고, 민감성의 가치를 깔보는 경향이 있다는 사실이다. 우리는 행동과 반성 사이에서 균형을 찾아야 한다. 심리학자 미하이 칙센트미하이가 주창한 '플로'는 '어떤 활동에 '몰입'해 있다고 느끼는 최적 상태'다. 몰입 경험은 단독 활동과 관련된다. **워렌 버핏은 "투자에서 성공은 충동을 억제하는 기질이다"라고 말했다.**

심리학에서 말하는 '자기감시'를 일종의 겸손한 행동으로 보는 경우가 있다. 이는 자신을 상황에 맞추는 것이다. 친밀감 욕구는 내향적, 외향적 사람 모두에게 다 있다. 내향적 사람들은 갈등을 피하려고 하고, 외향적 사람들은 정면으로 부딪히려고 하는 경향이 있다. 내향적 사람들은 우호적 상황에서 만난 사람들을 좋아하고, 외향적 사람들은 경쟁하는 사람들을 더 좋아한다.

내향적 사람들끼리 대화할 때는 한두 가지 진지한 주제로 대화를 이어가고, 외향적 사람들끼리 대화할 때는 더 가볍고 폭넓은 주제로 대화했다. 최고의 위치에 있는 판매나 컨설팅 전문가들에게 외향적 자질들이 성공의 열쇠인 경우는 별로 없다고 한다. 인간의 열정을 일깨우면 인생이 바뀔 수 있다. 삶의 비결은 적절한 조명이 비치는 곳으로 가는 것이다.

참·고·자·료

다음 저자 저서와 연구자료를 참고하였고 그외 자료도 참고했음.
이토가와 히데오 도꾜대학에서 교수.
'퍼지식 사고' 저자 바트 코스코
캘리포니아대학 전기공학과 학과장 로토피 자데
제임스 맥라클란 토론토 리어슨공과대학 명예교수
'두뇌혁명'의 저자 나까마쯔 요시로
'성공지능' 저자 로버트 스턴버그 예일대학의 종신교수
캐롤 드웩 스탠포드대학 심리학 교수
리처드 파인만 캘리포니아공대 교수
스에마쓰 지히로 교토대학 교수
모가미 유 정신과 의사
앨렌 랑거 하버드대학교 심리학과 교수
'경쟁에 반대한다' 저자 알피 콘
'콰이어트' 저자 수전 케인

학습의 대가들

여기에 언급된 인물들 중에는 필자의 기존 저서에서 언급된 인물들이 있다. 필자는 이들을 다른 각도에서 깊은 성찰을 한 입장에서 기술하였다. 다소 중복되는 내용이 있더라도 이들 인물들이 우리에게 주는 교훈은 크므로 음미할 필요가 있다. 예를 들면 에디슨, 테슬라, 라이프니츠, 뉴턴, 이나모리 등이다. 뛰어난 인물들이며 필자는 이들 인물들에 관해 언급한 책을 각각 열 권 이상 소유하고 있고 이들 책들을 가끔 되풀이 하여 시스템학습법으로 읽고 있는데 새삼 큰 교훈과 감동을 얻고 있다. 독자에게 유익이 되기를 바란다.

9장. 세종 : 정조

학습 관련 발언 등 모음

세종 (1397–1450)

- "한 번 잡은 책은 100번을 읽었다. 공부 자체를 즐겼다".
- 세종25년 훈민정음이 창제되었다
- 무서운 공부꾼, 실리주의적 측면
- 세종은 사서삼경과 역사서적을 고루 읽었다
- '좌전'과 '초사'는 백 번도 더 읽었다
- '자치통감'은 249권의 역사서인데 세종은 매료되었다.
- 사가독서 제도는 독서를 업무의 연장으로 본 것

정조 (1752-1800)

- 정조는 세종 이후 유일하게 학문으로 신하들을 압도한 출중한 실력
- 개혁정치의 모범이었다
- 새벽까지 책을 읽던 정조
- 정조는 실학자들을 중용했다
- 사도세자는 독서를 좋아했고
- 정조는 개혁군주로 규장각을 설치하여 학문을 장려
- 인물과 실력 중심의 관리를 등용
- 정조의 책문은 정조의 '홍재전서'에 실려 있는 책문
- 정조는 경서와 사서 등에 정통하였다
- 정조의 탁월한 학습의 깊이와 백성의 삶에 깊은 이해
- 가르침을 제대로 공부해야 한다
- 중용은 핵심 중의 핵심이다
- 지혜로 사리를 분별하라
- 학문으로 세상을 경영하라
- 지혜의 현장 '대학'을 풀이하라
- 가슴을 시원하게 뚫어 주는 정치가 필요하다

—세종

양녕이 세자 폐위되고 충녕대군이

세종은 22세에 즉위하여 32년간 재위했으니 54세에 사망했다. 한글 창제, 6진 개척, 자격루의 제작, 많은 발전을 이루는 놀라운 업적을 세운 탁월한 왕이며 세종대왕으로 불린다. 세종은 1397년 태어났다. 세종이 태어났을 때 부친 이방원은 30세. 모친 민씨는 32세였다. 세 살 위의 양녕대군, 한 살 위의 효령대군이 있었고 누이도 있었다. 태종은 앞서 얻은 아이들 셋이나 잃었다. 태종 이방원은 이성계의 다섯째 아들이다.

세종의 할아버지인 태조의 부인 신덕왕후 강씨는 태조5년인 1396년에 세상을 떠났다. 태종의 부인 원경왕후는 네 아들과 네 딸을 낳았다. 막내아들 성녕대군은 일찍 죽었다. 태종은 정도전 일파를 제거하고 넷째 형 방간을 몰아내 왕위를 손에 넣었다. 원경왕후의 아우들은 태종에 의해 죽임을 당했다.

세종의 부인 소헌왕후 심씨는 세종과 1408년 혼인했다. 세종은 대군 당시 충녕대군으로 불렸는데 1418년 양녕이 세자자리에서 폐위되고 그 자리에 충녕대군이 세자로 책봉되었다. 세종의 부인인 소헌왕후의 아버지 심온은 영의정이 되었다. 심온은 태종의 노함을 받아 죽었고 소헌왕후의 어머니와 동생들은 관노비가 되었다. 소헌왕후는 세종14년에 왕비로 책봉되었다.

공부 자체를 즐겼다

세종과 소헌왕후 사이에 8명의 아들이 있었다. 태종은 슬하 자식이 29

명이었다. 세종은 스스로 말하기를 **"한 번 잡은 책은 100번을 읽었다"고 했고 공부 자체를 즐겼다.** 충녕은 공부를 좋아하되, 몸 움직이기는 것을 싫어했고 성품은 침착하고 과묵했다. 태종은 18년간 재위했다. 태종은 51세에 양위하여 4년 뒤인 55세에 승하했다. 세종2년에 세종의 모친 원경왕후는 세상을 떠났다. 효령대군은 승려가 되었고 90세까지 살았다.

세종의 치하에 충실한 신하로 일한 황희는 27년간 정승으로 있었는데 그중 18년을 영의정 자리에 있었다. 그는 청백리로도 유명했는데 서출이었다. 조선 초기는 적서차별이 심하지 않았다. 장영실은 관노 출신이었는데 세종의 배려로 국비장학생으로 중국에 유학을 갔었다. 장영실은 세종 5년 왕의 명령으로 천민의 신분에서 벗어나 벼슬까지 받았다. 1432-1433년 장영실은 간의대와 혼천의를 각각 만들었다. 또한 자격루, 앙부일구, 흠경각의 옥루, 해시계인 현주일구와 천평일구, 정남일구, 규표, 각종 광물의 채광과 가마도 제작했다.

세종의 신하 이천은 금속활자 주조에서 실력을 발휘했다. 그는 양반이면서도 기술에 능했다. 박연은 사대부이자 문관 출신으로 아악 발전에 기여했다. 세종은 집현전을 만들었고 예절의 절차를 정리했다. **세종25년 훈민정음이 창제되었다.** 세종은 성삼문과 신숙주를 중국의 한림학사 황찬에게 13회나 보내어 언어에 대한 자문을 구했다. 한글 창제에 집현전 학자들의 반대가 심했는데 결국 세종27년 훈민정음을 반포했다.

세종은 10살 연상의 김종서에게 북방 정책을 수행하게 해 6진을 개척했다. 세종21년 '공험진이 조선 경계'라는 선언을 명나라에 천명했다. 세종은 신하들의 의견을 적극 경청했다. 그러면서 자신의 소신을 묵묵히 관찰했다.

집현전이 확대되어 연구기관으로

허조는 황희와 함께 세종을 보필한 재상이었다. 세종2년 집현전이 확대되어 연구기관으로 37년간 운용되었다. 집현전은 인재교육, 서적편찬, 국왕에 대한 조언을 했다. 황희는 황군서의 서얼이었는데 박포의 아내와 간통한 일, 뇌물수수혐의, 사위의 살인옥사에 간여한 일 등 비리가 있었음에도 등용하여 18년간 정승을 맡았다.

세종이 함경도 감사 조말생이 뇌물을 받아 사헌부의 탄핵을 받았음에도 유배 후에 다시 등용한 것은 조말생의 능력을 평가했기 때문이었다. 세종 재위 정승을 역임한 사람은 15명이었다. 세종은 기존의 수령임기 30개월을 60개월로 늘려 짧은 임기의 단점을 시정했다. 세종은 경연의 교재를 '여민동락' 사상이 담긴 '대학연의'로 정해 독서경영을 추구했다. '대학연의'는 '대학'을 송나라의 진덕수가 부연해 설명해놓은 책이다. 세종이 가장 중시했던 것은 약자들이 억울함을 말하지 못하는 고통이었다.

세종은 토론을 통해 지혜를 모아가는 것을 중시했다. 신하 허조는 대쪽같은 성품으로 자기관리에 엄격했고 바꿀 일은 신중을 기해 개혁하는 성향이 강했다. **세종은 사서삼경과 역사서적을 고루 읽었다.** 다독과 정독을 함께 했다. '성리학'은 '성명의리지학'의 줄임말로 '성명'은 개인의 심성과 마음공부이고 "의리'는 사회의 통치원리를 의미하며 '지'는 특수상황을 의미한다.

세종은 어전회의에서 자신의 말을 최소화해 신하들이 속마음을 터놓을 수 있게 했다. 세종은 80세 이상의 노인들을 공경하는 마련을 하였고 노비들의 출산 휴가제도를 개선했다. 세종의 후계자 문종은 8살 때 세자로 책봉되어 '세자 수업'을 체계적으로 받은 최초의 인물이다. 문종은 어질고 효성스러우며 학문, 용모 등이 뛰어났으나 몸이 약한 것이 흠이었다.

소헌왕후는 8남을 낳았다. 수양대군은 세종의 둘째아들이다. 셋째는 안평대군이다. 단종은 문종이 28세였던 세종23년에 태어났다.

이종무 장군을 파견 대마도를 정벌

세종은 7년간 혹독한 가뭄이 일어났을 때 가마솥을 걸고 죽을 끓여 도성 백성들에게 먹이게 했고 백성들의 고초를 몸소 체험하고자 초가집을 만들어 거기에 기거하기도 했다. 상왕 이방원과 세종은 1419년 대마도에 이종무 장군을 파견하여 대마도를 정벌하였고 왜군 병선들을 모두 파괴시켰다. "대마도는 경상도 계림에 속하였다"는 기록이 있다. 세종은 3명의 정승을 20년가량 재임시키면서 안정된 정책을 펴나갔다.

세종은 백성의 세금을 낮추고 백성의 고초를 생각하는 임금이었다. 세종25년 훈민정음 28자를 창제하였고 '동국정운'을 간행케 하여 조선 한자음을 바로잡았다. 훈민정음은 나중에 한글학자 주시경이 '한글'이라는 이름을 붙였다. 세종은 백성을 가르치기 쉽도록 훈민정음을 창제했다. 훈민정음으로 쓰여 진 최초의 작품은 '용비어천가'였다.

태종은 재위18년(1418) 세자를 양녕에서 충녕으로 교체했다. 세종은 오전2-4시에 일어나 책을 읽었다. **'좌전'과 '초사'는 백 번도 더 읽었다**고 한다. 좌전은 공자가 저술한 역사서 '춘추'의 주석서이고 '초사'는 초나라 사람의 글을 모은 책이다. **'자치통감'은 사마광이 편찬한 249권의 방대한 역사서인데 세종은 그 책에 매료되었다.** 세종은 재위2년(1420)에 집현전을 실질 부서로 만들었다. 집현전 학자들이 집에서 독서에 전념하게 하는 **사가독서 제도는 독서를 업무의 연장으로 본 것**이다.

세종은 장인 심온을 처형하는 데 앞장선 유정현과 박은을 중용했다. 양녕의 비행을 옹호하다 쫓겨난 황희를 다시 복귀시켰다. 육조에서 국왕에게 직접 보고하는 육조직계제를 폐지하고 정승의 권한을 강화하는 의정부 서사제를 부활시켜 태종의 조치를 세종은 무효화했다. 세종이 사망하기까지 7년간 세자 문종과 공동으로 통치했다.

세종 '수령고소금지법'과 '종모법' 실책

완전한 인간은 없는가 보다. 위대한 성군으로 평가받는 세종대왕은 많은 업적과 훌륭한 선정의 능력을 보여준 왕이었다. 그런 세종인 나이가 들면서 질병에 시달리자 그의 '현명함'은 점차 줄어들었다. 짜증이 많아지고 집중력도 감퇴했다. 그러니 그의 통치능력이 증가되는 것이 아니라 감소되었다는 사실이다.

세종은 '수령고소금지법'을 만들어 수령이 부정한 일을 할 때 백성이 고소하는 것을 금지하는 법을 만들었는데 이는 큰 패작이다. 또한 노비의 아비와 어미 중에서 이전의 종부법을 따르면 노비는 아비가 양반일 때 천민의 신분을 벗어날 수 있었는데 '종모법'을 제정해 어미와 같이 노비 신분을 유지하게 한 것도 실책이다.

세종은 고기반찬을 좋아했고 몸이 비중했다. 과로로 42세 이후 온갖 질병에 시달린 세종은 당뇨, 요로결석, 눈병 등 여러 질병을 앓았다. 세종은 어려서부터 공부를 좋아했고 부모 형제에게 효제하고 겸손하며 공경하는 자세를 지켰다. 세종은 술을 많이 마시지 않았다. 그는 **무서운 공부꾼, 실리주의적 측면**을 보여주었다. 세종은 "어짊을 베풀어 정치를 세우겠다"고 약속했다. 세종은 아버지 태종뿐 아니라 형님인 효령대군에게도 낮은 자세로 모셨다.

'서얼 허통' 논의 있었지만 되지 않았다

조선 사회에서 서얼은 과거에 응시할 수 없었다. 서얼들도 벼슬을 할 수 있게 하자는 '서얼 허통' 논의는 있었지만 결국 되지 않았다. 허통을 반대한 대표적 인물은 이황이다. 관직 등용에서 서얼을 차별하지 않는 중국과도 달랐다. 선비들은 걸핏하면 중국 사례를 들었는데 서얼 허통의 중국 사례를 인용하지 않았다. 자신들 이익을 고수하기 위함이었다.

부계 계승은 주자학의 절대 원칙이었다. 노비의 신분이 아비의 신분을 따른다면 노비는 노비 신분에서 벗어날 수 있었다. 조선 태종은 노비 신분을 아비 신분을 따르게 하는 '종부법'을 관철시켰는데 세종 때 '종모법'으로 되어 노비는 어미의 신분을 이어받았다. 노비로서는 일생의 한이 맺히는 조치였다. 공자와 맹자는 노비를 거느리지 않았다.

1801년 중앙관청의 공노비를 혁파하고, 1864년에는 노비 세습제를 폐지하였음에도 노비제도는 1894년 갑오경장 직전까지 존속했다. 노비 제도에 선비들은 아무런 기여를 하지 않았다. 실학자 정약용은 1801년의 공노비 해방 조치를 강도 높게 비판했고 양반 제도에 신랄한 비판을 한 박지원은 노비제도에 한 마디도 하지 않았다. 고려 시대에는 남녀가 평등했다. 조선시대에는 여성에 대한 차별이 두드러졌다.

18세기 전체 인구는 약1,200만 명, 노비 인구는 약400만 명이었다. 본래 삼강오륜에는 적자와 서자 구분이나 주인과 노비 구분이 없었다. 유학자들은 이런 구분을 통해 자신들의 이익을 도모했다. 세종은 문종에게 불량식품을 먹였다는 이유로 휘빈을 폐서인하고 세자빈을 다시 들였는데 뽑힌 이가 '봉'씨였다. 봉씨는 궁녀 소쌍과 동성애를 하여 폐서인이 되었다. 조선시대에 왕이 죽으면 후궁들과 승은을 입은 궁녀들은 모두 정업원으로 들어가게 했다.

—정조

영조의 탕평책을 계승한 정조

22대 정조는 24년간 (재위1776-1800)했다. 정조는 홍국영을 등용해 반대파를 쫓아냈고 규장각을 확대해 학자들을 등용했다. 영조의 탕평책을 계승한 정조는 1794년부터 34개월 동안 화성을 새로운 도시로 건설했다. 그는 정약용(1762-1836) 등 양반가 학자들과 박제가, 이덕무, 유득공 등 서얼 출신 학자들을 등용했다. '서얼허통절목'을 공포해 서얼 차별을 없앴다.

정조의 할아버지인 영조는 조선 역사상 가장 장수한 임금이며 가장 오래 재위한 임금이다. 검소하고 눈물 많고 인간적이며 백성의 삶을 잘 헤아린 임금으로 알려져 있다. 정조는 사도세자와 혜경궁 홍씨의 차남이다. 장남은 세 살에 세상을 떠났다. 세자전의 시녀 임씨가 세자의 아들(은언군)을 낳았고 은신군도 낳았다. 정조의 이복형제가 된다. 시녀 박씨가 세자의 아들 은전군을 낳았다.

1762년 11살의 세손인 정조는 사도세자가 영조의 명에 굶어죽는 걸 보았다. 세손을 효장세자(영조의 후궁 정빈 이씨가 낳은 장남)의 아들로 입적시킨 영조의 결정이 있었다. 1776년 영조는 82세로 승하했다. 사도세자가 세상을 떠난 지 15년, 정조 나이 24세였다.

노론의 입을 막고 홍국영을 내세운 정조는 서얼 출신의 이덕무, 박제가, 서이수, 유득공 등을 규장각 관리로 등용하였다. 정조는 궁 밖으로 자주 나가 백성의 민원을 들었다. 도망친 노비를 잡는 노비추쇄도감을 혁파하고 백성들이 부당한 형벌의 피해를 입지 않도록 형법을 개정했다. 사형수의 경우 10번 이상 확인을 거쳐 억울하게 죽는 자가 없도록 했다. 국왕을 호위하는 장용위의 규모를 해마다 확장했다.

개혁정치의 모범이었다

홍국영은 34살에 세상을 떠났다. 정조는 여자 문제에도 자세를 바르게 했다. **정조는 세종 이후 유일하게 학문으로 신하들을 압도한 출중한 실력**을 가지고 있었다. 정조는 남인, 소론을 대거 등용하여 탕평정치를 시작했다. 시전 상인의 특권을 없애 상인들의 정경유착 피해를 줄였다. **개혁정치의 모범이었다.** 수빈 박씨가 낳은 아들은 훗날 순조가 된다. 정조는 수원에 둔전을 설치하고 경작에 필요한 대규모 저수지도 만들었다. 재위25년 49세로 정조는 세상을 떠났다. 순조의 장인은 김조순으로 안동 김씨였다.

정조의 아버지 사도세자는 장인 홍봉한에게 자신의 울화증을 호소하는 편지를 보낸다. 영조와 사도세자의 갈등은 사도세자의 정신적 스트레스를 가중시켜 난폭한 행동을 보이게 했다. 나경언이 사도세자의 비행을 적은 내용을 바치자 영조는 사도세자에게 "차라리 미쳐 버리라"는 말을 했다.

수빈 박씨는 정조의 살아남은 유일한 아들인 순조를 낳아주었다. 순조 19년 10살의 효명세자는 풍양 조씨 가문에서 세자빈을 간택했다. 안동 김씨 일족은 효명세자의 외가였다. 효명세자는 21세에 세상을 떠난다. 과로로 인하여 순조30년인 1830년 각혈을 하며 쓰러졌다. 효명세자의 아들이 헌종이고 8세에 왕위에 올랐다.

세자 자리의 기간은 경종이 31년, 문종 29년, 인종 25년, 정조 18년, 광해군 17년 순이다. 세자 자리의 기간과 왕 재위기간은 반비례한다. 세조의 장남 의경세자는 20세에 요절하고 차남 예종도 20세에 요절한다.

선조는 중종의 후궁이었던 창빈 안씨의 손자로 임금의 방계 종친의 신분으로 왕위에 오른 최초의 인물이다.

노론은 세손 즉 정조의 즉위를 반대했다. 이산 정조는 사도세자의 아들로 영조의 뒤를 이었다. 정순왕후와 그 오라비 김귀주, 노론 벽파 영수 홍인한도 정조 즉위를 반대했다. 정조는 즉위한 후 서서히 노론 세력을 하나씩 숙청했다.

차남으로 태어난 정조는 아버지 사도세자를 꼭 빼닮은 모습이었다. 영조28년 홍역이 전국을 휩쓸었는데 정조는 일주일 정도 앓다가 회복되었다. 정조는 5살부터 8살까지 경춘전에서 약 3년을 살면서 영조의 지극한 사랑을 받았다.

정조1년 호위청의 강용휘와 전홍문이 정조를 살해하려고 존현각 지붕 위로 올라갔는데 **새벽까지 책을 읽던 정조**는 지붕 위의 소리에 위험을 직감하고 소리를 질렀다. 범인은 도망갔으나 결국 배후도 드러났다. 정조는 노론 일색의 신하들을 남인 채제공을 우의정에 특배하는 등 서서히 교체하였다. 왕명을 거부한 승지들과 이조판서를 파직했다. 정약용, 이가환 등도 등용했다. 천주교를 탄압하려는 노론 세력에 대하여 '문체반정'이 근본적 원인이라고 지적하자 노론은 수그러들었다.

박제가, 이덕무 등 서자 지식인 등용

정조는 박제가, 이덕무, 유득공, 이서구 등 서자인 지식인들을 등용했다. 정조는 "저 서류들도 나의 신자인데 ....과인의 허물이다"라고 말하면서 서얼들을 등용하였다. 정조는 경호를 강화하려고 장용위를 설치했다. 부친인 사도세자의 묘를 수원으로 옮기고 수원을 새로 축성했다. 10년 예상하던 수원 축성이 3년 만에 완공되었고 백성들의 강제노역이 아니라 임금을 주면서 공사를 했다.

정조는 실학자들을 중용했다. 수원에 배치된 군대 장용영은 최고의 군영이 될 수 있었는데 둔전을 마련하여 농사를 통해 자체 군수물자를 마련했다. 정조는 금난전을 철폐하여 자유로운 상행위를 허용했다. 오희연교(5월 그믐날 경영 교시)를 통해 노론의 적대행위가 사도세자를 살해한 원죄의 결과라고 해석했다. 오희연교는 남인 등용의 신호였다. 정조는 1800년 갑자기 사망했다.

혜경궁 홍씨는 28세에 남편을 잃고 성격이상자인 영조와 정신병자인 사도세자의 부딪침이 비극의 원인이라고 밝혔다. 사도세자가 소론과 결탁했다는 결정적 증거인 조재호 사건을 재조명할 수 있었다. 영조는 "어릴 때의 세자는 실로 성인의 자질이 있었다"고 말하곤 했다. 영조는 노론 한 사람을 등용하면 소론도 한 사람 등용하는 쌍거호대 방식으로 탕평책을 시행했다.

영조는 노론, 소론, 남인, 북인도 정치 상대로 인정했다. 사도세자는 군사정변과 관련된 일로 죽음에 이르게 되었다는 사실이다. 영조는 감정의 기복이 심했다. 영조는 5살 세자에게 양위하려는 소동을 벌이기도 했다. 세자는 총명했다. 1744년(영조20년)에 세자는 세자빈 홍씨를 부인으로 맞이했다. 장인 홍봉한은 31세였는데 과거에 여러 번 낙방하여 출사하지 못한 상태였다.

사도세자는 독서를 좋아했고 말타기와 활쏘기도 좋아했다. 문무를 겸비한 것인데 세자는 신중하게 처신해 영조는 만족했다. 당시 세손의 나이는 만 10세였다. 영조8년 8일 동안 뒤주 속에 갇혀 있던 세자는 사망했다. 세손은 신중하게 처신했다. 정조는 즉위하는 당일 "아! 과인은 사도세자의 아들이다!"라고 말했다. 즉위한 지 27일에 3사 관원들을 파직했다. 풍산 홍씨 가문은 몰락의 길로 접어들었다. 혜경궁 홍씨가 '한중록'을 쓴 이유가 사도세자의 죽음과 자신의 친정은 관련이 없음을 변명하기 위한 것이었다.

노론은 세 번 정조 살해하려 했다 실패

노론은 정조 초년에 세 번이나 정조를 살해하려 했는데 실패했다. 정조는 노론과 손을 잡으면서 서서히 자신의 권력을 강화했다. 즉위한 1776년 사도세자의 묘를 수원으로 옮기는 결정을 하고 수원 화성을 건축하는 계획을 세웠다. 재위18-20년 수원 화성을 축성했다. 화성 축성과 규장각, 장용영, 장용외영을 설치했다.

정조는 노론의 여식을 세자빈으로 간택했다. 정조는 종지라는 하찮은 증세로 약방의 진찰을 받은 보름 후 세상을 떠났다. 세자의 두 누님인 화평, 화형옹주는 세자가 10대초 때 요절하였고 막내누이 화완옹주는 세손 정조의 반대편에 섰다가 끝내 비참한 지경에 빠졌다. 혜경궁 홍씨가 '한중록'을 쓸 때는 70대 노회한 정객이었다.

정조는 대표적인 개혁군주로 규장각을 설치하여 학문을 장려하고 사회 안정과 경제 발전에 공헌했다. 정치에서 탕평책을 실행하였고 **인물과 실력 중심의 관리를 등용**했다. 정조의 책문은 그의 문집인 '홍재전서'에 실려 있다.

정조의 책문은 정조의 '홍재전서'에 실려 있는 책문이다. 책문이란 정조가 신하와 유생들에게 국가의 정책과 나아갈 방향에 대한 연구와 대책을 주문한 기록이다.

정조는 경서와 사서 등에 정통하였다

정조는 경서와 사서 등에 정통하였다는 사실을 확인할 수 있다. **정조의 책문은** 지도자의 자질과 열정을 뽑아내는 정조의 세심함을 느끼게 해준다. 다음의 내용은 필자가 정조가 직접 지은 책문의 내용을 인용하는 것이다. 책문을 읽어보면 **정조의 탁월한 학습의 깊이와 백성의 삶에 대한 깊은 이해가 바탕**하고 있음을 보여주고 있다. 정조의 놀라운 학식과 백성에 대한 깊은 사려가 보이는 내용이기에 인용하려는 것이다.

훌륭한 정치에 대해 논할 때 반드시 인仁, 의義에 관한 사유와 실천을 함께 언급한다. 정조의 책문은 "요임금과 순임금의 16사 심법인 인심유위 人心惟危, 도심유미 道心惟微, 유정유일 惟精惟一, 윤집궐중 允執厥中 즉 사람의 마음은 욕망으로 빠지기 쉬워 위태롭고 자연의 마음은 있는 그대로 은미하게 숨겨져 있다. 알짜배기를 하나로 꿰뚫고 그 마음을 잡아라는 **가르침을 제대로 공부해야 한다"라고 말한다.**

중용은 핵심 중의 핵심이다. 동방에 위치한 우리나라가 작은 중국이라 하며 소중하다고 한다. 정치의 관건은 신뢰다. 믿음 즉 신뢰는 최고지도자인 군주에게 가장 큰 보배다. 신하도 신뢰를 가져야 한다. 서로 소통하며 정책을 실천하라. 언로가 열리느냐 마느냐는 매우 중요하다. 군주가 언로와의 관계에서 곧음과 치우침, 어두움과 밝음을 생각해야 한다.

국가를 다스리기 위한 본보기를 설정하라. 정치를 제대로 시행하려면 일정한 체계를 설정해야 한다. 정치의 원리원칙을 확인하라. 삶과 정치에 봄의 활력을 불어넣어라. 백성을 오래 편안히 살게 하라. 5가지 복 중에서 첫 번째를 '수명'이라 했다. 일상에서 조심하라. 경敬은 일상에서 고요하거나 동정을 관통하는 것이다.

지혜로 사리를 분별하라. '주역'에서 '지혜는 모든 사물에 골고루 관련한다. '대학'에서는 격물치지, '중용'에서는 달덕, 주역에서는 광대, 서경에서는 명철, 논어에서는 불혹, 추서에서는 '지'를 말했다. 공자는 '지혜'를 교훈했다. 지혜는 옳고 그름, 사리를 통달하는 것이다. 잠언으로 삶을 경계하라. 잠언은 잘못을 치유하는 것이다.

사치스런 사회 분위기를 경계하라

사치스런 사회 분위기를 경계하라. 사치는 폐단이 너무 크다. 소박한 생활을 중시해야 한다. 정치는 무엇을 지향하는가? 사회 정의인가, 개인 이익인가? 의義와 리利는 의로움과 이익이다. 올바른 왕도는 의를, 그릇된 패도는 이익을 추구한다. 형식에 얽매이지 말고 정책 대안을 확실하게 제시하라. 문무를 항상 겸비하라. 최고지도자는 문신과 무신울 병행해야 한다. 문무를 겸비한 진법을 어떻게 만들 것인가?

자신의 재능을 펼칠 수 있는 사회 분위기를 조성하라. 의미 있는 전통 풍습을 적절히 활용하라. 사람을 정확히 알아보고 등용하라. 서경에 "사람을 알아보는 일은 사리를 밝히는 것"과 통하며 인재등용의 기초가 된다. 어떤 사람이건 그 사람의 재능을 사랑하라. 내가 진실로 보배로 여기는 것은 현명한 사람이다.

학자를 제대로 대접하라

학자를 제대로 대접하라. 사회 정의, 예악, 중정과 인의를 중시하는 사람이 필요하다. 사람을 소중하게 여기는 날을 기억하라. 다양한 방법으로 현명한 인재를 등용하라. 현실에 맞는 인재등용 제도를 고안하라. 과거는 인재를 선발하되 현명하고 준수한 인재를 등용하기 위함이다. 강경이나

제술을 모두 제공해 현명한 인재를 뽑아야 한다.

경전 연구는 어떤 방식이 좋은가? 명경은 경서를 강의하여 그 의미를 밝히는 법이다. 경서의 본질을 밝히는 것이 중요하지 암송하는 것은 단점이다. 현실을 당당하게 개척하라. 송나라 때 학자 왕안석은 정치개혁을 하였는데 옛것을 그대로 따르는 것만 못한 정책을 가져왔다. 정치는 사회적 약자들을 도와주는 일이 최우선이고 학문은 용감하게 매진하는 것을 중시한다.

진정으로 공직자다운 태도는 무엇인가? 요순시대에 관리들은 백성들을 위해 똑같은 자세로 봉사했기에 칭송받았다. 우리 조선은 유학을 숭상하고 관리들의 사기를 장려해왔다. 모든 공직자가 이름과 직분에 걸맞게 근무하라. 예의는 그에 맞는 분수에 맞는 것이다.

관리들의 근무평정에 엄격하라, 나쁜 버릇은 반드시 고쳐라. 관리로서의 몸가짐은 말과 행동이 어긋나지 않게 조심해야 한다. 학문을 열심히 하고 염치를 신중하게 실행해야 한다. 말과 침묵의 이중주를 펼쳐라. 말과 침묵은 모두에게 중요하다.

문화를 꽃피울 기반은 어떻게 마련하는가? 규장각은 임금이 몸소 지은 글이나 물건을 봉안한다. 그 취지를 받들어야 한다. 마음을 한결같이 거둬들여라. 마음은 이치를 본체로 삼고, 기운을 작용한다. 깨닫게 되는 것은 덕, 깨달을 수 있는 것은 체에 속한다.

시대정신을 정확하게 파악하라

역사는 어떻게 기술해야 하는가? 역사 기록에서 정밀하고 요약된 방안은 이미 잃었다. 시대정신을 정확하게 파악하라. 옛날의 학자나 관리는 자신의 몸을 단속하고 행실을 가다듬었다. 사치는 큰 폐단이다. 공직자의 품위와 분위기가 바로 서야 한다. 내가 취임한 지 10년이다. 우주자연의 이치에 맞게 백성과 교감하라.

학문을 부양할 방안은 무엇인가? 학문이 소중한 이유는 배워서 훌륭한 인간이 될 수 있기 때문이다. 오늘날 학자들은 자신을 수양하는 학문에서는 성취가 적고, 베푸는 자세로 백성을 구제할 책임을 저버리고 있다. 자연의 이치와 인간의 도리를 어떻게 통하는가? 천문의 운행을 정치에 응용하라. 우리의 천문기구는 훌륭한데 인간 지혜를 발휘하지 못하고 있다.

정학인 유학 정통을 회복하라. 속학의 폐단이 너무 심하다. 해박한 명분보다 잡서와 곡설이 많다. 거짓을 넘어 진실한 학문에 힘쓰라. 세상을 속이는 위서들이 있다. 이치와 도리, 실용적 가치가 있어야 한다. 세상의 이치를 파악하려면 문자에 해박하라. 학문은 대학에서 말하는 격물치지를 중시한다.

정통 있는 문체에 시대정신을 담아라. 문명국가로서 우리 조선은 어느 나라보다도 뛰어나다. 훌륭한 문장으로 정책을 펼쳐라. 나는 최고지도자로서 나랏일을 돌보는 틈틈이 다양한 서적을 설렵했다. 정치에 필요한 좋은 문장을 존중하라. 나는 좋은 문장을 존중한다. 그대들은 각기 소신 있게 자신의 의견대로 진술하시라.

어려운 문체와 쉬운 문제를 상황에 맞게 구사하라. 문체는 하나가 아니다. 사람에 따라 문장의 특색은 다르게 나타난다. 중국에서 사마천은 당대 최고의 문장가로 꼽힌다. 문체가 천박하고 난잡한 문장쓰기가 갈수록 심해진다. 자신의 목소리를 실천할 수 있도록 글을 써라. 말을 자신의 행동에 담아 공덕을 세워 길이 남게 하는 것이 좋다.

학문으로 세상을 경영하라

정통 있는 **학문으로 세상을 경영하라.** 경전을 다루는 학문인 경술은 큰 것이다. 성인이 제작한 것을 경經, 현인이 저술한 것을 전傳, 그것을 바탕으로 설명한 것을 고詁, 그것을 근거로 장구를 나눈 것을 주註라고 한다. '전' 이하에 해당하는 것 모두가 경술의 대상이다. 올바른 맥락과 진정한 학문 전통을 존중하는 사회 분위기를 만들어야 한다.

십삼경을 연구하여 학문의 근본을 탐색하라. 십삼경은 주역, 서경, 시경, 주례, 예기, 의례, 춘추좌씨선, 춘추공양전, 춘추곡량전, 논어, 효경, 이아, 맹자를 말한다. 주례를 통해 문화제도의 모범을 설정하라. '주례'는 주나라 주공이 정치를 시행할 때 운용한 제도를 기록한 저술이다.

'예기'를 파악하여 세상을 분별하라. 예는 우리 삶에 녹아 있고 삶 자체를 좌우하기에 정말 중요하다. 악경을 이해하여 세상을 조화하라. 음악은 세상을 조화롭게 만들고 통합하는 핵심 도구다. '시경'을 통해 세상을 화합으로 경영하라. 학자는 반드시 경서를 읽어야만 한다. 그중 주자의 '시경집전'에서는 의로움과 이로움을 자세하게 밝혔고 세밀하고 폭넓게 고증했다.

최고의 고전인 '서경'을 복원하라. 육경 중에서 가장 오래된 경전은 '서경'이다. '춘추'를 통해 역사를 알고 바른 정치를 고민하라. '춘추'는 역사서의 모범이다. '뜻'은 춘추에 있고 행실은 효경에 있다. 춘추는 왕도를 바로잡고 정치의 가장 중요한 방법을 밝히는 경전이다.

지혜의 현장 '대학'을 풀이하라

세상을 다스리는 **지혜의 현장 '대학'을 풀이하라.** '대학'은 학문을 하는 지침이다. 효孝, 제悌, 자慈는 치국의 세 가지 강령이다. 격물치지는 '꿈과 깨달음 사이'의 관문이다. 나는 세자로 있을 때부터 '대학'을 탐독했다. 정치의 핵심을 담은 '대학' 해설서를 성찰하라. '대학'은 삼강령을 기본 원칙으로 하여 팔조목으로 확장된다. 문제는 실천이다.

세상을 다스리는 지혜의 결집체, '논어'를 검토하라. '인'仁이라는 한 글자는 '논어'20편을 꿰뚫고 있는 핵심어다. 시서예악 詩書禮樂 사교를 언급한다. '논어'는 육경의 총집합이다. '맹자'를 통해 정책을 입안하라. 맹자는 공자 다음가는 학자다. '맹자'는 인에 의예지 義禮智를 추가했다. 논어에서 인이 핵심이다.

맹자는 '호연지기'를 잘 기른다고 했다. 이는 공자가 언급하지 못한 부분을 주장한 것이다. 맹자는 이익과 의리를 엄격하게 구분했다. '맹자'는 '논어', '중용', '대학'과 더불어 경서의 반열에 올랐다. 나는 세상의 도리가 한 쪽으로 치우치는 것을 민망히 여긴다.

학문의 근본이 되는 '중용'을 탐색하라. '중용'은 공자의 손자인 자사가 지은 책이다. 계신戒愼과 공구恐懼는 학문의 근본문제이자 핵심영역이다. '통서'를 통해 조선유학의 도통을 확인하라. 통서通書는 주렴계가 지은 책이다. '황극내편'을 보고 정치의 근원을 탐구하라. 황극내편은 채침이 저술했다. '홍범'은 도를 논의한 책이다.

아무리 작은 사물일지라도 그 이치를 보라. 굶주리고 헐벗은 백성들을 어떻게 구휼할 것인가? 국가가 백성을 구휼하는 정책을 주진 賙賑이라 한다. 주진에 관한 정책을 강구하라. 봄기운이 꿈틀대는 백성의 삶을 활기차게 하라.

본업에 충실, 잘사는 법을 고민하라

본업에 충실하여 잘사는 법을 고민하라. 농경사회에서 본업은 농사다. 본업인 농업을 귀중하게 여기고 상공업 같은 말기를 억제하는 일은 최고 지도자의 기본이다. 본업과 함께 다른 여러 사업으로 민생을 보완하라. 노인을 잘 모시고 농부를 격려하는 복지 정책을 고려하라. '소학'小學은 어린 아이가 처음으로 배우는 교과목이다.

가슴을 시원하게 뚫어 주는 정치가 필요하다. 국가의 자원을 제대로 등록하라. 우리 조선은 호적법을 중시하여 다섯 가구를 한 통統으로 하고 3년마다 호적을 작성하게 했다. 민생을 챙기는 정책을 재건하라. 환곡과 균향을 환향이라고 하며 민생을 챙기는 정책이다. 수해와 가뭄에 대비하고 진휼과 대여를 논의하는 것은 의창義倉의 법을 따른 것이다. 어떻게 하면 시대에 맞는 환향의 정책을 수립할 수 있나?

국가의 지리 파악이 정치의 기초다. 지상에서 중요한 운송수단을 강구하라. 해상운송 대책을 강구하라. 동쪽에 치우쳐 있는 강원도의 민심을 살펴라. 멀리 떨어진 제주도를 잘 챙겨라, 남쪽에 치우친 전라도에 필요한 정책을 고민하라. 1결의 기준이 38묘이고 1묘의 기준은 14부이다. 도량의 기준을 통일하여 혼란이 없게 해야 한다.

조적糶糴은 곡식을 비축하여 강제로 분배하고 가혹하게 거두어들이기도 하며 식량을 구휼 정책으로 제대로 시행해야 함에도 관리들이 사사로운 욕심으로 수작을 부리는 사례가 많다는 사실이다. 관원들이 이 제도를 악용해 장사나 돈놀이를 하기도 한다.

균세均稅는 모든 세액을 균역청에 귀속시키는 것은 사익을 막고 해정海征의 해악을 막기 위함이었다. 처음에는 포구 백성들이 기뻐하며 춤추었는데 10년도 못가서 세액은 나날이 줄고 백성은 나날이 곤궁해지고 있다는 것이다. 균세 정책을 제대로 실행하지 못해 어민과 농민들이 고통하고 생선과 소금도 부족하는 사례가 나오고 있다는 것이다.

조전漕轉은 해안의 포구에 창고를 설치하여 창고간에 오고가는 곡식에 부과되는 비용을 제대로 시행하여 효율적인 해안의 곡식 운동이 이루어져야 함에도 여러 모순들이 발생하고 있다는 것이다.

군정軍政은 군정이 문란해져 양반들이 군사에 나가지 않아 군사 숫자가 점점 줄어들고 있으며 양반과 부유한 자는 군역에서 빠져나가 서민들이 더욱 곤역을 치르고 있는 실적이다. 포목을 수납하는 군정은 서민들에게 더욱 가혹한 부담으로 이어지고 있다.

관방關防은 해안 요충지에 방어설치를 건설하여 해안방어를 도모하는 것인데 이에 대한 확고한 대처방안이 나오지 않고 있다. 법령法令의 반포와 실행은 서민들에게 직접 영향을 미치는 중대한 일임에도 백성들이 안정된 생활을 할 수 있게 하는 선한 처리가 이루어지는 것으로 보이지 않고 있다.

결역結役은 공평하게 측량하여 백성들이 안심하고 생활하고 혜택을 주어야 함에도 바람직한 조치들이 시행되지 않고 있는 것으로 보인다. 모든 국가의 조치들은 백성들을 편안하게 하도록 제대로 시행해야 한다. 북쪽 외진 곳에 있는 함경도에 필요한 정책을 제시하라.

참 · 고 · 자 · 료

다음 저자 저서와 연구자료를 참고하였고 그외 자료도 참고했음.
박현모 한국중앙연구원 책임연구원.
이덕일 저술활동에 전념..
정조 책문, 정조의 저술.

10장. 정약용

학습 관련 발언 등 모음

정약용 (1762–1836)

- 28살에 되자 정약용은 급제
- 정약용은 목민심서, 경세유표 등을 집필했다
- '마과회통'을 저술해 서양의 우두법을 소개
- 학문에 대한 열정이 식지 않았다
- 다산에게 공부는 삶을 가치있게 향상시키는 것
- "핵심을 놓치지 마라"
- 공부에는 지름길 즉 왕도가 있다
- "공부는 핵심만 추려내야 한다"는 것이다
- 학습을 할 때 "정보 중에서 가치 있는 것만 추려내어 검토"했다
- "공부에서 가장 중요한 것은 요령을 잡는 것이다"
- "쓸모를 따지는 일에서 공부를 시작하라"
- 옛사람들의 '다독'은 한 책을 되풀이해 읽는 다독
- 다산은 도인법 즉 일종의 건강제조에 뜻
- 학습에 학습을 거듭한 학자의 자부심

정조는 정조7년에 정약용을 만나다

정조는 정조7년에 정약용을 처음 만났는데 1762년생인 정약용은 22살, 정조는 32살이었다. 정약용은 생원시에 합격하여 성균관에 들어가 두각을 보였다. 정약용은 그후 6년 동안 네 번이나 대과에서 불합격했다. 정조는 승지였던 홍인호에게 "정 아무개는 재상이 될 것이다"라고 말했는데 정약용 나이 24세 때였다.

28살에 되자 정약용은 급제했다. 정약용은 첫 관직이 희릉에서 참봉을 했는데 1년 동안 3품계나 올라가 노론의 공격을 받았고 정조는 정약용을 황해도 곡산부사로 발령했다. 그후 정약용은 정조의 부름을 받아 1795년 한강 배다리를 완성했다. 동원된 배에 못을 박지 않고 상처를 내지 않으면서 튼튼한 다리를 만들었다. 배를 빌려준 상인들에게는 더욱 활성화되는 계기가 되었다.

정조는 채제공, 정약용을 등용하여 수원 화성을 건설하게 했다. 30살의 정약용은 화성 축성 기간을 10년으로 예상했는데 34개월만에 끝냈다. 거중기를 개량하여 만들어 40근으로 625배인 2만5천 근의 돌을 들어 올릴 수 있었다. 그로 인해 공사비를 4만 냥이나 줄이고 공사시간도 단축되었다.

정약용은 1797년 형조 사무를 관할하는 동부승지를 거쳐 39세에 정삼품 당산관인 형조 참의가 되었다. 정약용은 젊은 시절 서학 즉 천주교를 접했다는 것과 형 정약전이 조정에서 같이 근무하고 있다는 약점이 있었다. 채제공은 1798년 나이가 80세 가까이 되어 조정을 물러나왔고 1799년 사망했다. 다음 해인 1800년 정조도 세상을 떠났다.

정조가 죽고 정약용은 유배 시작

정조가 죽고 1년도 안 된 1801년 정약용은 의금부로 압송되어 18년 유배가 시작되었다. 정약용은 1800년 관직에서 밀려나 **1801–1818년 귀양살이**를 했다. **정약용은 목민심서, 경세유표 등을 집필했다**. 그는 의학에도 관심이 많아 **'마과회통'을 저술해 서양의 우두법을 소개**했다. 그는 6남3녀를 두었는데 4남2녀가 어려서 죽었다.

정약용은 강진 유배 만년인 1817년에 '경세유표'를 저술하여 소작인제도 전면해체와 경작농민에게 토지를 재분배할 것을 주장했는데 이는 동학농민의 이념 자체였다. 정약용의 막내형 정약종은 천주교 박해로 사형당했다. 이승훈은 정약용의 친매형이었다. 정약용은 "시대를 아파하고 세속에 분개하지 않는 시는 시가 아니다"라는 시론을 썼다.

정약용의 호 '여유당'은 노자의 "망설이면서(與) 겨울에 냇물을 건너는 것같이 주저하면서(猶) 사방의 이웃을 두려워한다"는 구절에서 따온 것이다. 형 약전과 함께 유배형을 받은 약용은 18년 후에 귀가하였고 형 약전은 유배 16년에 사망했다. 정약용은 세상에 대한 분노를 학문으로 승화시켰고 형 약전은 어부, 물고기, 해초 등에서 새로운 세계를 보았다. 이복형 약현은 물의에 휩싸이지 않고 가문을 이어갔다.

정약용이 태어났을 때 형제들로는 이복형인 맏형 약현, 정재원과 해남 윤씨가 낳은 친형들인 둘째형 약전, 막내형 약종이 있었다. 그 외에 이복동생 약황이 있었다. 다섯 딸 중 정약용의 친누이가 이승훈과 결혼했다. 어머니 윤씨의 할아버지는 문인화의 대가 공재 윤두서였다.

어머니 윤씨가 정약용의 나이 9살 때 세상을 떠났을 때 약종은 11살, 약전은 13살이었다. 정조는 사도세자를 죽음으로 모는 데 앞장섰던

김상로, 영조의 후궁 숙의 문씨, 정조의 고모인 화완공주를 처벌했고 영조의 계비 정순왕후의 오라비 김귀주를 귀양보냈다. 노론 일각은 정조를 세 번이나 암살하려 했는데 모두 실패했다.

정약용에게 스승 없이 홀로 이익을 사숙

정약용에게 뚜렷한 스승이 없었는데 홀로 이익을 사숙했다. 성호 이익의 신학문은 정약용에게 영향을 주었다. 이익은 균전법을 주장해 "일정 규모 이상의 농토를 소유하지 못하게 하라"는 주장을 했다. 매형 이승훈은 베이징에서 천주교 교리를 배웠고 1784년 영세를 받았다.

1784년 약용은 큰 아들 학연을 낳았다. 남인인 약용 가문은 천주교 문제가 있었다. 1790년 베이징의 구베아 주교는 "제사는 우상을 숭배하는 것이고 하느님을 믿는 것에 위배되는 것이다"라고 말했다. 천주교 신도들이 신주를 불태운 사건이 발생했다. 정조는 관련자들을 처벌하라고 명령했다.

정조16년 정약용은 홍문관록에 올랐다. 31세였다. 정조는 경에서 권도를 찾았다. 즉 조부의 명을 거스리지 않고 아버지의 원수를 갚는 방법이 그것이었다. 정조는 수원성 즉 화성을 새로운 국도로 건설하기로 결심했다. 정약용은 화성 설계도를 8부분으로 나누어 작성했다.

건설 일꾼들에게 품값을 주자는 아이디어가 나왔다.. 이는 일꾼의 원성을 잠재우는 비결이었다. 정약용은 '기중가도설' 즉 기중기설계도를 만들어 제조했다. 정조는 화성에 '장용외영'을 두어 군권을 확보할 계획이었다. 화성 주위에 대규모의 넓은 땅을 경작지로 만들어 농경이 시작되었고 이는 시범농장으로 일꾼들은 품삯을 받았다. 이는 장용영의 병사들이 농사에 참여하는 병농일치의 실천이었다.

정조18년인 1794년 약용은 홍문관 수찬으로 복귀했다. 그후 암행어사에 임명되어 경기도를 암행했다. 환곡은 춘궁기에 백성을 돌보라는 제도였는데 고리로 백성을 착취하는 악용이 되어 있었다. 군역은 부유한 양반이 면제되는 모순이 있었다. 성인 남성은 1년에 한 필의 군포를 내는 것이 군역이었다. 약용은 경기감사 서용보를 착복 혐의로 고발했는데 이는 기나긴 후유증을 낳았다.

정약용은 정조의 신임을 받아

정약용은 정조의 신임을 받아 동부승지가 되었고 이는 당상관으로 정3품부터 종2품까지 부르는 '영감'이 된 것이다. 정조는 채제공을 좌의정, 이가환을 공조판서, 정약용을 우부승지로 삼았다. 약용은 천주교를 버렸다. 정약용이 한때 천주교를 받아들인 것은 서양학으로서, 그리고 유학의 별파로 받아들였다. 약용은 황해도 곡산부사로 임명되었는데 백성들의 집과 가족관계, 생활수준 등을 기록하여 선정에 노력했다.

약용은 군포를 백성들이 직접 관아에 가져와 납부하게 하여 아전들의 중간 농간을 막았다. 1821년 정약용이 쓴 목민심서에는 수령의 6가지 계율을 첫째, 몸가짐 둘째, 마음을 깨끗하게 셋째, 가정을 바로 다스리는 것 넷째, 청탁을 물리칠 것 다섯째 사치를 피하고 절약할 것 여섯째는 베풀어라 등이었다.

그는 곡산부사가 되었다가 형조참의에 제수되었는데 반대파의 공세로 3개월만에 물러났다. 정조가 죽고 천주교 탄압에 이가환, 권철신, 이승훈, 정약종, 최필공 등이 죽었고 정약용과 정약전은 귀양길에 올랐다. 강진에서 18년 동안 유배생활을 하면서 정약용은 목민심서, 흠흠신서, 경세유표 등 많은 저서들을 썼다. 1818년 유배에서 돌아왔을 때 재산은 별로 없었으나 **학문에 대한 열정이 식지 않았다.** 정약용은 현종2년인 1836년 자택에서 74세로 세상을 떠났다.

강진에서 18년간 유배 수백 권 저술

다산은 강진에서 18년간 유배생활을 하는 동안 수백 권의 저술을 남겼다. 다산은 학습을 할 때 초점을 다음처럼 잡고 학습했다. 먼저 핵심개념을 잡아야 한다. 문제가 무엇인지 파악하는 것이 우선이다. 다음, 조용히 살피고 그 깨달음을 간직하는 것이다. 그 다음, 실제에 적용하여 맞는지 살펴보는 것이다. 끝으로, 성심을 다해 주제에 몰입하는 것이고 탐색의 과정이다.

다산에게 공부는 삶을 가치있게 향상시키는 것이다. 다산은 "문제를 정면으로 돌파하고 **핵심을 놓치지 마라**"고 말한다. 묶어서 생각하고 미루어 확장하라. 이는 비슷한 것까지 엮어 통하게 하는 것이다. 다산은 "갈래를 나누고 종류별로 구분하여 명확관화하게 해야 한다"고 말한다.

다산은 공부의 바탕은 효제의 덕성을 바탕으로 한다고 생각했다. 즉 부모에게 효도하고 형제간의 우애이다. 다산은 유배18년 동안 경집 232권, 문집 260여 권을 정리했다. 다산은 "지름길을 찾아가라. **공부에는 지름길 즉 왕도가 있다**"라고 말했다. 그에게 학문은 우선 자기를 위하는 것이고 다음에 남을 위하는 것이었다.

다산은 "공부는 복잡한 것을 깔끔하게 즉 단순하게 하는 것이다"라고 말했다. **공부는 핵심만 추려내야 한다는 것이다.** 격물치지란 사물의 의미를 추구하고 앞으로 나아가는 것이었다.

다산은 **학습을 할 때 "정보 중에서 가치 있는 것만 추려내어 검토"했다.**

다산은 유용한 자료를 취하였다. 다산은 **"공부에서 가장 중요한 것은 요령을 잡는 것이다"**라고 말한다. 교육의 목표는 지혜를 열어주는 데 있었다. 알맹이만 추려내는 것이 중요하다. 시시콜콜 다 배우려 하지 말고 한 모서리를 들어 전체를 뒤집을 수 있어야 한다는 것이다..

다산은 "독서에 메모의 습관을 들이는 것이 매우 중요하다"라고 말했다. 다산에게는 생각을 메모하고 기록하는 것이 필요하였다. '질서'疾書란 '빨리' 메모하는 것을 말한다. 성호 이익도 질서를 경전공부의 방법으로 활용했다. 다산은 "공부는 따지는 데서 시작하여 명쾌해야 한다"고 말한다.

다산은 "공부에는 끝이 없다"

다산은 "생각을 정돈하여 끊임없이 살펴보라"고 말했는데 이는 의미를 탐색하는 것이었다. 다산은 "공부에는 끝이 없다"라고 말한다. 다산이 곡산부사였을 때 호포 징수를 아전을 통하지 않고 관에서 직접 관장하여 중간의 부정을 봉쇄했다. '경세유표'는 경세제민의 실천적 대안으로 제시한 것이다. 다산은 "핵심을 찔러 맥락을 읽고 행간을 읽어라"라고 말한다.

다산은 "메모하고 정리하라, 질문하고 토론하라"고 말했다. 다산은 "잘못은 깨끗이 수긍하라. 비판을 겸허히 받되 끌려 다녀서는 안 된다"라고 말한다. 다산은 "고집을 버리고 남의 비판을 따르라"고 말한다. 다산은 "주장을 함부로 내세우지 마라, 증거 없이 말하지 마라"라고 말한다.

다산의 논증방식은 매우 단순하고 명료했다. 다산은 "억지로는 상대를 설득할 수 없다"고 말한다. 다산은 "공자의 도는 수기치인修己治人일 뿐이다"라고 말한다. '흠흠신서'는 재판과 소송에 관한 판례집이다. '골경신'骨鯁臣이란 까슬까슬한 신하를 말한다. 다산은 "덮어놓고 말하지 말고 핵심을 찔러라"고 말한다.

다산은 “핵심을 건드려 전체를 움직여라”라고 말했다. 이는 핵심가치를 세우라는 말이다. ‘강구실용’은 실제에 유용한 공부를 하라는 말이다. 유학은 수기치인을 본령으로 한다. 다산은 성리학자들을 비판했다. 실용에 응답하지 못하는 학문은 학문이 아니라는 것이다. 다산은 **“쓸모를 따지는 일에서 공부를 시작하라”**고 말한다.

“쓸모없는 탁상공론, 공리공담은 국가의 해충”

다산은 “실제에 적용하여 의미를 밝혀라”고 말했다. ‘채적명리’採適明理는 적합한 방법이나 적절한 예시를 채택하여 의미를 밝히는 것이다. 다산은 관념적인 지식을 거부했다. 다산은 “실제에 쓸모없는 탁상공론, 공리공담은 국가의 해충이다”라고 말한다. 다산은 ‘유형거’라는 수레를 발명했는데 바닥판이 항상 수평을 유지하도록 고안되었다. 다산은 토목공학, 기계공학에도 일가견이 있었는데 이는 실용주의의 성과였다.

다산은 “남의 좋은 것은 포착해 자기 것으로 만들라”고 말했다. 다산은 “현재와 미래를 가늠하는 것은 특출한 사람이 아니면 안 된다”고 주장했다. 다산은 환곡제도, 화폐제도, 도량형의 문제를 개선하는 제안을 했다. 다산은 “작은 문제를 키워서 큰 문제로 발전시켜라”라고 말했다. 발상을 뒤집어 깨달음에 도달하라.

‘명철보신‘이란 현명하게 처신해서 제 한 몸을 보전한다는 뜻이 아니다. 옳은 일인지 그른 일인지 잘 판단하고 인재를 발탁해 내 부족한 점을 붙들어 세운다는 뜻이다. 이는 나라를 위해 신명을 바쳐 일하라는 것이다. 다산은 경세제민보다 늘 수기 공부를 앞세웠다. 이는 바탕공부를 중시한 것이다. 제 몸 한 몸도 옳게 추스르지 못하면서 세상을 바로잡겠다고 날뛰는 무리를 다산은 경멸했다.

다산은 “공부의 길에서 옳고 그름이 있을 뿐, 좋고 나쁨은 없다”고 말한다. 허명공평은 마음을 텅 비워 속셈 없이 과제를 탐구하는 자세이다. 다산은 “허명공평의 공부는 간결함에서 나온다”고 말한다. **옛사람들의 '다독'은 한 종류의 책을 되풀이해 읽는 다독**이었다. 다산은 기력이 쇠약해져서 머리카락이 빠지고 이가 세 개나 빠졌으며 중풍까지 오고 신경쇠약증세도 따라왔다. **다산은 도인법 즉 일종의 건강제조에 뜻**을 두었다.

실사구시 즉 일을 실답게, 바름을 추구 실용

다산은 “정리는 체계적으로 작업은 능률적으로 하라”고 말한다. 다산 학습의 기초는 메모에 있었다. 다산은 독서든 저술이든 메모에 기초해 장악하는 힘을 중시했다. 다산은 “역경 앞에 담대하라. 그래야 진짜 군자다”라고 말했다. 다산은 실사구시 즉 일을 실답게 하고 바름을 추구해 실용을 가장 우선순위에 두었다. 실사구시란 쓰임새 있는 공부를 하고, 쓸모 있는 작업을 하자는 것이다.

다산의 큰 아들 정학연은 양계, 원예, 축산에 관한 독자 저술인 '종축회통' 3책을 남겼다. 다산은 “나만이 할 수 있는 일을 하라”고 말한다. 다산은 '조선중화' 즉 조선을 문화적 선진의 중화로 여기는 자존심을 주장했다. 다산은 “우리 것을 소중히 하되 정신의 주체를 굳건히 세워라”고 말한다. **학습에 학습을 거듭한 학자의 자부심**에서 나온 확신이었다. 다산은 1836년 74세로 생을 마쳤다.

참·고·자·료

다음 저자 저서와 연구자료를 참고하였고 그외 자료도 참고했음.
이덕일 박사학위를 받았고 저술활동에 전념..
다산선생 지식경영법 저자 정민 한양대 교수.

11장. 다 빈치 : 미켈란젤로 : 갈릴레오

학습 관련 발언 등 모음

다 빈치 (1452–1519)

- 공부에 몰두했다.
- "나는 끊임없이 노력하며 유용한 인물이 되겠다"
- 원근법, 명암대조법, 스토마토법을 도입
- 해부학과 식물학, 지질학과 물리학도 연구했다
- 다 빈치는 모든 것에 강한 호기심을 가졌다.
- 42세의 다 빈치는 라틴어를 독학했다.
- 다 빈치는 과학자나 대학교수들까지 찾아다녔다
- 지식에 대한 그의 열정은 그치지 않았다
- 그의 관찰은 천재눈과 학습의 본보기였다.

미켈란젤로 (1475–1564)

- 미켈란젤로는 금욕적이고 자신의 작업에 몰두하였다.
- 내가 기술에 통달하려고 얼마나 열심히 노력했는지를
- 그림과 조각 그리고 기술적 능력에 한해 능력을 집중
- 미켈란젤로는 200편에 달하는 소네트와 마드리갈, 시를 썼다.

갈릴레오 (1564–1642)

- 갈릴레오가 수학에 뛰어난 재능이 있다는 사실
- 갈릴레오는 유클리드 기하학의 가치를 발견
- 공기가 없다면 물체들이 같은 비율로 떨어질 것
- 갈릴레오는 아주 유용한 비례 컴퍼스를 만들었다.
- 그는 역학적 도구들에 대한 짤막한 논문을 쓰기도 했다.
- 갈릴레오야말로 '최초의 물리학자'라고 할 수 있다.
- 떨어지는 물체 거리는 떨어지는 시간 제곱에 비례 증가
- 목성의 4개의 위성을 발견
- 그는 코페르니쿠스의 지동설 체계를 옹호하기 시작

—다 빈치

다 빈치는 1452년 공증인 겸 회계사인 아버지 피에로 다 빈치와 어머니 카테리나 사이에 혼인하지 않았던 상태에서 태어났다. 그의 어머니는 그가 태어난 직후 수공업자와 결혼했다. 다 빈치의 아버지는 네 번의 결혼을 통해 11명의 자식을 두었다. 어린 다 빈치는 5살 때 어머니 카테리나의 슬하를 떠나 공증인이었던 할아버지 집에서 자랐다. 정식 혼인에 의해 태어나지 않아 공증인 길드의 조합원이 될 수 없었다. 그는 베로키오(1435–1488년)라는 조각가이자 화가의 스튜디오에서 도제로 일하였다.

베로키오와 6년을 보낸 다 빈치

다 빈치는 그의 저서 '회화론'에서 "그림자의 경계는 뉘앙스를 준다. 이런 끝마무리는 회화의 중심이고 영혼이다."라고 말한다. 베로키오와 6년을 보낸 다 빈치는 1472년 약제사와 물리학자, 예술가들의 단체인 성 누가 조합에 들어가게 된다. 1499년 다 빈치는 대부호 프란체스코 델 조콘다를 위해 그의 부인인 엘리자베타를 모델로 '모나리자'('모나'는 이탈리아어로 유부녀에 대한 경칭이고, '리자'는 엘리자베타의 약칭)를 그렸다.

다 빈치의 작품은 구도가 기하학적으로 완벽하고 내재된 심오한 균형감이 있다. 그는 해부학, 천문학, 식물학, 지질학, 비행학, 지리학을 비롯한 발명품과 무기 개혁에 관한 연구로 분주했다. 그는 밀라노에서 궁전의 설계와 장식, 수로를 만드는 한편, 해부학과 기하학, 수력학과 비행에 관한 **공부에 몰두했다.**

다 빈치는 **"나는 끊임없이 노력하며 유용한 인물이 되겠다"**라고 적고 있다. 그의 그림은 17점만 존재하며 여러 점이 미완성이다. 그는 풍경을 그림의 주제로 삼은 최초의 서구 미술가였다. **유화물감을 사용한 선구자였고, 원근법과 명암 대조법, 스토마토법을 도입**하였다. 그의 드로잉 작품은 많으며 비례법칙이 그에 의해 보편화된다. 그는 조각가이자 건축가로도 유명하다.

발명가 다 빈치는 날아다니는 기계, 헬리콥터, 낙하산, 접이식 사다리, 3단 기어로 작동되는 굴대, 멍키렌치, 수압잭, 회전 무대, 운하 시스템에 사용되는 잠금장치, 수평수차, 접이식 가구, 올리브 압축기, 악기, 자명종, 안락의자, 도랑 청소에 쓰이는 기중기 등이 그의 작품이다. 그는 **해부학과 식물학, 지질학과 물리학도 연구했다**. 다 빈치는 "모든 무게는 가능한 최단 거리로 중심을 향해 떨어지는 경향이 있다"고 기술했다.

다 빈치는 모든 것에 강한 호기심

다 빈치는 모든 것에 강한 호기심을 가졌다. 대기와 바람에 대한 연구, 새의 움직임을 연구했다. 그는 관찰하거나 아이디어를 기록한 노트가 6천 페이지가 넘었다. 1494년 **42세의 다 빈치는 라틴어를 독학했다.** 그는 플루트와 리라를 비롯해 여러 악기를 잘 다루었고 노래를 잘 했다. 다 빈치는 말을 타는 솜씨가 뛰어났고 힘이 세었다. 그는 채식주의자였다.

다 빈치는 수리학이란 학문을 탄생시켰다. 레오나르도 다 빈치는 화가로서 뿐만 아니라 기술자, 과학자, 건축가, 음악가로서도 유명해져 있었다. 화가 길드에 정식으로 가입한 1472년경, 다 빈치는 스승인 베로키오를 도와 함께 작업했다. 다 빈치는 비범한 예술적 기량으로 일찍 명성을 얻었고 스승 베로키오의 신임을 받았다. 다 빈치는 음악적 재능과 고운 목소리로 세인의 주목을 끌었다.

다 빈치는 과학자나 대학교수들까지 찾아다녔다. 1470년 무렵 그리스의

학자로부터 아리스토텔레스의 자연철학에 관한 강의도 들은 것으로 추정된다. 다 빈치는 작품 하나하나에 완벽을 추구했다. 다 빈치가 밀라노의 루도비코 스포르차 궁정으로 간 것은 화가가 아닌 음악가로서였다. 당시 미성과 뛰어난 음악적 재능으로도 이름을 떨치고 있었던 다 빈치는 류트를 제작한 바 있다.

다 빈치는 해부학 연구를 계속하면서 해부 모형을 만들고 정확한 인체 구조에 대해 탐색해 나갔다. 그는 갖가지 형태의 건축물을 설계했으며 수십 개의 산업 및 군사 양용 기계를 발명했다. 다 빈치가 '최후의 만찬'을 청탁받은 것은 1493년이었다. 다 빈치는 '모나리자'를 마치 하늘에 있는 것처럼 보이게 그렸는데 이 공중 원근법은 다 빈치에 의해 최초로 창안된 것이다.

다 빈치가 계약을 따내는 데는 막강한 경쟁자 미켈란젤로가 있었는데 나이는 다 빈치보다 23살이나 어리지만 한창 명성을 얻어가고 있었다. 1504년 다 빈치가 청탁받은 벽의 맞은편에 미켈란젤로가 프레스코를 그리기로 결정되었다. 다 빈치는 결코 서두르지 않는 완벽주의자였다. 화가로서의 다 빈치는 세인들의 존경을 한 몸에 받았다. 다 빈치는 돈이 필요하면서도 완벽주의자다운 기준을 고집했다.

그림에 기름을 쓴 최초의 화가

이탈리아에서 그림에 기름을 쓴 최초의 화가에 속했던 레오나르도 다 빈치는 가필과 반복 수정을 가능케 해줄 방법을 모색하고자 했다. 다 빈치의 독특한 스타일을 연구하던 라파엘로는 이 그림을 모사하기 위해 노력하였다고 한다. 거듭되는 실패에도 다 빈치는 관심을 끄는 모든 것에 계속 몰두했다. 1503년 다 빈치는 조류 비행의 메커니즘에 관한 연구를 재개했다.

1506년에 다 빈치는 경제적 독립을 추구하고 있었다. 밀라노에서 다 빈치는 물의 양을 측정하는 기계를 발명하기도 했다. 그의 삼촌 프란체스코가 사망했고, 다 빈치 앞으로 상속된 재산을 가로챌 목적으로 유언장에 이의를 제기한 이복형제들이 있었다. 시간이 흘러 다 빈치와 이복형제들 간의 협상은 타결되었고 화해까지 하였다. 밀라노에서 1510년 다 빈치는 밀라노 성당 내부를 건축하는 것에 관한 자문을 요청받았다.

1513년 로마에 온 다 빈치는 많은 발명품을 양산했으며 과학 분야로도 광범위한 연구를 했다. 이 노력의 천재는 프랑스 왕 프랑수아1세의 앙부아즈 성에 당도했다. 1516년에서 1519년 말년에 접어든 다 빈치는 안정된 부와 지위를 획득하게 되었다. 왕은 다 빈치에게 집을 주어 정착하도록 하였고 과학 연구를 계속할 수 있었다.

1519년 5월2일 위대한 천재 레오나르도 다 빈치는 사망했다. 그는 최후의 순간에 왕에게 "미술 작품 활동을 마땅히 해야 할 만큼 하지 않아 신께 참으로 많은 죄를 지었다"고 고백했다고 한다. 인간 본성의 수많은 측면들을 깊이 파고들었다는 점에서 다 빈치는 아리스토텔레스 이후 유일한 인물일 것이다. 그는 "인간들이 당하는 가장 큰 사기는 바로 자기 자신의 견해에서 비롯된다"라고 말했다.

지식에 대한 그의 열정은 그치지 않았다. 다 빈치는 30살이 되어야 비망록을 쓰기 시작했다. 그는 단 한 가지 형식만을 허락했는데 바로 수학이었다. 그는 "수학에 적용될 수 없는 과학에는 어떤 확신도 존재하지 않는다."라고 말한다. 그의 저서 '회화론'은 거의 1000장으로 구성된다. 그는 기하학의 완벽한 추상적인 형식을 추구하여 신체도를 완성했다. 그는 원근법을 활용했다. 다 빈치는 공기의 진동을 연구하면서 음파가 원모양으로 퍼진다는 것을 깨달았다. **그의 관찰은 천재눈과 학습의 본보기였다.**

—미켈란젤로

미켈란젤로는 1475년 태어났는데 아버지는 로도비코 미켈란젤로이며 지방의 마을 시장을 맡고 있었다. 미켈란젤로는 성격이 조숙하여 동료에게 맞아 코뼈가 내려앉은 적도 있었다. 1564년 미켈란젤로는 사망했다.

나이가 들면서 세속적인 것을 병적 거부

미켈란젤로는 나이가 들면서 세속적인 것을 병적으로 거부하였다. 미켈란젤로는 씻는 것, 먹고 마시는 일도 거르면서 작업에 매달리기도 했다. 다 빈치는 미켈란젤로의 성공을 보면서 충격을 받은 것으로 알려져 있다. **미켈란젤로는 금욕적이고 자신의 작업에 몰두하였다.**

미켈란젤로 부오나로티는 피렌체에서 태어났다. 아버지 로도비코는 미켈란젤로를 13살 때 견습생으로 보냈다. 20대인 미켈란젤로는 시대 최고의 조각가로 인정받게 되었다. '피에타'와 '다윗'은 그의 작품이다. 그는 '천지창조'를 그렸다. 미켈란젤로는 60피트 높이 에서 선채 일하기도 했다.

미켈란젤로는 **"내가 기술에 통달하려고 얼마나 열심히 노력했는지를** 사람들이 안다면 그 능력이 마냥 멋져보이지는 않을 것이다"라고 말한 바 있다. 창조적인 후천적 노력에 의해 만들어진다는 사실은 여러 연구에서 발견되었다. 애리조나대학교 심리학 교수인 앤 로는 "과학적 창조성은 얼마나 열심히 노력을 기울였는가와 관련이 있다"라고 결론을 내렸다.

단순하게 생활 잡념이 없었다

미켈란젤로는 피렌체 노상에서 다 빈치를 실패자라고 비웃은 일도 있었다. 그는 천재성을 발휘해 자기의 가치를 높였고 그는 돈을 많이 벌었다. 그는 많이 번 돈을 자기 아버지와 형제들에게 생활비로 보내주었다. 그는 단순하게 생활했고 잡념이 거의 없었다. 그가 죽었을 때에 그의 금고에서 발견된 돈은 무척 많았다.

미켈란젤로 부오나로티는 격변기에 살면서 평탄한 삶을 살았다. 그는 다른 것에 신경을 쓰지 않았다. 그의 본업인 **그림과 조각 그리고 그의 기술적 능력에 한해 능력을 집중**했다. 그리고 그 분야에서 매우 높은 실력을 발휘했다. 미켈란젤로는 정신력도 매우 건전함을 꾸준히 유지했다. 그의 삶은 매우 평화로웠다. 많은 돈을 벌었지만 그 돈 때문에 삶이 타락으로 가지 않았다는 점에서 그의 위대함을 볼 수 있다.

미켈란젤로 부오나로티는 말년인 80대에 접어들자 체력이 달리는 일을 줄였다, 그 대신 **미켈란젤로는 소네트와 마드리갈, 시를 썼다.** 그는 자신을 겸허하게 평가했다. 그가 삶을 평온하게 살면서 90세에 이르기까지 장수한 것은 놀랍다.

—갈릴레오

갈릴레오가 수학에 뛰어난 재능

갈릴레오는 1608년에 발명된 망원경을 개량하여 측정에 활용하였다. 프랑스의 데카르트(1596-1650)와 거의 동시대였다. 갈릴레오는 1584년 의사가 되기 위해 피사대학에서 의학을 공부하고 있었다. 그는 정규과목보다 수학에 모든 정열을 쏟아 부었다. 피사대학의 리찌 교수는 갈릴레오의 아버지에게 **갈릴레오가 수학에 뛰어난 재능이 있다는 사실**을 이해시키는 데 성공했다.

갈릴레오의 아버지는 류트를 연주하고 음악을 가르치면서 근근이 생계를 유지해 나갔다. 그는 1562년 피사에서 살면서 기울리아 암만나티와 결혼했다. 당시 그의 나이는 42살, 그녀는 불과 24살이었다. 1564년2월에 첫 아이 갈릴레오가 태어났다.

갈릴레오는 수도원에서 라틴 고전들을 공부하였다. 수도원에서 나오자 그는 피사대학의 예술과 의학 교육과정에 등록했다. 당시 대학들은 남학생들을 신학, 법률, 의학 세 분야에서 전문 직업인으로 키웠다. 1583년 **갈릴레오는 유클리드 기하학의 가치를 발견**해 리찌 교수에게서 책을 빌려 혼자 힘으로 계속 공부하였다.

로마 대학의 주임 수학자인 크리스토퍼 클라비우스는 갈릴레오의 재능을 알아보고 감탄하여 그를 위한 추천서를 써주었다. 갈릴레오의 후원자들은 1589년에 그에게 피사 대학에서 수학을 가르치도록 자리를 마련해 주었다. 피사 대학의 교수들이 1년에 600플로린 이상의 보수를 받았는데 갈릴레오는 1/10인 60플로린의 연봉을 받았다.

아리스토텔레스 의견 반대되는 혁명적 생각

그리스의 아리스토텔레스에 의하면, 물체가 떨어지는 원인은 그 물체의 무게 때문이다. 갈릴레오는 **공기가 없다면 모든 물체들이 같은 비율로 떨어질 것이라고 주장**했다. 대학자 아리스토텔레스의 의견에 반대되는 혁명적 생각이었다. 피사에서 갈릴레오는 '운동에 관하여'라는 짤막한 논문을 썼다. 그가 60미터의 종탑에서 물체를 떨어뜨린 피사의 사탑 실험은 유명하며 그 탑에서 실험을 했을 것이라는 증거는 있다. 피사 대학과 맺은 3년간의 계약기간이 끝나자 갈릴레오는 결국 재계약에서 탈락했다.

다행히 그는 귀족 후원자들의 도움으로 파두아 대학의 수학 교수로 갈 수 있었다. 봉급은 이전보다 두 배였다. 그의 나이 28세의 일이다. 그는 이로부터 18년 동안 파두아 대학에서 지냈다. 갈릴레오는 기초 천문학과 수학을 가르쳤다. 그는 측량과 성곽을 튼튼하게 만드는 방법 등 실용적인 수학 분야도 가르쳤다.

갈릴레오는 아주 유용한 비례 컴퍼스를 만들었다. 그는 30여 개가 넘는 비례 컴퍼스를 이용한 계산 방법들을 설명한 책도 썼다. **그는 역학적 도구들에 대한 짤막한 논문을 쓰기도 했다.** 갈릴레오는 지렛대를 사용해 얻은 이점을 설명했다. 갈릴레오는 마리나 감바라는 베니스 아가씨와 만나 사랑에 빠졌다. 두 사람은 법률상으로 결혼하지는 않았지만 세 명의 아이를 낳았다. 갈릴레오는 감바에게 조그마한 집을 얻어 주었다.

갈릴레오야말로 '최초의 물리학자'

코페르니쿠스는 1543년 자신의 이론에 관한 책을 출판했다. 1602년 갈릴레오는 운동에 대한 연구를 다시 시작했다. **갈릴레오야말로 '최초의 물리학자'라고 할 수 있다.** 그는 물체의 운동에 관한 수학적 모델을 만들고 그 결과를 관측하여 조금씩 개정하였다. 그는 진자의 운동에서 길이가 긴 진자가 짧은 진자에 비해 한 번 진동하는 데 걸리는 시간이 더 길다는 것을 발견했다.

그는 정지해 있다가 **떨어지는 물체의 떨어진 거리는 떨어지는 데 걸린 시간의 제곱에 비례하여 증가한다는 결론**을 내렸다. 1608년에 대포알과 같이 허공으로 던진 물체는 포물선이라 부르는 곡선을 그리는 움직임을 보였다. 갈릴레오는 1606년에 자신이 만든 비례 컴퍼스의 사용법을 설명한 책을 출판하고 메디치 가문의 코시모 왕자에게 헌정했다. 매년 여름에 젊은 코시모에게 수학을 가르쳤다.

1610년 갈릴레오는 "별들의 심부름꾼"이라는 책을 출판했다. 그 책에는 첫째, 달은 매끄러운 공 모양이 아니다. 둘째, 망원경을 사용하여 많은 별들을 본 내용이 있었다. 셋째, 목성의 둘레를 도는 네 개의 작은 달들 즉 **목성의 4개의 위성을 발견**하였다는 내용이 있었다. 갈릴레오는 망원경의 원리를 알아내어 그것의 성능을 개선했다.

갈릴레오의 망원경만큼 성능 좋은 망원경을 갖고 있는 사람이 아무도 없었다. 그는 네 배나 더 크게 볼 수 있는 망원경을 만들어 베니스의 관리들에게 선물했다. 그들은 그 보답으로 갈릴레오에게 파두아 대학의 종신 교수직을 제시했다. 그는 20배 크기로 보여주는 망원경을 만들었다. 1609년 새로 만든 망원경으로 달을 보고는 달 표면의 거친 지형이 선명하게 보이자 놀라움을 금치 못했다.

1610년 갈릴레오는 거의 100개의 망원경을 만들었다. 1610년5월, 그는 피사 대학의 수학 주임교수로 임명되었다. 마리나 감바는 그 후 파두아 사람과 결혼했다. 두 딸들은 1613년에 수녀원에 들어갔다. 프라하에 있던 케플러는 망원경을 통해 목성의 달들을 관찰했고 갈릴레오의 관찰을 전적으로 지지하는 책을 썼다.

달이 지구와 같고 지구는 행성들과 같다

갈릴레오는 프톨레마이오스의 천동설 체계가 옳지 않다는 생각이 들었다. 프톨레마이오스의 이론에는 지구가 우주의 중심에 있었다. 갈릴레오는 달이 지구와 같고 지구는 행성들과 같다고 주장했다. 지구를 하나의 행성이라고 생각한 것이다. **그는 코페르니쿠스의 지동설 체계를 옹호**

하기 시작했다. 1613년에 그는 "해의 흑점과 그 현상들에 대한 역사와 증명"이란 책을 출판했다. 1616년 로마 교화의 당국자들은 코페르니쿠스의 책 "천구의 회전"을 금서로 판결했다. 1618년에는 세 개의 혜성들이 연달아 하늘에 나타났다.

1633년6월, 갈릴레오는 7명의 재판관들 앞에 무릎을 꿇고, 미리 준비한 참회 성사를 읽었다. 거기에는 "제가 가지고 있는 잘못된 개념과 이단사상, 교회의 가르침과 어긋나는 다른 어떠한 실수든 저주하고 혐오할 것입니다. 앞으로 .이와 비슷한..말을 하지 않을 것임을 맹세합니다"라고 되어 있었다.

갈릴레오의 열렬한 후원자였던 교황이 1632년 불구대천의 적이 되어 있었다. 그 후 갈릴레오는 "새로운 두 과학"을 완성했다. 금지령 때문에 이탈리아에서 책을 인쇄할 수 없었고 결국 네덜란드에서 그 책을 출판하게 되어 세상의 빛을 보게 되었다. 갈릴레오는 진자를 이용하여 시계를 만들려는 구상을 했다.

그러나 그가 완전히 장님이 되어 있었기 때문에 진자 시계를 완성하지는 못했다. 그는 1642년1월에 세상을 떠났다. 갈릴레오와 마찬가지로 데카르트도 아리스토텔레스 철학에 대해 매우 비판적이었다. 뉴턴의 업적은 갈릴레오의 업적을 완결한 것이다. 1835년에 처음으로 금서 목록에서 코페르니쿠스, 케플러, 갈릴레오의 책들이 빠졌다.

참 · 고 · 자 · 료

다음 저자 저서와 연구자료를 참고하였고 그외 자료도 참고했음.
'레오나르도 다빈치처럼 생각하기' 저자 마이클 겔브
'레오나르도 다빈치와 마키아벨리' 저자 다트머스 대학교수.
'과학혁명의 지배자들' 저자 에른스트 페터 피셔
'천재의 방식 스프레차투라' 저자 피터 데피로, 데스몬드 핀코위시

12장. 패러데이: 라이프니츠: 뉴턴

학습 관련 발언 등 모음

마이클 패러데이 (1791–1867년)

- 그는 책방에서 일하면서 책을 많이 읽었다.
- 그는 화학에 관한 책에 특별한 감명을 받았다.
- 그는 뉴턴 이후 최고의 과학자로 인정받게 되었다
- 패러데이의 전자기유도 법칙
- 이 놀라운 단순한 법칙이 발전기의 원리
- 독서와 자기계발, 협회의 강연에 직접 참여하기도 했다
- "새로운 전자기적 운동과 전자기학 이론" 논문을 발표
- 전류, 전극, 전기분해, 전해질 등 용어들이 패러데이가 만들어
- 패러데이는 스스로 연구하면서 논문도 발표

라이프니츠 (1646–1716)

- 처음에는 이해를 못했으나 여러 차례 읽고 또 읽어서 이해
- 계속 읽으면서 대부분의 단어뿐 아니라 의미까지도 이해
- 아리스토텔레스 이후 최대의 박학한 철학자
- 철학, 법학, 역사학, 정치학, 수학, 물리학, 신학, 언어학 등 업적
- 수학자로 미적분학을 발명했다

- 불분명한 것들에 이해할 수 없는 데는 뛰어넘어갔다
- 책 전부를 처음부터 다시 반복했더니 훨씬 이해가 잘 되었다.
- 점점 내용들이 훨씬 분명해지고 깊은 의미를 찾아낼 수 있게 되었다
- 라이프니츠는 이런 천재적인 판독술을 일생 구사할 수 있었다
- 그는 10살이 되면서 그리스어, 라틴어도 완벽하게 구사했다.

뉴턴 (1642-1727)

- 학문적 재능이 전혀 보이지 않았다
- 뉴턴은 우등생이 되었고 공부에 재미를 붙여
- 2년간 미적분학, 백색광, 만유인력 등 세 가지 연구
- 두 번째 업적은 '빛에 대한 실험과 빛의 입자설'
- 1687년에 발표한 저서 '자연철학의 수학적 원리들'
- 뉴턴의 '관성의 법칙', '가속도의 법칙', '작용과 반작용의 법칙'
- 빛의 전파에 대한 엄밀한 이론을 처음 제안
- 토크의 방향은 두 힘으로 이루어진 평면에 수직인 방향
- 역사상 최고수준의 집중력을 지닌 사람
- 뉴턴은 호기심이 많았는데 그것이 창조력의 원천
- 뉴턴은 책을 읽을 때 중요한 내용을 표시해두는 습관.

—마이클 패러데이

대장장이 아들로 태어난 마이클 패러데이는 런던 빈민가 출신이며 초등학교도 다니지 **못했다. 그는 책방에서 일하면서 책을 많이 읽었다. 그는 화학에 관한 책에 특별한 감명을 받았다.** 패러데이가 21살이었을 때 일하던 제본소 주인이 과학강좌의 입장권을 구해 주었다. 연사인 화학자 험프리 데이비의 강연을 꼼꼼하게 기록하여 보낸 노트를 보고 데이비는 패러데이를 조수로 채용했다.

뉴턴 이후 최고의 과학자로 인정

1831년 패러데이는 코일 속에 막대자석을 출입시켜 유도 전류가 생기는 현상을 발견하였고 전자기 상호작용을 증명했다. 그는 "에너지가 증가하는 양은 외부에서 이루어진 일과 같다"는 역학적 에너지 보존의 법칙을 알게 되었다. 패러데이는 전자기 유도법칙을 확립했고 전자기학의 기초를 쌓았다. **그는 뉴턴 이후 최고의 과학자로 인정받게 되었다.**

패러데이는 벤젠을 발견했고, 부틸렌과 에틸렌의 성질도 발견했는데 그는 유능한 화학자였다. 패러데이는 정전기의 특징도 발견했다. 그는 '원자'란 그 구성입자가 전기력에 의해 얽혀진 구조물이라는 개념에 도달했다. 패러데이는 전류가 자기장을 만든다는 외르스테드의 발견이 전기와 자기 사이의 관계에서 단지 반쪽에 불과하다고 확신했다.

전류는 전하의 흐름(운동하는 전하)이며, 전하가 자기장을 만들 때 운동이 결정적인 요소이다. 이 발견은 과학 역사의 분수령이 되었다. 패러데이는 자석을 아주 조금이라도 움직여주면 그 회로에 전류가 생김을 발견했다. 전류의 방향도 이 상대운동의 방향과 관계된다. **패러데이의 전자**

기유도 법칙은 “회로의 움직일 수 있는 부분 양 끝의 퍼텐셜 차이의 크기가 전선이 자기력선을 자르는 비율에 비례한다”는 것이다.

놀라운 단순한 법칙이 발전기 원리

패러데이의 법칙은 움직이는 전선에 유도된 퍼텐셜은 자기장의 흐름다발의 변화율에 비례한다. **이 놀라운 단순한 법칙이 발전기의 원리**이다. 발전기의 기본구조는 강한 자기장 속에서 전선으로 만든 거대한 코일이 회전하는 것으로서, 코일에 감긴 전선마다 모두 자기력선을 가진다.

코일이 더 빨리 회전할수록, 그리고 자기장이 강할수록 코일에 더 많은 전류가 유도된다. 이는 전하에 작용하는 힘인 자기장의 힘은 전하의 속도와 자기장의 크기를 곱한 것에 비례함을 의미한다. 이 공식은 네덜란드의 물리학자 헨드릭 안톤 로렌츠가 발견했는데 “로렌츠의 힘”이라고 불린다.

패러데이는 엄격한 교파에 속해 청빈한 생활을 중시했고 왕립협회 회장과 기사작위를 사양하는 등 겸허한 자세를 유지했다. 그는 자장 속에서의 빛의 굴절을 연구했다. 액화기체의 발견, 전기모터의 발명 등의 공적을 남겼다. 패러데이의 삶은 질서의 표본으로 모든 일에는 정해진 시간과 장소가 있었다. **독서와 자기계발, 협회의 강연에 직접 참여하기도 했다. 패러데이는 강연술을 배웠다.** 패러데이는 상업적 회사와 정부 부서들로부터 러브콜을 받고 있었고 법정의 전문 참조인 역할로 이익을 얻었다.

1820년 29세의 패러데이는 영국 과학자들 중에서 최고 수준의 화학 분석가로 인정받고 있었다. 그의 관찰력, 탐구력, 상상력 등은 실험 기술, 세밀한 기록 습관, 명료한 결단력 등이 결합되어 있었다. 1820년 덴마크의 한스 크리스티안 외르스테드는 전류가 흐르는 전선 옆에 나침반을 가져가면 전선의 수직 방향으로 바늘이 움직인다는 사실을 발견해 전기와 자기의 연관성을 발견했다.

수학을 배우지 못한 큰 약점

패러데이가 수학을 배우지 못한 것은 큰 약점이었다. 그는 **"새로운 전자기적 운동과 전자기학 이론에 대하여"라는 논문을 '계간 과학학술지'에 발표**했다. 패러데이는 왕립육군사관학교의 시간제 교수직을 승낙했다. 전류가 시계방향으로 흐르는 것은 S극, 그 반대는 N극이었다. 자기적인 힘이 연속적인 고리를 이루여 공간을 지나간다는 사실이었다. 패러데이는 "전기가 자기를 만들 수 있다면 자기도 전기를 만들 수 있지 않을까?"라는 질문을 하게 되었다. 그는 전기분해에 관한 '패러데이의 법칙'을 발견하였다.

세계 최초의 전기 모터를 제작했던 패러데이는 10년 후 세계 최초의 발전기를 발명한 것이다. 역선이라는 개념이 처음 공식적으로 출현한 것이며 장이론의 발전에서 핵심적인 개념이 되었다. 코일에 감긴 각각의 도선이 자기력선을 교차함으로써 전류를 발생시켰고 반대로 하면 전류가 반대 방향으로 흘렀던 것이다. 전기가 유체임을 패러데이는 알게 되었다. **전류, 전극, 전기분해, 전해질 등 전기분해에서 사용하고 있는 일상적인 용어들이 패러데이가 만들어낸 것**이다.

전기적인 힘이 먼 거리를 지나는 동안 입자에서 입자로 국지적으로 전달되고 이 힘은 곡선으로 작용했다. 전기 작용의 휘어진 역선이었다. 물질은 각각 자신만의 특정한 유도 능력을 가지고 있었다. 패러데이는 정전기 유도는 곡선을 따라 작용하고 입자에서 입자로 작용한다고 생각했다. 1838년 '전기에 대한 실험적 연구'는 14편에 달했고 패러데이는 왕립과학

연구소장으로 일하고 있었다.

패러데이는 '자기장'이라는 개념을 사용했다. 그는 자기장에 평행이 아니라 수직으로 정렬되는 물질을 발견했다. '반자성'이라는 단어와 '상자성'이라는 단어가 채택되었다. 상자성체는 역선이 밀집된 영역으로 움직이려는 경향이 있고 반자성체는 역선이 더 희박한 쪽으로 움직이려 하기 때문에 자기력이 약해지는 것이었다. 어떤 물체가 역선을 더 잘 통과시키면 상자성체처럼 작용할 것이고, 반대로 역선을 잘 통과시키지 못하면 반자성체처럼 작용할 것이었다. '상자성'은 지금은 '강자성'으로 불린다.

패러데이의 관찰 결과는 "전류 속으로 던져지는 전기의 양은 …교차되는 곡선의 양과 직접적으로 동일"했다. 전자기학의 근본적인 법칙의 하나로 오늘날 패러데이의 유도법칙으로 불리는 문장의 원문이다. 당시 고위 관료들은 자신의 무지함에 무지했다. 1860년 패러데이는 제임스 클러크 맥스웰을 만났다. 맥스웰이 킹스 칼리지 교수로 부임하여 가까워진 것이다.

패러데이의 유도법칙

패러데이의 유도법칙은 "변화하는 장이 전류가 흐르는 회로를 통과하면 회로 안에 전류를 만들어낸다"는 내용으로 1831년에 발견한 효과였다. 맥스웰은 자기적 에너지는 역학적 에너지와 혈연관계이고 전기에너지를 위치에너지와 흡사했다는 것을 보여주었다. 완전한 절연체인 물질 속에서 짧은 전류가 존재할 수 있는데 이 현상을 '변위 전류'라고 맥스웰은 불렀다.

패러데이는 스스로 연구하면서 논문도 발표할 수 있었다. 그는 실험을 거듭한 후 전기의 회전효과 즉 맴돌이 전류현상을 발견했다. 전선이 자선의 극 주변을 돌게 하거나 자석의 극이 전선 주위를 돌게 한다는 것이다. 그는 전류의 강도와 시간의 산물과 비례한다는 것도 발견했다. 전기화학 분야의 두 가지 법칙을 정립했는데 이는 패러대이 법칙이라 부른다.

1845년 패러데이는 자기와 빛의 연관관계를 발견했다. 그는 진공이 전자기적인 역선으로 가득 찬 공간이라고 생각했다. 패러데이가 작성한 16,000개에 이르는 실험 보고서와 수많은 논문에는 단 한 개의 공식도 등장하지 않는다. 스코틀랜드의 제임스 맥스웰은 패러데이의 생각에 기초하여 모든 전자기 현상을 공식으로 정리하는 데 성공했다. 패러데이는 나서는 것을 싫어하고 겸손했으며 기사 작위도 사양하고 공동묘지에 안장되었다.

—라이프니츠

아리스토텔레스 이후 최대 박학한 철학자

라이프니츠는 하노버 대공의 사서로 일하면서 안정된 생활을 하게 되었다. 그는 자신을 "마르고 평범한 체격의 남자이다. 쉽게 흥분해 성급하게 화를 내지만 금방 풀리는 사람이다."라고 묘사했다. 라이프니츠는 라이프찌히에서 대학교수의 아들로 태어났다. 어머니는 명망 가문 출신이었다. 라이프니츠가 6살 때 아버지가 사망했다.

그는 "나는 책을 읽으면서 이해하지 못하는 단어를 그냥 지나쳤다. **처음에는 이해를 못했으나 여러 차례 읽고 또 읽어서 이해하게 되었는데 그는 이와 같은 독서법으로 어려운 책도 혼자서 읽어나갔다.** 그렇게 **자주 반복했더니....어느 틈에 점점 더 많은 것을 알게 되었다. ....계속 읽으면서 대부분의 단어뿐 아니라 의미까지도 이해하게 되었다"고 말했다.**

그는 4살 때부터 글을 읽기 시작하였는데 8세에는 라틴어를 배워 읽었다. 17세에 학사학위, 22세에 법학박사 학위를 받았다. 라이프니츠는 대학교수직을 제의받았으나 현실사회에 활동하고 싶어 거절하였다. 그는 물리학의 논문으로 영국학사회 회원이 되었고 30세에 수학사상 획기적인 미적분을 발견하였다. 하노버 군주의 초빙으로 사서 겸 자문관으로 죽을 때까지 40년간 이곳에 정착하였다.

라이프니츠는 결혼할 틈도 없이 다방면에 활동하였는데 지식인들과 왕래한 편지가 3만여 통에 달하였으며 70세에 지병 신경통으로 고생하다가 죽었다. **아리스토텔레스 이후 최대의 박학한 철학자로서 철학뿐만 아니라 법학, 역사학, 정치학, 수학, 물리학, 신학, 언어학 등에 훌륭한 업적을 남겼다.**

이론과 실제는 라이프니츠의 연구 신조였다. 그는 광산의 배수 문제, 도서관의 도서 관리, 구교와 신교 통합을 위한 노력, 하노버가의 역사 기록 등에 참여했다. 그는 러시아의 표트르1세의 비밀 법률 고문관으로 임명되기도 했다. 그의 특징은 '쉴새없는' 일이었다. 국가행정 개혁안 작성, 농경과 공장체계의 개선안 등에 관해 숙고했으며 국유 수도원 관리인 문서청 관장, 광산의 관리자로서 보고서를 제출했다.

라이프니츠는 보편기호를 만들기를 원했다. 그는 기호의 발견은 모든 과정을 아주 단순화시킬 수 있다는 것을 확신했다. 철학자로서 그는 충분한 원인 없이 아무 일도 일어나지 않는다는 원칙을 확신했다. 그의 개념에는 '예정조화'가 있다. 우주는 최종 단위인 '단자'가 질서와 규칙에 의거 움직인다고 그는 확신했다.

라이프니츠는 법률가로, 외교관으로 활동하였으며 **수학자로 미적분학을 발명했다.** 그는 미적분학을 체계화한 당시의 대표적 학자였다. 그는 모든 교육이 추구해야 할 목표로 '성격의 완성'을 강조하였다. 다방면에 광범위한 지식을 갖춘 그는 법률가, 도서관 관리인, 가정사 연구가로 일했고, 베를린 학술원의 의장직을 역임했다.

거의 모든 지식을 혼자서 습득했다

그는 윤리학 교수였던 아버지의 영향을 받았다. 라이프니츠는 학교에서 가르쳐주는 수준을 훨씬 앞질러 있었다. 그는 자주 자신을 독학자라고 불렀다. 그는 거의 모든 지식을 혼자서 습득했다. 그는 "나는 이야기책을 읽는 데 대단한 재미를 느꼈다"라고 말했다.

라이프니츠는 **"책에 있는 단어들을 읽고 불분명한 것들에는 별로 신경을 쓰지 않고, 또 전혀 이해할 수 없는 데는 뛰어넘어갔다. 내가 반복해서 이런 식으로 책 전부를 대충 읽은 다음, 얼마 후에 이런 방법으로 처음부터 다시 하니까 훨씬 이해가 잘 되었다. 이렇게 자습을 해나가자 점점 대부분의 내용들이 훨씬 분명해지고 거기서 더욱 깊은 의미를 찾아낼 수 있게 되었다"**라고 말했다.

라이프니츠는 이런 천재적인 판독술을 일생 동안 구사할 수 있었다. 그는 10살이 되면서 그리스어, 라틴어도 완벽하게 구사했다. 그는 후에 논리학에서 커다란 수확을 거두었다. 어린 라이프니츠는 아버지 도서관을 활용했다. 그는 항상 새로운 길과 새로운 가능성을 찾아 그것들을 계속 실험해나가면서 모든 지식들을 소유하게 되었다.

대학에서 그의 전공은 철학, 라틴어, 그리스어, 수학이었다. 그는 미적분학을 발전시켰다. 라이프니츠는 다재다능한 인물로 여러 영역에서 능력을 발휘하였다. 그는 계산기를 만들었다. 논리학과 순수 수학의 대가였으며 세계적인 학자였다. 40여 년에 걸친 뉴턴과 라이프니츠의 미적분

선개발 여부 싸움은 결국 무승부였다.

오늘날 전 세계에서 사용하는 것은 라이프니츠의 표기법이다. 두 사람의 기본적인 차이는 그 사용의 용이함이었다. 미분은 특정 순간에 어떤 값이 다른 값에 대해 어떤 비율로 변화하는지 알아내야 하는 것으로 모든 경우에 필요한 것이다. 적분은 미분의 반대 개념이다. 그는 공기를 기존보다 100배 강한 힘으로 압축시키는 장치를 고안했다. 라이프니츠는 제후들의 인정받는 조언자가 되었다.

—뉴턴

뉴턴은 1642년 태어났다. 돈은 많았지만 일자무식에 가까운 농부였던 부친은 그의 출생을 석 달 앞두고 세상을 떠났다. 뉴턴이 세 살 때 어머니는 그를 할머니 손에 맡기고 개가했다. 뉴턴은 결혼을 하지 않았다. 그가 주치의에게 털어놓은 바에 의하면 여자와 성관계를 맺은 적도 없었다고 한다.

학문적 재능이 보이지 않았다

조부모 밑에서 성장한 그는 12살에 학교에 입학하였는데 **학문적 재능이 전혀 보이지 않았다.** 의붓아버지가 죽자 어머니가 다시 돌아왔는데 뉴턴이 14살 때였다. 뉴턴은 항상 혼자서만 놀았다. **뉴턴은 우등생이 되었고 공부에 재미를 붙여 손에서 책을 떼지 않았다.** 숙부의 덕택에 1660년 케임브리지의 트리니티 대학에 입학한 뉴턴은 근로학생 자격으로 대학에 들어갔다. 1665년에 졸업하고 대학 연구실에 남았다.

뉴턴은 책을 많이 읽었고 공부에 매달렸다. 뉴턴은 공부에 몰두하였는데 트리니티 칼리지의 학장이었던 존 노스는 "뉴턴이 여러 가지 실험으로 그렇게 바쁘지 않았더라면, 그는 아마 공부하다가 죽었을 것"이라고 말했다. 뉴턴이 나이 들어 사람들이 질문하면 "진리는 침묵과 끊임없는 명상의 결과입니다"라고 대답했다. 맨체스터그래머스쿨 교장의 아들이었던 존 위킨스는 뉴턴의 친구였는데 두 사람의 우정은 거의 20여 년 동안 지속되었다. 1664년 뉴턴은 장학생 시험에 통과했다. 1665년에는 트리니티 칼리지 졸업 자격시험을 통과했다.

뉴턴은 모범생이었고 호기심이 왕성했으며 손에 잡히는 대로 책을 읽었다. 그는 연구에 매달리면 먹고 자는 일조차 마음을 쓰지 않았다. 전날 저녁식사를 먹지 않고 내버려두었다가 아침에 먹는 일도 다반사였다. 그는 개인적인 호기심에 수학을 공부하였는데 수학과 기하학에 기념비적인 저술이 있다.

뉴턴은 25살인 1667년 수학의 루카스 강좌교수가 되었고 1672년 왕립학회 회원이 되었다. 그는 1687년 '자연철학의 수학적 원리'를 출판했다. 40대 후반에 정신적인 쇠약증세를 보였고 49살에는 정신장애가 생겨 약 2년 동안 시골에서 휴양했다. 1696년 왕립조폐국 감독, 1699년 그곳의 장관이 되었다. 왕립학회 회장으로 피선되었다.

미적분학, 백색광, 만유인력 등 세 연구

1665년 전염병이 돌자 뉴턴은 고향으로 돌아와 **2년간 미적분학, 백색광의 본성, 만유인력과 그 결과 등 세 가지 위대한 연구**를 하였다. 그는 지적인 문제에 대해 그것을 꿰뚫어 볼 때까지 계속 마음속에 잡아두는 특별한 능력을 갖고 있었다. 뉴턴의 만유인력에 관한 정리는 "떨어지는 율은 중력의 세기에 비례하며, 중력은 거리의 제곱에 비례하여 감소한다"는 것이다.

그의 두 번째 업적은 '빛에 대한 실험과 빛의 입자설'이다. 그는 빛이 입자들로 이루어졌다고 주장하였는데 당시에 "빛이 파동으로 이루어져 있다"고 주장한 호이겐스의 주장이 더 힘이 있었다. 나중에 "빛은 파동과 입자의 성질을 모두 가졌다"는 것이 밝혀졌다. 그는 자신의 주장이 공격당하는 것을 매우 싫어하였다. 논문을 발표한 뒤에 논쟁을 주고받는 것이 너무 짜증스러워 넥타이를 찢기도 하였고, 실질적인 은둔 상태에 들어가기도 했다.

그의 가장 중요한 업적은 **1687년에 발표한 저서 "자연철학의 수학적 원리들"**이었다. 이 책으로 인해 뉴턴은 세계적으로 유명해졌다. 뉴턴은 싸구려 금속을 금으로 만들 수 있는 방법에 대해 험난한 노력을 시작했는데 결국 성공하지 못했다. 그는 화학에 관해 전혀 쓸모없는 길고 긴 논문을 쓰곤 했다.

그는 케임브리지의 직장을 유지하기 위해 견진성사를 받았는데, 자신의 종교적 주관을 가진 유니테리언 교도(삼위일체를 믿지 않고 유일신을 믿는 교파)로서 100만 개가 넘는 단어를 이용하여 성서의 의미를 고찰했다. 그는 1704년 "광학"이라는 빛의 이론에 관한 책을 출판했다.

그는 국회의원, 학술원 회장, 조폐국장, 조폐청장 등에 선출되거나 임명되었으며 여왕으로부터 기사 작위를 수여받았다. 그는 1665-1666년 두 해에 많은 과학적 업적을 이룩하였다. 역학에서 크기만으로 측정하는 양을 '스칼라'라 부르며, 크기만이 아니라 방향성도 함께 갖는 양을 '벡터'라고 부른다. '가속도'란 속도가 변하는 비율을 말한다.

'관성 법칙' '가속도 법칙' '작용과 반작용 법칙'

뉴턴의 F=ma라는 공식은 F가 힘, m은 물체의 관성질량, a는 가속도를 의미한다. 이는 뉴턴의 운동방정식이며 두 번째 운동법칙이다. 첫 번째 법칙은 '관성의 법칙'이다. 세 번째 법칙은 '작용과 반작용의 법칙'이다. 자연에는 중력, 전자기력, 약한 상호작용(핵 속에서 중성자와 양성자의 수가 조화를 이루도록 작용하는 특별한 힘), 강한 핵력 등 네 가지의 기본이 되는 힘이 있다. 케플러는 태양이 행성에 작용하는 힘이 그 둘을 잇는 직선의 방향이라고 생각하지 못했기 때문에 그것을 알아내지 못했는데, 뉴턴은 이 일을 해냈다.

상호작용에서 두 작용은 뉴턴의 제3법칙에 의하여 그 크기는 같고 방향은 반대이다. 힘의 방향을 결정한 뒤에 뉴턴은 그 힘의 크기를 생각했다. 그는 힘의 세기는 두 입자 사이의 거리의 제곱에 따라 줄어들 것이라고 추론했다. 뉴턴은 그의 만유인력 법칙을 수학적으로 표현했다. 그의 제2법칙에서 힘은 질량에 가속도를 곱한 것이며, 가속도는 거리를 시간의 제곱으로 나눈 것이다.

뉴턴은 오목거울(반사체)을 사용하는 망원경이 렌즈(굴절체)를 사용한 것보다 더 선명한 상을 만든다는 데 유의했다. 뉴턴은 **빛의 전파에 대한 엄밀한 이론을 처음 제안**한 사람이었다. 뉴턴의 운동법칙들은 물체의 병진운동과 회전운동의 두 가지 운동에 모두 적용된다. 순수한 병진운동은 자연에서 별로 일어나지 않으며, 회전운동(원운동)이 일반적인 운동이다. 병진운동에서는 물체가 향하는 방향은 그대로인 채 위치만 변하고, 회전운동에서는 물체의 위치는 그대로이며 방향만이 변한다는 사실이다.

뉴턴의 작용과 반작용의 법칙에 따라 밀거나 끄는 힘은 중심에 대해 방향이 반대이고 크기가 같은 반작용(관성 반작용)을 유발시킨다. 바퀴를 돌리기 위해서 밀거나 끌 때 한 물체에 작용하는 반대되는 두 힘의 합을 '토크'라고 부른다. 물체를 회전시키거나 회전하는 물체를 정지시키려면 또는 물체의 각운동량을 변화시키려면 그 물체에 토크를 가해 주어야 한다. 각운동량 보존의 원리는 외부에서 토크가 작용되지 않으면, 그 계의 각운동량은 변하지 않고 일정하다는 것이다.

반대되는 두 힘의 합을 '토크'

만일 토크가 작용하면, 그 계의 각운동량은 토크의 방향으로 토크의 크기와 같은 비율로 변한다. 이 때 토크는 이를 이루는 두 힘 사이의 수직거리에 한 힘의 크기를 곱한 것이다. **토크의 방향은 두 힘으로 이루어진 평면에 수직인 방향**이다. 나사못을 빼기 위하여 짧은 렌치보다는 긴 렌치를 이용하는 것이 토크가 크기 때문에 훨씬 쉽다는 것을(지렛대 원리) 알 수 있다.

뉴턴은 데카르트의 "기하학"을 통해 수학에 관심을 갖기 시작해 수학에 관한 모든 책을 섭렵했다. 미적분학은 뉴턴과 라이프니츠가 모두 각각 발명한 것이다. 뉴턴의 서재에는 연금술에 관한 138권의 책이 소장되어 있었다. 뉴턴이 연금술에 관해 육필로 쓴 100만 단어 이상의 원고가 있었다. 뉴턴이 행한 비밀스런 연구에는 주로 성서에 관한 연구였다. 그는 삼위일체가 4세기에 도입된 교리적 타락이라고 생각했고 그 전에는 교리가 완전히 유일신교라는 것을 주장했다.

뉴턴은 **역사상 최고수준의 집중력을 지닌 사람**으로 알려져 있다. 그는 달걀을 삶으려고 하다가 무심코 시계를 삶을 정도로 깊은 생각에 몰두하기도 했다. 그는 지독한 메모광으로 꼼꼼한 그의 성격을 보여주었다. **뉴턴은 호기심이 많았는데 그것이 창조력의 원천**이었다. 뉴턴의 머리카락에서 나온 다량의 수은은 그가 연금술에 심취하였던 결과였다. 뉴턴은 연금술, 성서 연구, 연대기 연구 등을 20대부터 동시 진행하였다.

뉴턴은 표면적으로는 얌전하고 조용한 신사였으나 자신의 의견과 다른 사람과는 반목했다. '후크의 법칙'으로 유명한 후크와는 사이가 좋지 않았다. 뉴턴은 어린 시절부터 분노와 변덕스러운 성격을 가졌는데 1693년에 뉴턴은 신경쇠약증세를 나타냈다. 뉴턴은 인격적 결함, 비정통적 신앙, 염세적인 성격 등이 있었음에도 불구하고 명석한 학자로 인정받았다.

뉴턴은 빛에 관한 놀라운 실험

뉴턴은 빛에 관한 놀라운 실험을 하였다. 뉴턴과 독일의 라이프니츠는 거의 같은 시기에 각자 별도로 '미적분학'을 개발하였다. 뉴턴은 놀라운 직관력을 지니고 있었다. 뉴턴은 최초로 무게와 질량이 어떻게 다른가를 분명히 했다. '프린키피아'는 대단히 많은 수학적 증명을 포함하고 있기 때문에 당대 최고의 수학자들만이 이해할 수 있었다. 그래서 사람들은 "자기도 이해 못하고 누구도 이해할 수 없는 책을 쓴 사람"이라고 그를 가리키기도 하였다.

그는 일종의 논리 과학적 방법론의 창시자였다. 그는 분석을 중요시했고 그것을 종합보다 우선시했다. 그는 "가설은 실험을 바탕으로 하는 철학이 용납할 수 없는 것이다"라고 말했다. 그는 달의 운동에 대한 이론을 세우지 못했다. 핼리의 격려 덕분에 뉴턴의 "프린키피아"가 1687년에 출판되었다. 뉴턴의 천재성은 극히 성급한 성격 때문에 제대로 인정받지 못했다.

뉴턴의 능력은 대단했으며 관리자로서의 능력도 뛰어났다. 뉴턴은 상당한 능력을 발휘하여 학회의 재정을 조직적으로 변환시켰다. '프린키피아"의 개정판은 초판과 마찬가지로 라틴어로 쓰여 졌다. 1726년에 라틴어로 발간된 제3판에서야 비로소 영어로 번역되었다. 실제로 뉴턴의 추종자들은 왕립학회의 정회원이 되어 권위를 차지했다.

뉴턴은 수학, 물리학, 천문학에서 위대한 업적을 남겼다. **뉴턴은 책을 읽을 때 중요하게 생각하는 내용을 표시해두는 습관이 있었다.** 뉴턴은 제대로 된 반사망원경을 만들었다. 갈릴레오는 1609년 굴절 망원경을 만들었었다.

뉴턴의 "프린키피아" 1687년에 출판

헬리는 뉴턴의 저서를 사재를 털어서 출판했다. 뉴턴은 케임브리지대학교를 대표하는 하원의원이 되었다. 뉴턴은 존 로크와 친구가 되었다. 뉴턴은 네덜란드 천문학자 호이겐스를 방문하였는데 호이겐스는 1673년 뉴턴이 자신의 빛 이론을 심하게 반대했던 일에 대해 아무런 감정을 갖고 있지 않았다.

뉴턴은 밤을 꼬박 새우며 혜성을 관찰하다가 수면 부족으로 병을 얻은 적이 있었다. 납과 수은은 뉴턴이 실험실에서 가장 많이 썼던 금속이었다. 이 금속이 뉴턴의 건강에 영향을 준 것으로 보인다. 뉴턴은 수학에서 이항 정리, 미적분법을 개발하고, 역학에 대한 연구를 했으며, 중력에 대한 법칙을 발견하고 빛이 스펙트럼으로 분해되는 것을 분석했다.

뉴턴의 용어로 질량은 물체의 부피와 밀도를 곱한 값이다. 속도는 움직이는 빠르기이다. 운동량은 물체의 속도와 질량을 곱한 값이다. 시간, 질량, 길이는 과학의 기본 요소이다. 뉴턴은 제1운동법칙으로 관성의 법칙, 제2운동법칙으로 가속도의 법칙, 제3운동법칙으로 작용반작용의 법칙을 주장했다.

뉴턴은 질량보존의 법칙, 운동량보존의 법칙을 주장했다. 뉴턴은 1672년 광학 이론을 발표하였다. 역학 이론을 탄생시킨 것은 뉴턴이었다. 뉴턴은 혼자 있기를 좋아하는 성격이었다. 그는 신장 결석이 있었다. 1727년 85세의 뉴턴은 사망했다.

참·고·자·료

다음 저자 저서와 연구자료를 참고하였고 그외 자료도 참고했음.
데이비드 클라크 영국 물리과학 연구위원회 책임자.
모츠 컬럼비아대학교 물리학과 천문학 교수.
안젤리카 오버라트 윤리철학 교수, 대학 학장 역임
'사이언스 오브 석세스' 저자 제임스 레이
'만유인력과 뉴턴' 저자 게일 크리스티안슨 인디애나주립대학교 역사학 교수
'지식인들' 저자 폴 존슨

13장. 에디슨 : 테슬라

학습 관련 발언 등 모음

에디슨 (1847–1931)

- 과학이나 참고서적만이 아니라 모든 문학에 흠뻑 빠져
- 혁신에 관한 문제라면 에디슨은 이론을 믿지 않았다.
- 에디슨은 독서를 많이 했지만 깊이가 있는 책들이 아니었다
- 이론적 기반이 취약하였기에 시행착오 방식으로 일을 해왔다
- 에디슨은 "전기가 인체에 미치는 영향에 대해 모른다"고 인정

테슬라 (1856–1943)

- 테슬라는 지식에 근거하였다
- 테슬라는 복잡한 수학문제, 전기공학의 문제들을 해결
- 테슬라는 탄탄한 이론적 배경을 갖추었다
- 원칙들을 체계적으로 조합함으로 영감 얻고 문제 해결
- 테슬라는 깊은 전문적 지식을 기반으로 뛰어난 이론가
- 실용적인 면에서도 에디슨보다 우월한 실력자였다.

—에디슨

에디슨은 자금을 유치하고 새로운 기술을 증진하며 혁신의 과정을 운영하는 데 천부적 재능을 가졌다. 피터 드러커는 그의 저서 "혁신과 기업가 정신"에서 에디슨을 기술을 갖춘 기업가의 원형이라고 말했다.

학습은 전문적 능력과 정신력을 강하게

학습의 대가였던 다산 정약용은 "공부는 삶을 가치 있게 향상시키는 것이다"라고 말했다. "삶을 가치 있게 향상시키는 것"은 학습이 실력을 향상시켜 삶에서 전문적 능력을 갖추어야 한다. 동시에 정신력을 강하게 만들어 삶의 지혜를 갖게 해주어야 한다.

에디슨은 기업가로 근면하고 나름 '혁신과 기업가 정신'을 가지고 있었다고 평가받았다. 그런데 에디슨은 초창기 사업이던 전기사업에서 전기에 관한 전문지식이 매우 부족한 것으로 나타났다. 경쟁자 테슬라에게 대응할 수 없을 만큼 전문적 지식이 부족했던 것이다,

에디슨은 많은 학습을 했지만 전문 지식을 깊게 하는 데 도움이 되지 않았다. 에디슨이 제대로 된 학습을 하여 전문적 지식을 갖추었다면 에디슨은 기업가로 크게 성공했을 것이다. 이것저것 특허를 취득하였지만 깊은 전문 지식이 부족한 수준에 머물렀다. 에디슨은 정신력은 그런대로 갖추었지만 전문 실력은 부족해 실패로 이어졌다. 필자는 에디슨 사례를 통해 가치 있는 학습이 필요함을 강조하는 것이다.

에디슨은 "우리의 뇌는 거의 보지 못한다는 사실이다. 생각하는 습관을 가꾸어 나갈 줄 모르는 사람은 인생의 가장 큰 기쁨을 잃은 것이다"라고

말했다. 그는 “사람들은 무기력하고 생각하지 않는다”고 덧붙였다.

에디슨은 “사람들은 마음으로 기쁨을 음미하는 방법을 배우기보다는 눈과 귀와 입을 즐겁게 해주는 것을 노력 없이 찾으려고 하고 있다. 이 모든 것들은 그들이 생각하지 않기 때문이다”라고 말했다. 에디슨은 정확히 1093개의 특허등록 기록을 갖고 있다. 미국 특허청에서 저작권 150만 개 중에서 3,000개가 상업적으로 가치있는 것으로 추정한다. 이는 0.2%에 불과하다는 것이다. 에디슨은 매우 많은 특허를 취득하였지만 그 특허 중에서 수익이 창출한 것은 적었다.

에디슨은 1847년 태어났다. 에디슨은 전신기술을 빨리 습득해 16세에 전신기술자가 되어 6년간 보냈다. 에디슨은 전구를 발명한 첫 번째 사람이 아니다. 에디슨은 “나는 12살이 되던 해에 귀머거리가 되었다. 나는 청력이 없어진 공백을 메울 충분한 상상력을 갖고 있었다”라고 말했다. 그는 **과학이나 참고서적만이 아니라 거의 모든 종류의 문학에 흠뻑 빠져 있었다.**

혁신에 에디슨은 이론을 믿지 않았다

혁신에 관한 문제라면 에디슨은 이론을 그다지 믿지 않았다. 에디슨과 동종의 전기사업을 하던 니콜라 테슬라는 그런 에디슨의 관점을 비난했다. 에디슨은 과학과 이론에 대한 경멸감을 갖고 있지는 않았다. 에디슨은 1926년 ‘포춘’지와의 인터뷰에서, 대학졸업자보다 견습공 출신을 더 신뢰했다.

에디슨의 전기는 직류였는데 직류는 전압을 높일 수 없어 열 손실이 컸다. 웨스팅하우스 회사는 교류를 채용하여 변압기로 전압을 높게 조절할 수 있었고 결국 웨스팅하우스가 이겼다. 에디슨의 회사 '에디슨 제너럴 일렉트릭'은 후에 GE로 발전하였다. 교류는 변압기를 이용해 원거리 송전이 가능한 유일한 방법이었다. 에디슨은 완고하고 거만하며 무자비하기도 하였다.

에디슨은 약 10년간 온갖 소송에 시달리면서 수백만 달러를 날렸다면서 분통을 터뜨렸다. **에디슨은 독서를 많이 했지만 깊이가 있는 책들이 아니었다.** 에디슨은 "산업과 상업에서는 누구나 남의 것을 훔치기 마련이다. 나 자신도 많은 것을 훔치면서 살아 왔다. 하지만 난 어떻게 훔치면 좋은지 방법을 알고 있다"라고 말했다.

재계의 거물 피어폰트 모건의 도움으로 에디슨은 1878년에 '에디슨전기조명회사'를 설립했다. 실용적인 조명 시스템 생산이라는 그의 계획은 많은 수익을 창출하였다. 에디슨은 안정적으로 빛을 낼 수 있는 필라멘트를 개발하려고 노력하였는데 1000시간 빛을 내는 탄화대나무 섬유질로 필라멘트를 만들었다. 개선된 전구였다.

필라멘트로부터 흐르는 전기는 한쪽 전극으로만 향하지 반대 쪽으르는 가지 않는다는 현상이 발견되었는데 이 발견은 후에 열전자 밸브 개발로 이어졌다. 열전자 밸브는 트랜지스터의 모체이다. 전체 체계의 핵심이 될 요소에 대한 대안을 찾기 위해서는 지적 도약이 필요하였다. 에디슨에게는 그 능력이 결핍되어 있었다. **에디슨은 이론적 기반이 취약하였기에 시행착오 방식으로 일을 해왔다.**

이론적으로 취약한 에디슨으로서는 어떻게 발전기가 서로 연결되어 전류 펄스가 동기화되는지 알 수 없었다. 유럽 지사에서 일하다가 에디슨을 찾아온 테슬라를 만난 에디슨은 테슬라를 크게 반겼다. 에디슨은 테슬라에게 발전기 동기화 문제를 설명했고 "해결책을 찾아준다면 5만 달러의 성과급을 지급하겠다"고 말했다.

꼬박 1년 동안 테슬라는 24가지가 넘는 설계안을 만들었고 완전히 새로운 설계를 탄생시키기도 했다. 테슬라는 치밀한 시험과정을 거쳐 에디슨 앞에 선을 보였다. 에디슨은 만족했고 당장 특허를 출원했고 생산에 들어갔다.

에디슨이 약속 어긴 것은 결정적 패착

에디슨이 5만 달러의 성과급을 지급하겠다는 약속을 이행하지 않자 테슬라는 크게 상심했다. 결국 에디슨은 테슬라와의 관계가 끝났다. 사업가인 에디슨이 약속을 어긴 것은 결정적 패착이었다. 에디슨과 헤어진 테슬라는 후에 웨스팅하우스와 사업을 하게 되었다. 에디슨의 회사는 그후 웨스팅하우스와 테슬라가 합친 회사의 강력한 능력에 전혀 대응하지 못하는 무기력을 보여주었다.

경쟁력을 갖추지 못하는 에디슨은 더 이상 대응할 방법이 없어 전기 사업에서 퇴출되었다. **에디슨은 "전기가 인체에 미치는 영향에 대해 모른다"고 인정**했다. 에디슨은 "우리는 체계도 없고 규칙도 없다"라고 말했다. 에디슨이 무지함에도 "신뢰를 지켜야 한다"는 사업 철칙을 지켰다면 테슬라와 헤어지지 않았을 것이다. 에디슨은 '작은 실수'를 통해 대기업가가 될 엄청난 기회를 잃었다.

에디슨은 "나는 22년 동안 자금에 대한 지독한 중압감에 시달려왔다"라고 말했다. 피어폰트 모건은 큰 사업가였다. 백만장자 다리우스 오그던 밀스, 뉴욕 센트럴철도의 회장인 윌리엄 밴더빌트가 후원자였다. 이들 후원자들이 없었다면 에디슨은 사업자로 이름을 남기지 못했을 것이다. 요컨대 자기 스스로 살아갈 경쟁력이 부족했다.

—테슬라

테슬라는 천재 700개가 넘는 특허

니콜라 테슬라는 대단한 천재였다. 1884년 에디슨의 부하로 근무하던 테슬라는 1년 후 독립하여 교류를 이용한 발전기와 동력기를 생산하였고 700개가 넘는 특허를 땄다. 조지 웨스팅하우스가 테슬라의 많은 교류 특허권을 사들여 사업을 성공시켰다.

테슬라는 세계최초로 수력발전소를 설계하였다. 에디슨은 경험에 지나치게 의존하였는데 **테슬라는 지식에 근거하였다**. 결국 테슬라의 교류가 이겼다. 에디슨은 근면함, 뛰어난 유머 감각이 있어 사업가로서 자질이 있었다. 에디슨은 84세에 1093번째 특허를 받았고 1931년에 세상을 떠났다.

과학자 니콜라 테슬라와 사업가 조지 웨스팅하우스는 협력관계를 맺었다. 에디슨은 직류 전기, 테슬라는 교류 전기의 옹호자였다. 교류 발전지에는 빠른 속도로 방향을 바꾸는 전기를 처리하기 위한 정류자가 필요하였다. 직류 전력을 공급하려면 엄청나게 많은 전기가 필요했다. 이동하는 과정에서 조금씩 누출되어 결국 필요한 양의 전기가 가정에 도달하려면 거대한 구리선이 필요하다는 뜻이었다.

에디슨의 방법으로는 발전기에서 반마일 이상만 떨어져도 충분한 전력을 공급하기가 불가능했다. 에디슨의 직류와 달리 교류 전압은 변압기를 통해 낮출 수 있었다. 이는 고전압 전류를 생산해 먼 거리를 보낼 수 있다는 뜻이 된다. 테슬라는 교류 발전기를 세계최초로 만들어내게 되었다. 독서량도 대단했다.

테슬라는 복잡한 수학문제, 전가공학의 문제들을 해결할 수 있었다. 테슬라는 탄탄한 이론적 배경을 갖추었고 기본원칙들을 체계적으로 조합함으로써 영감을 얻고 문제를 해결했다. 테슬라는 약속된 성과급 5만 달러를 에디슨에게 요구하였으나 에디슨은 미소를 지으며 "자네는 우리 미국식 유머를 이해하지 못 하는군"이라고 말할 뿐이었다. 당시 보통 근로자 연봉이 500달러였기에 5만 달러는 100년 연봉에 해당하는 큰돈이었다.

다산 정약용은 "공부는 삶을 가치 있게 향상시키는 것이다"라고 말했다. "삶을 가치 있게 향상시키는 것"은 실력을 향상시켜 전문 능력을 갖추어야 한다는 것이다. 동시에 정신력을 강하게 만들어 삶의 지혜를 갖게 해주어야 한다. 테슬라는 전문 지식을 깊게 터득해 전문가임을 증명했다.

부족한 것은 정신력 즉 문제 해결할 능력

그에게 부족한 것은 실력이 아니라 정신력 즉 삶의 문제를 해결할 능력이었다. 테슬라가 젊을 때에는 그럭저럭 수입도 괜찮았고 나름 실력으로 삶을 개척해나갈 수 있었다. 그러나 상황이 변하고 자신의 지혜가 부족하여 삶이 비꼬이는 사건이 계속 일어났다.

전문 실력이 특출하였지만 지혜가 부족한 테슬라는 사태에 속수무책이었다. 그 결과 그는 말년이 고달프고 비참한 상황 속에 살아가야 했다. 필자는 학습을 통해 특출한 실력을 갖추어도 정신력 즉 지혜를 무시하면 삶의 평탄한 길을 걸을 수 없다는 사례를 말할 것이다.

테슬라는 에디슨 회사를 떠나 하루 일당 2달러의 노동자가 되는 길을 택했다. 1888년 테슬라는 한 강연회에서 연사로서 교류 발전기와 교류 모터 제작방법을 상세히 설명했다. 테슬라는 두 개의 교류 전류를 사용해 단계별로 작용하도록 한다는 멋진 해결책을 내놓았다. 테슬라의 개념은 최신 이론이었는데 참석자 중에 조지 웨스팅하우스가 있었다.

테슬라의 발명품이 자신이 필요로 했던 것이라고 확신한 웨스팅하우스는 당장 100만 달러의 선불금과 추후 교류 체계로 전달되는 전기 마력당 1달러의 특허권 사용료를 약속했다. 테슬라는 웨스팅하우스와 더불어 쉴 새없이 일에 매달렸다. 1893년 시카고 만국박람회의 조명설비 입찰에서 웨스팅하우스사는 에디슨사를 제치고 선정되었다. 또한 웨스팅하우스는 나이아가라 폭포 발전소 건설 입찰을 따냈다. 대중은 에디슨이 아닌 테슬라의 방식을 선택했다.

테슬라는 몽상가였고 그 상상력은 엄청난 재능이자 심각한 결함이기도 했다. **테슬라는 깊은 전문적 지식을 기반으로 뛰어난 이론가였고 실용적인 면에서도 에디슨보다 우월한 실력자였다.** 웨스팅하우스는 1886년 미국 최초의 성공적인 교류 시스템을 개설했다. 테슬라의 탁월함은 분명하였다. 테슬라는 1888년4월 자신이 교류 모터를 발명했다고 선언했다. 웨스팅하우스는 테슬라의 모터에 대한 권리를 매입했다.

전류 전쟁에서 웨스팅하우스가 대승을 거두었다. 그는 직류를 교류로 전환할 수 있는 교류 모터를 선보였다. 테슬라는 1890년대에 고주파 발전기, 테슬라 코일, 동조회로 등 무선 전화의 기초가 되는 기술을 개발했다. 고주파 요법은 1890년대에 테슬라가 고안한 것이다. 1893년 테슬라는 무선장치를 설치해 근거리 송수신 실험에 성공했다.

1898년 테슬라는 무선으로 모형 보트를 조종하는 공개실험을 해 사람들을 열광시켰다. 테슬라는 교류의 안전성을 확보해나갔다. 테슬라가 발명한 전기 장치는 공진 현상을 사용한 것이 많다. 콘덴서 방전에 대해 그 속에 숨은 관계를 찾아내어 약동하는 생명력을 부여한 것은 테슬라였다.

무선통신 기술의 선구자로서 테슬라는 통신기술의 수준이 그 자체로도 충분했다.

1901년에 테슬라가 받은 특허에서는 "도체의 저항을 상당히 줄여 에너지 손실을 최소화한다"고 밝혔다. 모건은 테슬라에게 추가 지원을 거절했다. 테슬라는 "진짜 목표를 무선통신이 아니라 무선 에너지 전송이다"라고 편지를 썼으나 효과가 없었다.

막대한 수입에도 무욕과 관리능력 결여로 빈곤

테슬라는 일생 동안 조직에 연루되는 것을 매우 싫어했다. 여자들도 테슬라에게 빠져들었다. 30대 후반에 테슬라는 잘 생긴 외모와 천재성으로 뉴욕의 사교계에서 많은 여성들의 마음을 훔쳤는데 평생 독신으로 살았다. 테슬라는 돈을 제대로 관리하지 못해 돈이 모아지지 않았다. 그는 37살에 국제적으로 알려지게 되었다. 특허로 막대한 수입을 올렸던 그는 무욕과 관리 능력의 결여로 말년에는 고독과 빈곤에서 살았다.

1916년3월 뉴욕시에 935달러의 세금을 내지 못하자 테슬라는 법정에 소환 당했다. 테슬라는 몇 년째 외상으로 발도프 호텔에 살고 있었는데 돈이 한 푼도 없고 빚더미에 쌓여 있다는 사실을 고백해야만 했다. 60대 중반이 된 테슬라는 힘겨운 생활을 했다. 테슬라는 완전히 파산했고 호텔비도 제대로 지불하지 못했다.

테슬라는 이따금씩 들어오는 기술, 자문역을 하면서 그럭저럭 공황을 견뎌 나갔고, 웨스팅하우스를 찾아가 125달러의 월급을 받는 일자리를 얻기도 했다. 그는 뉴욕시 제1의 고급호텔인 애스터하우스에 살기도 했는데 그의 호화스런 생활방식은 궁핍으로 결말을 맺게 된다. 그는 정신강박증 등 신경성 질환으로 평생 고생했다. 1943년 테슬라는 죽었는데 사망 원인은 '관상동맥 혈전증'이었다. 87세였다.

참·고·자·료

다음 저자 저서와 연구자료를 참고하였고 그외 자료도 참고했음.
블레인 매코믹 베일러 대학 경영학 교수
'이노베이터 CEO에디슨' 저자 마이클 겔브, 사라 밀러 칼디코트.
'니콜라 테슬라' 저자 마가렛 체니
'빛의 제국 에디슨, 테슬라, 웨스팅하우스 그리고 전류전쟁'
저자 질 존스 역사학자.

14장. 이나모리 가즈오

학습 관련 발언 등 모음

- 그는 연구에 몰두했다
- 열심히 연구를 재미있게 계속해서 굉장한 성과
- 그는 연구실에서 매일 연구했다.
- 지식을 갖추는 것만큼 인간성을 갈고닦아야 한다.
- 그는 학습 의지와 목표의식을 가진 사람만을 선별한다.
- 가르침의 핵심은 하나 '뜻을 높이고 경영을 발전시킨다'
- 반복해서 공부하고 자신의 생활방식으로 삼아 실천해야 한다.
- 기업경영에 책임감을 중시한 것이었다.
- 공부모임을 월1회 3시간 이나모리 회장도 꼭 참석한다.

이나모리 1932년생, 최근에 떠났다

이나모리 가즈오는 1932년 태어났고 최근에 세상을 떠났다. 그는 가고시마대학교 공학부를 졸업하고 직장생활을 거쳐 1959년 교토세라믹(현 교세라)을 창업하였다. 그는 1984년에는 DDI(현KDDI)를 설립하였고, 1984년 이나모리 재단을 설립하고, '교토상'을 창설하여 인류사회에 공헌하는 자에게 표창해왔다. 젊은 경영자를 위한 경영학교 '이나모리 학교'(세이와주쿠)의 학교장으로 후진양성에 심혈을 기울하여 왔다. 이나모리는 2010년 정부 요청으로 도산한 일본항공의 회장으로 부임해 도산한 일본항공을 회생시켰다.

이나모리는 교세라를 설립한 후 회사 경영체제를 혁신했다. 기존 회사들의 경영방식과 다른 경영방식이었는데 바로 '아메바 경영'으로 획기적 경영 방식이었다. 회사 조직을 '아메바'라는 최소 단위로 재조직해 각 아메바가 독립적으로 기업가적 마인드로 회사가 운영되게 하는 방식이었다.

교세라가 성장해 온 요인 중 하나로는 아메바 경영이라는 우수한 경영관리시스템의 존재를 들 수 있다. 아메바 경영은 경영자 의식을 높이는 궁극적인 교육 시스템이다. 이나모리는 기질이 강하고 신중한 성격이어서 빚을 매우 싫어해 회사 경영에서 돈을 빌리지 않는 것을 신조로 삼아왔다.

그는 파인세라믹스 **연구에 몰두했다. 열심히 연구를 하니까 재미있게도 계속해서 굉장한 성과**가 나오기 시작했다. 그는 마그네슘 감람석이라는 새로운 파인세라믹스의 합성에 성공했다. 일본에서 처음으로, 세계에서는 두 번째로 신재료를 개발했던 것이다.

그는 연구실에서 매일 연구했다

그는 연구실에서 매일 연구했다. '일을 좋아하게 된다'는 것이 중요하다는 것을 깨달았다. 그는 "감동은 나에게 새로운 정열을 불어넣어주고, 내 연구를 계속하게 하는 힘이 된다."라고 말했다. 타인을 배려하는 마음, 이타의 마음은 매우 중요하다. 인간성이나 기량이 탁월한 것이 실질적인 리더의 자격이라는 것이다.

이나모리는 2010년 정부 요청으로 도산한 일본항공의 회장으로 부임해 철저하게 리더 교육을 했다. '수익 최대, 비용 최소'가 경영의 핵심이고 존경받는 인간성이 목표라는 것을 강조했다. **지식을 갖추는 것만큼 인간성을 갈고닦아야 한다.** 욕심을 부리지 말고 현재 있는 것에 감사하는 마음을 가지라는 것이다. 그는 일본항공을 흑자기업으로 변화시켰다.

당시 항공운수 업계는 세계 평균 이익률이 1% 정도였지만 일본항공의 이익률은 17%에 이르는 경이적인 실적을 이루었다. 2013년3월 결산애서 매출1조2,388억 엔, 영업이익1,952억 엔이었다. 승무원들을 자신들의 개인 짐을 줄여 경비 절감에 나섰다. 나리타와 하네다 공항을 합하면 4,500명의 승무원이 배속되어 있다.

이나모리는 젊은 경영자를 위한 경영학교 '이나모리 학교'인 '세이와주쿠盛和塾'를 세워 무보수로 경영철학과 경험을 가르치고 있다. 1만1천명이 공부하고 있다. **그는 학습 의지와 목표의식을 가진 사람만을 선별한다.** 가장 강조하는 것은 경영자가 지녀야 할 자세 즉 '한 사람으로서 어떻게 살아야만 하는가'이다. 그것이 경영에 직결되기 때문이다.

핵심은 하나 '뜻을 높이고 경영을 발전시킨다'

그의 가르침의 핵심은 단 하나 '뜻을 높이고 경영을 발전시킨다'는 것

이다. **반복해서 공부하고 자신의 생활방식으로 삼아 실천해야 한다.** 이나모리 회장은 '6가지 정신'를 강조한다. 1. 누구보다 진지한 자세로 노력하라. 2. 교만하지 말고 겸허하라. 3. 날마다 반성하라. 4. 살아 있음에 감사하라. 5. 남을 배려하는 실천을 거듭하라. 6. 언제나 현재에 충실하라 등이다.

도산 후 3년이 안 되어 일본항공은 도쿄증권거래소에 다시 상장되었다. 이나모리가 전혀 경험이 없는 항공업계를 도산에서 흑자기업으로 변신시킨 것은 큰 의미를 던져주었다. 일본항공은 회생했다, 경영기획임원이 이나모리 회장에게 매출 목표를 보고하자 이나모리 회장은 "자네, 이 숫자에 책임질 수 있나?"라고 물었다. **기업경영에 책임감을 중시한 것이었다.**

이나모리는 일본항공에 부임해서 맨 처음 '리더교육'이라는 연수를 실시했다. 의식개혁이 우선과제였다. 이나모리는 '경영12조', '회계7원칙', '3대 정진' 내용을 철저하게 교육하기로 했다. 또한 '공부모임'을 창설하여 지속하기로 했다.

이나모리는 첫째, 안전제일주의 둘째, 고객 관점에서 행동하는 것 셋째, 동료를 믿고 함께 행동하는 것을 강조했다. **공부모임을 월1회 3시간을 하되 이나모리 회장도 꼭 참석한다.** 독립채산제와 경영철학은 두 바퀴와 같은 관계였다. 전 임원이 현금 상황을 파악하고 있어야 하는 것이 중요했다.

경영철학 공부모임

2010년12월 '채산책임 명확히'를 목적으로 조직개편이 이루어졌다. 부문별 채산제도는 본부별로 수익을 파악하는 것이다. 1개월마다 결산을 하기로 했다. 부문별 채산제도로 경영 간부를 수익을 책임져야 한다. 일본항공은 계획과 실행속도가 빨라졌다. 전 직원에게 공통적인 위기의식이 공유된 것이다, 2012년3월 일본항공의 자기자본비율은 35.7%가 되었다. 경영철학 공부모임을 통해 동일한 목표를 공유하고 업무에 임하는 기반을 만들었다.

본부별로 수익을 파악하기 위해 1개월마다 결산을 하는 체제로 바꾼 것은 일대의 큰 변화라고 필자는 생각한다. 필자는 은행에서 회계, 분석 등 업무에 오래 종사했기에 매달 결산을 하는 것은 큰일이라는 것을 실감할 수 있다. 보통 6개월마다 '가결산'이나 '결산'을 하는 제도를 시행하다가 '1개월'마다 결산을 하는 것은 큰 각성을 주기 위함이었다.

가치관을 공유하고, 모든 직원이 참여하는 관리회계 시스템을 도입했다. 직원들의 행동변화가 서서히 이루어졌다. 이나모리 회장은 리더의 사고방식과 가치관리 변해야 공감대를 형성할 수 있다는 것을 알고 있었다. 부문별 채산제도가 도입되어 모든 직원은 부문별 수익을 매월 파악할 수 있게 되었다. 한국인 우장춘 박사의 사위 이나모리는 최근 사망하였는데 큰 가치에 헌신한 이나모리를 많은 사람이 존경했다.

참·고·자·료

다음 저자 저서와 연구자료를 참고하였고 그외 자료도 참고했음.
JAL회생전략 저자 인도우 마미
왜 사업하는가 저자 이나모리 가즈오
성공의 요체 저자 이나모리 가즈오
아메바 경영 저자 이나모리 가즈오
이나모리 가즈오의 회계경영
카르마 경영 저자 이나모리 가즈오
소호카의 꿈 저자 이나모리 가즈오
경영의 원점, 이익이 없으면 회사가 아니다 저자 이나모리 가즈오
좌절하지 않는 한 꿈은 이루어진다 저자 이나모리 가즈오
회사는 어떻게 강해지는가 저자 이나모리 가즈오

15장. 공자

학습 관련 발언 등 모음

- "아는 것은 좋아하는 것만 못하고, 좋아하는 것은 즐기는 것만 못하다"
- 육구연 "이해되지 않는 부분은 넘어가고, ..다른 대목을 읽다보면 이해할 수.."
- 주희는 "공부의 처음에는 의문이 생긴다. 여러 번 치르면 ..의문이 없어진다"
- 공자는 배움과 생각을 함께 중시했다. "좋아서, 즐겁게 공부하는 것"을 중시.
- "많이 배우고 많이 알 것과 공부와 생각을 결합할 것"
- 아는 것은 안다고, 모르는 것은 모른다고 하는 것이 아는 것
- 나이 들어 쉰이 된다 해도 계속 배울 수 있다
- 나는 열정적으로 학문을 계속하고 있을 뿐
- 자신을 위해서 배웠다
- "배운 것을 복습할 때만큼 즐거운 일은 없다"
- 맹자는 "많은 책을 읽어야 한다"고 주장
- 제갈량의 공부법 "그 대략만 보는 것"은 시스템학습법과 유사

좋아서, 즐겁게 공부하는 것

공자는 **"아는 것은 좋아하는 것만 못하고, 좋아하는 것은 즐기는 것만 못하다"**는 공부와 관련한 최고의 가르침을 남겼다. 송나라 구양수(1007-1072)는 말 위에서, 베개 밑에서, 화장실에서 문장을 구상했다고 한다. 마상, 침상, 측상인 3상이다. 조광윤(927-976)은 송나라를 건국한 무장임에도 독서광이었다. 책을 좋아한 사람 대부분은 장수했다는 사실이다.

송나라 철학가이자 교육가인 **육구연(1139-1193)은 "공부하다가 이해되지 않는 부분은 매달리지 말고 다음으로 넘어가고, 다른 문장이나 다른 대목을 읽다보면 이해할 수 없는 대목을 이해할 수 있는 실마리가 생긴다"**고 말했다. 공부법에 관한 최고의 이론가로 꼽히는 주희는 **"공부의 처음에는 의문이 생긴다. 이런 과정을 여러 번 치르고 나면 모든 의문이 없어진다"**라고 말했다.

공자는 아버지 숙량흘을 세 살 때 여의고 어머니 안징재 밑에서 가난하게 자랐다. 어머니는 공자에게 특히 음악교육에 정성을 쏟았다. 공자는 "공부는 타고나는 것이 아니라 부지런히 배우는 것"이라고 말했다. **공자는 배움과 생각을 함께 중시했다. 또한 "좋아서, 즐겁게 공부하는 것"**을 중시했다.

공자의 공부는 행동과 실천에 중점을 두었다. 공자의 수제자 증자는 하루에 세 번씩 자신을 반성했다. 공자의 술이부작述而不作은 "취지를 이해하고 사상을 밝히는 데 주로 힘을 쏟아야지 주관적 견해나 엉뚱한 상상력을 발휘해선 안 된다"는 의미다. 잘 알지도 못하면서 주관적 견해를 마구 쏟아내는 것에 공자는 반대했다. **공자는 "많이 배우고 많이 알 것과 공부와 생각을 결합할 것"**을 주장했다.

많이 배우고 많이 알 것

공자의 삶이 반영된 언행록이 '논어'이다. 논어에는 오늘날에도 의미가 풍부한 언행록이 기록되어 있어 중국인들이 소중하게 여기는 경전이다. "경천애인"이란 "하늘을 공경하고 인류를 사랑하라"는 뜻이다. 공자는 "도덕으로써 사람을 이끌고 예의로써 백성을 통솔하면 백성은 저절로 올바른 길을 걸어가게 된다"고 말했다.

공자는 "정직하고 용감하며 검소하고 입이 무거운 사람은 인과 덕의 자질을 갖추고 있다"라고 말했다. 진정한 용기는 자신의 신념을 꿋꿋이 관철하고 반듯한 절도가 있다는 것이다. 공자는 "스스로 음식을 적게 먹고, 스스로 의복을 검소하게 해야 한다"라고 말했다. 자신이 먼저 행동하고 모범을 보이는 솔선수범하는 자세가 오늘날에도 필요하다. 공자는 "지나치게 많은 것은 지나치게 적은 것과 마찬가지다"라고 말했다. 이는 공자가 중용을 강조하는 말인데 지나침을 주의하고 균형 잡힌 장도를 중요시하는 중용인 것이다.

공자는 "잘못을 숨기고 그치지 않는 것이 가장 큰 잘못이다"라고 말했다. 공자는 공과 사를 구분할 것을 말했다. 공자는 "넉넉한 식량, 충분한 군비, 백성의 정권에 대한 신뢰는 모두 중요한데 신뢰가 그중 가장 중요하다"라고 말했다. 공자는 물질적인 것보다 정신적인 것 즉 신뢰를 더 중시했다. 공자는 "국가에 도가 없는데 녹봉을 받는 것은 수치다"라고 말했다. .

공자는 "어떤 사람이 식초를 얻으러 왔는데 자기 집에 없어 이웃집에서 얻어 주었다"라고 말했다. 이는 허세를 부리는 것을 경계하는 말이었다. 공자는 "날마다 모르는 것을 알고 노력하며 학문을 좋아해야 한다"라고 말했다. 한 가지 일에 성실하게 열중하고 추구하는 것이 중요하다.

공자는 **"아는 것은 좋아하는 것만 못하고, 좋아하는 것은 즐기는 것만**

못하다"라고 말했다. 이는 학습의 원칙에서 매우 중요한 것이다. 학습을 단지 지식을 얻기 위해 노력만 하는 것은 바람직하지 않다. 학습 자체를 즐기는 것이 매우 중요함을 지적한 것이다. 일을 좋아하고 즐기는 것이 중요하다.

공자는 "사람들이 범하는 과실의 질을 보면 얼마나 인을 갖추고 있는지 알 수 있다"라고 말했다. 충분한 여유를 가지고 침착한 태도를 취하는 태도가 필요하다. 시스템학습의 근본 방향과 같다. 즉 단지 지식이나 점수가 아니라 마음을 여유를 찾는 것이라는 것과 일관되는 말이다.

공자는 "조급하게 결과를 얻으려 해도 소용없다. 작은 이익에 눈을 돌리는 것은 헛된 일이다. 결과에 안달하고 작은 이익을 고집하면 큰일을 해낼 수 없다"라고 말했다. 필요하다. 필자가 시스템학습에서 "이해가 되든 말든, 외워지든 말든!"을 수차례 강조하는 것이 바로 이것이다. 시스템학습은 결국 이해하고 외워지게 하는 효능이 있기 때문에 안달하지 말라는 것이다.

인은 이타심 즉 남을 배려하는 것

공자는 "도에 뜻을 둔 자는 넓은 마음과 굳은 의지를 지녀야 한다"라고 말했다. 공자는 인생의 목적이 '인'임을 강조하였는데 인은 이타심 즉 남을 배려하는 것이다. 공자는 "위인은 항상 인을 생각한다"라고 말했다. 성공은 자신에게 달려 있다는 것을 명심하고 자신의 자세를 갖추어야 한다는 것이다.

공자는 제자 자로에게 "결코 포기하지 않고 노력을 계속하는 것이 나의 가르침이다"라고 말했다. 시스템학습자의 태도가 바로 그것이다. 오늘도 내일도 평온한 마음으로 시스템방법대로만 하면 결과가 나올 수밖에 없다. 조급하게 결과에 안달하지 말아야 한다는 것이다.

공자는 **"아는 것은 안다고 하고, 모르는 것은 모른다고 하라. 그것이 바로 아는 것이다"**라고 말했다. 솔직한 마음은 학습자에게 중요한 자세이다. 공자는 "군자는 자신을 반성한다"라고 말했다. 겸허한 자세는 학습을 제대로 하게 하는 것이기에 시스템학습자의 필수적 자세다. 공자는 "검소하게 살면 잃을 것이 없다"라고 말했다. 필자가 강조하는 것의 하나인데 학습하는 자에게는 검소함이 저절로 갖춰지며 허세와 낭비는 이상한 나라의 얘기가 된다.

공자는 "일에 열중하여 흥미로운 일에 빠지면 몰두하는 사람이 된다"라고 말했다. 공자 자신이 학습에 몰두하는 습관이 있었음을 알 수 있다. 시스템학습법 3단계에 접어들어 학습하면 딴 생각이 없어지고 학습에만 몰두하는 현상이 벌어진다. 그러면 학습의 맛을 아는 경지 즉 학습을 음미하는 경지가 된다. 공자는 "밤새 생각한 적이 있다. 그러나 헛된 일이었다. 배우는 일만 못하다"라고 말했다. 생각만 하면 아이디어는 없이 백일몽을 꿀 가능성이 높다. 학습이 우선인 것이다.

공자는 **"나이 들어 쉰이 된다 해도 계속 배울 수 있다"**라고 말했다. 2500년 전 공자가 50살이 넘어도 두뇌세포가 증가될 수 있다는 오늘날 연구결과와 일치되는 말을 한 것이다. 공자는 "평지가 되게 마무리한 것은 자신이 끝까지 해냈기 때문이다"라고 말했다. 절실한 열망이 중요하다. 절실함은 시스템학습을 꽃피게 하는 동력이다.

열정적으로 학문을 계속하고 있을 뿐

공자는 **"나는 도에 관심이 있어** 열정적으로 **학문을 계속하고 있을 뿐**이다"라고 말했다. **공자는 학습을 음미하고 그 맛을 열정적으로 소화했다.**

공자는 "배우려고 애쓰지 않으면 깨우쳐주지 않겠다"라고 말했다. 이는 배우려는 절실함이 필요함을 지적한 것이다.

공자는 "옛날에 학문으로 출세한 사람은 **자신을 위해서 배웠다**"고 말했다. 학문은 수양에도 큰 역할을 한다. 공자는 "중도를 실천하는 사람에게 나의 도를 전하고 싶다"라고 말했다. 중도, 중용은 학습을 통해 마음을 가다듬은 사람에게 가능한 것이다.

공자는 "꽃이 피어도 열매를 맺지 못하는 것도 있다"라고 말했다. 공자에게 3천 명의 제자가 있었다. 시스템학습은 편하게 계속하면 되는 것인데 작은 노력도 하지 않으면서 꽃을 피우기만 바라는 것은 안 된다. 공자는 "군자는 자신의 말이 실제 행동과 다르면 부끄러워한다"라고 말했다. 공자는 "자신의 말에 부끄러움을 느끼지 못한다면 실행하기는 무척 어렵다"라고 말했다. 시스템학습은 항상 언행일치를 추구하는 것을 원칙으로 한다.

공자는 "스스로 생각하지 않는 자는 지식을 활용하지 못 한다"라고 말했다. 학습의 목적이 바로 지식 자체가 아니라 지식을 활용하는 것이다. 공자는 "옛 성인이 가볍게 말하지 않은 것은 말을 실천할 수 없는 상황을 부끄럽게 여겼기 때문이다"라고 말했다. 시스템학습으로 제대로 학습한 자는 말을 생각 깊게 하고 주의한다. 잘못 말하면 즉시 반성한다.

공자는 "함께 배울 수는 있어도 같은 도로 나아간다고 할 수 없다"라고 말했다. 절실하게 시스템학습을 열망하는 자가 학습을 가장 잘한다. 건성으로 하는 자는 의미 있는 열매를 맺지 못한다. 절실한 열망이 매우 중요하다. 공자는 현실을 파악하고 있었다. 공자는 "자신의 이름을 드높이고 싶은 것은 문제다"라고 말했다. 허영이나 타산적 생각은 위험하다는 것이다. 공자는 **"배운 것을 복습할 때만큼 즐거운 일은 없다"**라고 말했다. 학문을 계속 추구하는 사람은 훌륭한 사람이 될 수 있다.

“많은 책을 읽어야 한다“

맹자(기원전372-289년)는 뛰어난 학습자였다. 그는 공자에 다음 가는 학습자로 명성을 얻었다. 맹자는 산동성 출신으로 조상은 노나라 귀족이었다. 그는 공자의 ‘인학’仁學에 중점을 두고 ‘인정’仁政을 주장했고 성선설을 펼쳐 순자의 성악설에 대비된다. 맹자는 ‘민이 귀하고 군주는 가볍다“라고 공개적으로 말했다. **맹자는 ”많은 책을 읽어야 한다“고 주장**하고 주관적이고 능동적인 작용을 중시했다.

제갈량(181-234년)도 학습에서 좋은 모범을 보여주었다. 그의 자는 공명이다. 제갈량은 207년 유비의 삼고초려로 만난 이후 유비와 함께 한다. 제갈량은 신불해와 한비자의 법술을 믿어 적용했고 상과 벌이 분명했다. 서남쪽의 소수민족에 대해서는 강경책과 온건책을 병행했다. 그는 마지막 북벌 중 오장원 전투에서 패하고 병을 얻어 세상을 떠났다. 제갈량은 게으름과 때늦음에 대한 경고, 자기수양과 노력의 강조, 맑고 투명한 의지, 끊임없는 자기계발의 모범이었다.

제갈량의 공부법은 “그 대략만 보는 것”으로 이를 ‘관기대략’이라고 한다. 이는 과학적 독서법이라고 할 수 있다. 시스템학습법에서 핵심어와 진핵어를 중심으로 학습하는 것과 유사하다. 실질과 요점을 이해하고 깨치는 독서법이다. “대략이란 대강만 파악하는 것”이다.

참·고·자·료

다음 저자 저서와 연구자료를 참고하였고 그외 자료도 참고했음.
‘현자들의 평생공부법’ 저자 김영수
‘이나모리 가즈오, 그가 논어에서 배운 것들’
논어

16장. 실천의 평탄한 길

"우리 속담에 부뚜막엣 소금도 집어넣어야 짜다"라는 말이 있다. 이는 손쉬운 일이나 좋은 기회가 있어도 힘을 들여 이용하지 않으면 이루어지지 않는다는 뜻이다. 다른 속담으로 "가마 속의 콩도 삶아야 먹는다"라는 말이 있는데 이는 다 된 듯하고 쉬운 일이라도 실지로 손을 대어 힘들이지 않으면 제게 이익이 되지 않는다는 말이다. 모두 말보다 실천이 중요함을 강조한 속담이다.

학습의 대가인 다산 정약용은 "실제에 쓸모없는 탁상공론, 공리공담은 국가의 해충이다"라고 말했다. 다산은 학습이 실천을 통해서 삶에 도움이 되어야 함을 강조한 것이다. 시스템학습자가 된다는 것은 단지 지식이 많이 지는 것에 그쳐서는 안 된다. 실제 학습한 내용이 실천으로 반영되어 삶에 반영되어야 한다.

인간은 미약하고 불완전

인간은 미약하고 불완전하다. 그러기에 반성하고 조심해야 한다. 예전에 한 목수가 알려주었던 "두 번 재고, 한 번 잘라라"라는 격언을 유의해야 한다. 자신의 참모습을 파악하는 것은 참으로 어려운 것이다. 미국에서 마피아 조직의 우두머리로 많은 악행을 했던 알 카포네도 스스로를 어떻게 인식하고 있었을까?

그는 "나는 자선가로 많은 선을 베풀었다"는 취지의 발언을 했다. 알

카포네의 행위로 인해 수많은 사람들이 고통을 받았고 큰 손해를 입었다는 사실을 감안하면 그의 말은 설득력이 별로 없다. 자기 착각의 사례인 것이다.

필자는 독자들에게 학습의 많은 본보기들을 보여주었다. 뛰어난 학습자들은 대부분 수명이 길고 사회생활에서 큰 유리함의 이익을 얻었다. 그들의 인생은 평탄했다. 문제는 독자들이다. 어떻게 시스템학습법에 전념하여 삶을 평탄하게 살 수 있을까? 그것을 실천할 수 있는 실용 방안을 필자는 제시하고자 한다.

필자는 은행생활 29년, 명퇴 이후 지금까지 사회활동을 지속해오고 있다. 독자들에게 많은 것을 제안한다면 결코 받아들이지 않는다는 것을 나는 알고 있다. 필자가 경험했던 손쉽고도 효율성 높은 방안 3가지를 제안하는 것이다.

첫째 "30분 먼저!" 둘째 "밥보다 학습!" 셋째 "내 책임 100%!"이다.

첫째, 30분 먼저!

직장인은 '상사보다 30분 먼저 출근'하는 것이 최우선 실천사항이다. 필자가 '상사보다 30분 먼저 출근'이라는 깨달음은 시스템학습하며 읽은 한 책에서 얻었다. 그 책에서는 "상사를 가장 중요한 고객으로 생각하라!"라고 제안했다.

은행원은 9시30분이 업무시작 시각이었을 때는 9시를 전후에 사무실에 도착한다. 나도 9시–9시10분쯤에 도착하는 것이 습관이 되어 있었다. 나는 일도 나름 능률 있게 처리하는 편으로 자부하였고 업무 실력도 남못지 않았다고 생각했었다. 대인관계도 그리 문제는 없었다. 그런데 인사고과가 그리 좋지 않았던 것 같다. 동기들 중에서 승진이 좀 늦었다.

두 아이의 아버지로서 나름 시스템학습으로 많은 실력을 축적하고 있고 유능한 업무를 수행한다고 자부하던 내가 왜 이런 상태가 되었을까? 그러던 때에 읽은 책에서 "직장인은 상사보다 적어도 30분 전에 출근해야 한다"는 말이 눈에 띄었다. 그 이유도 설명했다. '30분 전에' 출근한다는 것은 상사보다 30분 전 즉 8시30분 이전에 출근하라는 것이었다.

나는 시스템학습자이니 만큼 실천해보려는 욕구가 있었다. 나는 그 다음날부터 아침 일찍 출근했다. 당시 나는 외환은행 본점 모 부서 대리로 재직 중이었다. 일주일 정도 지나니 30분 일찍 출근이 무리가 되었는지 코피가 터졌다. 나는 상사보다 30분 일찍 와 약간의 몸통 운동을 하고 약간의 학습을 하는 시간을 얻게 되었다.

30분 먼저 도착 깍듯한 인사

30분 먼저 사무실에 도착하고 있으니 상사들이 도착하기 시작한다. 나는 자리에서 기립하여 상사인 차장에게 깍듯한 인사를 했다. 차장은 내가 자기보다 항상 늦게 출근하였는데 오늘따라 일찍 출근한 것을 보았다. 내가 사무실에 들어오는 그에게 기립 해 인사를 하는 것을 보고는 차장은 눈이 둥그레졌다.

다음날도 같은 모습이 되풀이 되었다. 이러한 출근 모습이 계속되자 어느 날 상사인 차장께서는 필자와 점심식사를 하는 중에 "인간성 좋은 임대리가..."라고 말씀하는 것이었다. 나는 놀랐다. 상사는 나를 가리켜 "인간성 높은 임 대리!"라고 평하다니!

나는 상사들에 대한 태도가 달라지고 있었던 것이다. 어느날 어떤 긴급상황이 발생했다. 중역실에서 설비고장이 발생해서 기사들이 출동했다는 보고였다. 나는 그들과 밤샘 근무를 하기로 했다. 밤11시쯤 되자 상사인 차장 댁에 전화를 드렸다. "차징님! 상무이사실과 몇몇 이사실 설비가 고장이 발생하여 기사들과 함께 밤샘 근무를 해야 할 것 같습니다. 조치가 완료되면 보고를 드리겠습니다!"라고 전화를 드렸다.

다음날 나는 차장의 큰 칭찬을 받았다. 그 이후의 나의 근무태도를 독자들도 짐작할 것이다. 은행원들은 콧대가 세서 그런지 상사에게 인사하는 것도 깍듯하지 않은 경우가 많다. 업무보고도 제때 제대로 하지 않는 경우도 많다. 필자는 어떠한 상태가 되었을까? 독자는 짐작할 것이다.

'상사보다 30분 먼저 출근!"이라는 간단한 실행이 내 직장생활을 완전히 뒤바뀌게 해주었다. 나는 읽었던 책에서 "상사는 가장 중요한 고객이다!"라는 의미를 배웠다. 30분 먼저 코피를 흘리기까지 하는 데 인사, 업무보고 등은 좀 신경 쓴다고 나에게 큰 일일까? 손해도 아니었다.

그 이후 나는 다른 부서에 가서도 상사에 대한 태도가 전과는 달라졌다. 그 결과 나는 고과평가가 매우 좋아졌고 승진속도가 빨라졌다. 시스템학습은 여전히 생활의 한 축으로 잘 진행되고 있었다. 시스템학습법의 과정에서 얻은 "상사보다 30분 먼저 출근!"는 내 삶에게 큰 이익을 주었고 나는 지금도 그 교훈을 간직하고 있다.

"30분 먼저!"는 모든 영역에도 적용

명퇴 이후 많은 기업들을 상대로 강의활동을 하면서도 "30분 먼저 현장 도착!"은 모든 영역에도 적용했다. 기업 상대 'SR경쟁력프로그램' 강의 활동에도 적용해 강의 전 30분 전에 반드시 도착하는 것이 습관화되어 신뢰를 얻게 되었다. 누구와의 약속에도 적용해 약속시간 '30분 전에 도착'도 실천했다.

어떤 독자는 “약속시간 30분 전에 도착하면 시간낭비가 아닌가요?” 라고 물을지 모른다. “절대 낭비가 아니다!” 마음의 여유를 갖는 기쁨이 있어 서둘지 않아 침착하게 된다. 좀 일찍 도착할 경우를 대비해 반드시 책을 소지하고 가기 때문에 여유 시간을 이용한다. 그 자투리 시간에 시스템학습을 즐기는 것이다.

둘째, 밥보다 학습!

뉴턴은 연구에 매달리면 먹고 자는 일조차 마음을 쓰지 않았다. 전날 저녁식사를 먹지 않고 내버려두었다가 아침에 먹는 일도 다반사였다. 뉴턴은 어린 시절 아버지가 그의 출생을 석 달 앞두고 세상을 떠나고 뉴턴이 세 살 때 어머니는 그를 할머니 손에 맡기고 개가했다. 어린 뉴턴으로서는 큰 심적 충격이었다. 뉴턴에게 학습의 즐거움이 없었다면 삶은 엉망이 되었을 것이다.

독자들 중에는 필자에게 내 이메일(lp3982830@nate.com)로 다음과 같은 질문을 보내오기도 한다. “한 달에 15권을 10회 학습? 2일 1권을 10회 학습한다고요? 말도 안 되는 것 같네요. 그럴 시간이 어디 있나요? 밥도 안 먹고 학습만 하시나요?” 그럴듯한 질문이다. 시스템학습법의 위력을 아직 몰라서 하는 지레짐작일 뿐임을 생각해야 한다.

매일 새로 결정해야 하는 사람은 가련

윌리엄 제임스는 “모든 일을 시작할 때 매일 새로 결정해야 하는 사람보다 가련한 인간은 없다”고 말했다. 학습 습관을 한 번 만들면 독자는 평생 수월하게 학습할 수 있다. 시스템학습은 처음부터 필자처럼 월15권을 10회 학습하는 것이 아니다. 처음은 한 권을 10회 학습할 때까지 그저

“이해되든 말든, 외워지든 말든!” 방식을 하면 된다.

필자도 처음부터 그랬던 것은 아니었다. 은행 재직 시에는 월 3-4권 정도였다. 그런 학습이 수년 동안 지속되다보니 명퇴가 되자 그 습관이 지속되어 더 능숙하고 솜씨 좋게 나아가고 있었을 뿐이다. 필자는 2006년 저서에서 “나는 학습을 하지 않는 날이 있게 되면 그 다음날 하루 세 끼를 굶는다!”라고 공개적으로 밝혔다.

사실은 그 이전부터 실행해오고 있던 것을 책에 밝혀놓은 것뿐이다. 실제로 내 말대로 하루 세 끼를 굶어본 적이 있었다. 학습을 안 해서 인생이 엉망이 되는 것보다 세 끼를 굶는 것이 더 나은 선택이다. “그날 많이 학습하는 것”이 아니라 “환경상 학습할 만큼만 하는 것”임을 유념해야 한다. 오늘이 있고 내일도 있고 그 다음날도 있기에 안달할 필요가 없다. 학습이 익숙해지면 학습량이 점점 많아지기 때문이다.

시스템학습이 습관화되면 독자는 “제발 학습하지 말라”고 누가 부탁해도 “학습하지 말라고요? 내 인생 엉망으로 만들라고요?“라고 되물으며 학습하려고 할 것이다. 내가 현재 그러고 있으니까. 내가 1952년생이나 만 72세인데 새벽2시까지 학습하느라고 즐거워서 생기가 넘친다는 사실이다.

나는 외출 등 어디 갈 때도 내 외출용 가방에 볼 책을 꼭 넣고 간다. 전철 등 잠시라도 책을 볼 가능성만 있으면 학습하는 것이 즐거움이니까. 누구와 약속을 할 일이나 볼 일이 있을 때도 마찬가지다. 시스템학습자는 책을 필수 지참물로 여긴다. 그런 것이 쌓이게 되면 저절로 학습량이 하나하나 늘어난다. 월15권 10회 학습이 목표가 아니지만 자기 환경에 많은 학습을 하면 되는 것 그것이 삶의 여유인 것이다.

전자기기 이용 시간은 한 달 얼마나?

독자는 이 책의 2장과 3장을 잘 읽었는가? 필자는 이 책의 교훈을 삶에서 적용하고자 한다, 독자는 '**톡'을 활용하는가? SNS를 하는가? '*튜브'도 보는가? 필자는 모두 하지 않는다. 그 시간에 학습하는 것이다. 문자 메시지도 활용하는가? 거의 하지 않는다. 꼭 필요한 경우 받은 문자는 간단히 처리한다.

그러면 "답답하다"고 느낄 건가? 뭐가 답답한가? 정 필요하면 전화를 하면 될 것이다. TV시청도 줄여야 한다. 컴퓨터 게임, 인터넷 메뉴에 들어가지 않는 게 중요하다. 독자가 그런 전자기기를 이용하는 시간을 한달간 파악해 보면 어느 정도가 될 것인가?

내 친구들은 내가 "매월 15권 10회 학습"한다는 것을 거의 모른다. 그들은 그럴 가능성도 생각하지 못하는 것 같다. 인생은 짧다. 시간은 항상 부족하다. 삶에서 잡일 피하기를 의식적으로 하지 않으면 우리 모두 잡일에 휩쓸려 시간을 빼앗기게 된다. 나는 깨달았다. 틈새를 활용하지 않으면 학습할 시간이 나지 않는다는 진실 말이다.

"밥보다 학습!"이라고 하니 어느 독자는 "그러다가 굶어죽을 일도 있겠지요?"라고 생각하기도 한다. 절대 있지 않을 것을 상상하는 것이다, 밥을 먹지 않으면 저절로 먹게 된다. 학습은 저절로 이루어지지 않는다. 무의식이 의식보다 강하다. 그러기에 의식적으로 학습을 우선해야 무의식인 밥 먹는 것처럼 할 수 있다는 사실이다. 과학적인 생각이 아닐까? 내가 지금까지 살아 있는 것만 봐도 내 말이 사실이라는 증거다.

셋째, 내 책임 100%!

나는 1978년에 결혼을 했으니 지금 46년째가 된다. 나는 결혼할 때부터 가장으로서 "모든 금전적 책임은 내가 100% 책임!"이라는 각오를 했다.. 지금까지 내 책임을 그런대로 해왔기에 나도 처도 마음이 평온하다. 무슨 사고를 당해 무능력하게 되기 전에는 나는 내 책임을 100%를 다할 것이다. 그래서 마음의 평화를 누리는 것이다.

부부싸움에도 효력이 있다?

금전적 책임만이 아니다. 부부가 살다 보면 부부싸움도 다소 하게 된다. 이럴 때 "누가 잘 했냐? 못 했냐?"를 따지는 것은 좋지 않다. 다툼의 후유증이 더 오래 가고 화해는 더 안 되기 때문이다. 깨끗이 "내가 잘못했다! 앞으로 주의하겠다!"라고 사과하는 것이 가장 좋은 방법이다. 그렇게 말하면 상대로부터 긍정적 반응을 얻는다. 물론 사과 다음에 일체 왈가왈부하지 말아야 한다. 독자가 시스템학습을 하면 자신감이 생기고 용기도 생겨 그런 사과도 할 수 있다.

"모든 책임은 내가 100% 책임"이라는 생각은 학습에 큰 영향을 미친다. 필자가 지금까지 오늘도 내일도 학습을 통해 실력과 정신력을 향상시키려는 이유가 무엇인가? 고매한 인격자가 되려고? 유명한 사람이 되려고? 유식한 사람이 되어 잘난 사람이 되려고? 모두 아니다. 그저 내 책임을 다할 수 있는 능력을 계속 갖추려는 것뿐이다.

다 빈치는 **"나는 끊임없이 노력하며 유용한 인물이 되겠다"**라고 말했는데 그는 과학자나 대학교수들까지 찾아다녔다. 자신의 능력을 개발하는 것이 자기의 소명임을 깨달았기 때문이다. 미켈란젤로는 금욕적이고 자신의 작업에 몰두하였다. 미켈란젤로는 "내가 기술에 통달하려고 얼마나 열심히 노력했는지를 사람들이 안다면"이라고 말했다. 그는 자신의 능력 향상에 강한 책임의식이 있었던 것이다.

가족 책임, 실력과 정신력 향상도 내 책임

'내 책임 100%!'라는 것에는 '남 탓!" 또는 "환경 탓"을 하지 않는다는 뜻이다. 할 수 없는 상황이 아니라면 "내가 반드시 책임을 진다"는 것이다. 이는 대단한 힘이 있다. 저절로 활력이 나오게 만드는 동력이다. 내가 월15권 10회 학습하는 것 외에 불어, 일본어, 그 외 학습을 하는 것도 바로 이 동력에서 나오는 것이다. 시스템학습을 하면 할수록 능숙해져 학습속도와 학습량이 많아져 '내 책임 100%!'는 쉽게 이루어진다.

"모든 책임은 내가 100% 책임"은 건강을 유지하는 면에도 적용된다. 필자는 오전에 몸통운동, 팔 굽히기, 손 완력운동 등을 한다. 오후에 같은 운동을 다시 하면 된다. 그래서 오십견도 고혈압도 당뇨병도 무슨 갖가지 질병을 겪지 않고 살고 있는가 보다. 건강도 자기 책임이다. 이상한 바이러스 등이 들어오면 할 수 없지만 자신의 책임감이 있으면 극복할 수 있는 병들도 많다.

요즘 노인문제가 큰일이다. 노인이 가족을 부양하는 일도 큰 책임의 하나이다. 건강하게 늙는 것, 치매에 걸리지 않아 가족 부담을 주지 않는 것도 큰 책임이다. 정신과 신체가 건강한 역할을 할 수 있는 것도 "내가 100% 책임"이라는 자세와 관계된다.

첼리스트 파블로 카잘스는 91살이었을 때도 연습을 하였는데 그는 "아직도 발전하기 때문이다"라고 말했다. 피아니스트 루빈슈타인은 나이 90대에 연주했다. 육체적으로 활발하고, 정신적으로 활발하다면 아름다운 일이다. 나는 시스템학습으로 평생 실력과 정신력을 향상시킬 것이다.

독자에게 그 기회가 있음을 알기 바란다.

실천은 세 개면 끝인가?

독자는 "실천은 세 개면 끝인가? 더 이상의 실천은 없어도 되나?"라고 질문할지 모른다. 실천은 복잡하면 실패한다. 필자가 제안한 실천 3개가 제대로 실천될 수 있으면 모든 것의 대부분은 해결된다. 독자는 시스템학습자가 될 것인가? 학습하는 자는 학습하면서 새로운 "실천할 만한 것"을 학습에서 발견할 수 있다.

필자도 그러했다. 그러한 경우 그것을 메모해 목록에 추가하고 실천하면 된다. 독자마다 다를 것이고 학습하는 정도에 따라 실천목록은 달라질 수 있다. 위의 세 가지 실천 3가지는 간직하는 것이 매우 중요하다고 생각한다. "실천하든 말든" 누가 따질 것은 아니니까 부담할 필요는 없다. 독자 본인에게 좋은 약이 되는 실천 3가지라는 것은 틀림이 없다.

마지막 꿀팁?

다산 정약용은 학습의 대가였다. 그는 **"공부에는 지름길 즉 왕도가 있다"**라고 말했다. 그는 학습을 실용적 개념으로 했던 사람이다. 공리공론을 싫어했다는 말이다. 그런 그가 과로가 되었는지 건강이 나빠지자 **"다산은 도인법 즉 일종의 건강제조에 뜻"**을 두었다. 다산은 40살이 되기 전 유배형에 처해져 18년간 유배를 갔다가 56세쯤 유배에서 고향으로 돌아왔다.

다산은 74세에 세상을 떠날 때까지 18년을 더 살게 된다. 아마도 그가 개발하고 실천해 온 '도인법 즉 건강체조'가 효과가 있어 74세까지 살 수 있었던 것 같다. 필자는 복잡하게 생각해 실천하기 어려워하는 것을 극력 피한다. 할 수 없으면 포기하고 할 수 있으면 단순히 실행하면 되는 것이 삶이 지혜이다. 시스템학습법의 위력이 그것이다.

맥스웰이 '멍청이'로 불리다가 '대천재'로 불리게 된.것은 학습을 통해 지적 능력을 계발하였기에 이루어진 것이다. 공자는 **"아는 것은 좋아하는 것만 못하고, 좋아하는 것은 즐기는 것만 못하다"**는 공부와 관련한 최고의 가르침을 남겼다. 송나라 철학가이자 교육가인 육구연은 "공부하다가 이해되지 않는 부분은 넘어가고, 다른 대목을 읽다보면 이해할 수 있는 실마리가 생긴다"고 말했다.

공부법에 관한 최고의 이론가로 꼽히는 주희는 "공부의 처음에는 의문이 생기고 여러 번 치르고 나면 모든 의문이 없어진다"라고 말했다. 맹자는 "많은 책을 읽어야 한다"고 주장했다. 제갈량의 공부법은 "그 대략만 보는 것"으로 이를 '관기대략'이라고 한다. 이는 과학적 독서법이라고 할 수 있다. 시스템학습법에서 핵심어와 진핵어를 중심으로 학습하는 것과 유사하다.

시스템학습법은 동서양 학습 대가들에게서 거듭해서 그 효능을 인정받은 학습법이다.

책을 좋아한 사람 대부분은 장수했다는 사실이다. 독자가 삶을 평화롭고 여유롭게 살고 싶다면 시스템학습법을 활용할 것을 권한다. "삶을 바꾸는 힘 지혜와 몰입은 어떻게 얻을 수 있는 것인가?"라는 질문에 대한 답을 독자는 파악하였을 것이다. 바로 기쁨과 지혜를 얻는 학습, 몰입하는 시스템학습법이다. 독자가 지혜와 몰입의 길을 계속 갈 것을 간곡히 권고한다. 필자도 함께 갈 것이다.

일반학습에 관한 학습법인 시스템학습법과 외국어학습에 관한 학습법에 관해서 원리와 실행방법에 자세하게 관해서 알아보려면 필자의 저서인 '왕도와 천재, 시스템학습법의 위력', '외국인이 다시 놀란 영어천재가 되다', '시스템학습법의 완성'을 참고하여 10회 충분히 학습해 파악하고 거듭 연습하시기 바란다.

[기업들에게 보내는 교육 제안]

지능시대 특출성! JCI세계대회 특출 능력개발력 발휘! SR경쟁력프로그램 봉사!

JCI 특출 능력개발상 받고 일본에서 가치검증 받은 능력개발 프로그램 교육봉사!

박사 능가할 특출성! 국제검증 된 학습경영 핵심노하우 SR경쟁력프로그램 교육! 선착순!

경쾌한 시스템학습법, SR외국어학습법 창시자 SR경쟁력프로그램연구원장 임성룡입니다. 위기시대에 특출능력과 강단 정신력 원천은? 근거 제시할 1시간 면담을 대표님께 제안합니다! 원장 월15권10회 줄곧30년 내공 학습력! 원장 필생 노하우와 언행일치 강단 정신력! 사회봉사!

JCI 105국 세계대회 특출 능력개발상 받고, 도쿄대학교 수석졸업, 일본사법시험합격, 공무원합격 원동력은 시스템학습법! 독창적 시스템학습이 세계와 일본 전파! 학습법 성공 때까지 원장이 지원! 대표님은 특출 경영자, 임직원은 정신력+실력! 온갖 시험에 고득점! 미래보장 열망 시스템학습!

일본 딛고 특출회사 될 기회! 시스템학습은 기술, 영업, 관리 능력향상에 직결! 010-3763-2830!

일본 불황에 특출 경쟁력으로 번성한 (주)메이난제작소 하세카와 회장이 연구원장(임성룡)과 면담 1시간을 연장 7시간 경청한 이유? 회장이 추구한 기술개발, 능력개발 원천 시스템학습법 때문! 마쓰시타 경영연구소 아끼야마 상무가 SR경쟁력프로그램 강의를 간청한 이유? 마쓰시타 개혁 성취할 능력과 강단 정신력이 절실! 그 원천인 시스템학습법 때문!

코닥 등 초일류기업 졸지에 파산! 불황에 특출능력, 강단 정신력 부족? 생존위기!! 정신력+실력 부족이 문제! 특출학습은 자각과 반성 동력! 장수 생존기업은 위기감 자각과 반성!

학습으로 창의력을 분출! 기술창조, 생산혁신, 전문화, 특화품으로 불황 이긴 일본 특출 기업들! 한국 우장춘박사 사위 이나모리의 교세라 성공요체! 교세라, 호리바 등 특출 교토식 노하우 교육!

월4권(전문3권, 교양1권)10회 학습! 박사 능가할 특출성! 평생 보장할 학습능력! 시스템학습 터득하면 평생 경쾌학습! 학생은 학습기쁨과 평생우등생! 소질, 지능 아닌 학습법 효과!

귀사가 어렵다면? 불경기, 정부정책, 대기업, 경쟁사 때문?? 실력+정신력 부족 즉 학습부족 때문!! 세상+경쟁자 탓보다 자기향상 학습이 경쟁력! AI 능가할 독창력! 경쾌한 학습 평탄길 시스템학습법!

독창적 시스템학습법! 두뇌과학과 학습심리학 바탕! 속독 아닌 경쾌한 빠른 이해! 줄곧 수십 년 원장 월15권10회 학습! 저절로 이해, 암기되는 학습! 대학교수들도 놀라는 학습력!

갈수록 쉽고 빠른 시스템학습법 위력! 월4권10회 학습량이 점점 증가! 월15권 학습 점점도약! 영어+일어+불어 능통의 원리! 유태인 능가한 외국어능력! 10년을 6개월로 집약한 외국어학습법!

이 프로그램(특허청등록)은 유태인 생존비결인 학습능력! 임직원 열망! 학습 신세계!

학습 중고차를 명품차로 바꾸는 시스템학습! 위대한 과학자 라이프니츠 학습원리의 과학적 학습!

시스템학습은 현직+미래를 보장하는 특출학습! 좌절 없는 평탄길! 눈 피로 없는 경쾌 학습!

1회1시간, 12회, 시간,기간 조절가능! 원장 직접 방문강의, 경영지도+특강 가능!

교육 테마 1 정신개혁 2 업무력 혁신 3 시스템학습법 4 SR외국어학습법 5 융화력 향상.

시스템학습은 생각자극, 능률향상, 시간절약! 원장 필생 노하우! 학습법 성공 때까지 원장이 지원!

교육대상: 대표, 임직원, 지원자(누구나 가능) (1인 가능) 전화010-3763-2830필수!

교육비: 사회봉사로 실비 소액! 시스템학습은 온갖 시험에 고득점! (스포츠서울, 뉴스메이커 보도)

지금껏 줄곧 수십 년 원장의 학습! 소질, 지능 아닌 학습법 특출효과 때문!

연구원장 **임성룡**

- 경영학 전공, 외환은행 간부 명퇴.
- 시스템학습법, SR외국어학습법 창시자.
- 기업체 및 한국금융연수원 출강.
- 삼성경제연구소 학습포럼, 대학교수대상 등 특강.
- 교육 대상 : 대표 및 임직원(1인 가능) 010-3763-2830
- 교육비 : 비영리 사회봉사활동이며 간단 제안을 함.
- 시스템학습법 원리 결과 (본인)
  - 서울대 어학연구소 외국어평가 영어, 일본어, 불어 합격
  - 한국외대 통역대학원 프랑스어 연수(특별코스) 최우등수료
  - 일본에서 업무연수. 일본 경영연구소와 협력 중.
  - 손해보험중개인 국가고시(금감원) 1200여명 중 수석, 신용분석사, 생명보험중개인 3등, 세무사1차, 공인감정사, 주택관리사, 공인중개사, 공인노무사1차, 투자상담사, 금융자산관리사(FP) 등 합격
  - 이 외 성공사례 등이 있음.
- 저서 목록
  - 왕도와 천재, 시스템학습법의 위력, 2020년
  - 평범한 직장인이 외국인도 놀란 영어천재가 되다, 2001년
  - e시대에 경쟁력 따라잡기, 2002년
  - 학습의 맥을 찾아주는 시스템학습법, 2003년
  - 마케팅의 위력과 함정, 2004년
  - SR방식 생존력, 2005년
  - 끊임없는 동기유발과 경쟁력의 원천, 2006년
  - 외국인이 다시 놀란 영어천재가 되다, 2007년
  - 시스템학습법의 완성, 2008년
  - 유능한 경영자와 함정, 2009년
  - 독특한 마케팅 기술, 2010년
  - 탁월한 마케팅의 원리, 2011년
  - 결정적 경쟁력과 치명적 결함, 2013년

문의 : 전화 010-3763-2830, 031-398-2830
이메일 lp3982830@nate.com

삶을 바꾸는 힘 지혜와 몰입

초판발행 2024년 11월 20일

지은이 임성룡
펴낸이 오판근
펴낸곳 (주) 교우
주　소 서울시 동대문구 약령시로 8 교우빌딩 2층 (주)교우
전　화 02-925-2861 / **팩　스** 02-925-2860. **편집부** 02-925-2825
홈페이지&북스토어 www.kyowoo.co.kr / **이메일** kyowoo@kyowoo.co.kr

등　록 1994년 3월 24일 제1994-000013호
ISBN 979-11-251-0402-5 (03000)

Published by Kyowoo Co., Ltd. Printed in Korea

(주) 교우는 보다 혁신적이고 참신한 도서를 다양하게 기획하고 있습니다.
책으로 펴내고자 하는 아이디어나 원고는 메일로 보내주세요.
(주) 교우는 전과정을 책임지고 최선을 다하겠습니다.

값 20,000원

교우미디어는 (주) 교우의 Imprint 사입니다.
수학정원·과학정원은 (주) 교우의 새로운 브랜드명입니다.

잘못된 책은 구입하신 서점에서 교환해 드립니다.